구약 강해시리즈 (3)

신비한 사랑

호세아서 상

Hosea

신비한 사랑 - 호세아서 (상)

이중수 글
처음 찍은날 · 2019년 7월 2일
처음 펴낸날 · 2019년 7월 5일
펴낸이 · 오명진
펴낸곳 · 양들의식탁
출판등록 · 제2015-00018호
주소 · 서울 서초구 강남대로 455, B710호(서초동 강남태영데시앙루브)
전화 · (02)939-5757
보급 · 비전북 전화 (031)907-3927팩스 080-907-9193
이메일 · jsleemar22@gmail.com(이중수), boseokdugae@hanmail.net(오명진)

ISBN 979-11-90206-00-6 04230
ISBN 979-11-960446-9-5 04230 (세트)

이 도서의 국립중앙도서관 출판예정도서목록(CIP)은 서지정보유통지원시스템 홈페이지(http://seoji.nl.go.kr)와
국가자료공동목록시스템(http://www.nl.go.kr/kolisnet)에서 이용하실 수 있습니다.(CIP제어번호: CIP2019024699)

구약 강해시리즈 (3)

신비한 사랑

호세아서 상

Hosea

양들의식탁

차례

1장

소개(1)
십자가의 심장

Hosea 호세아

호세아서의 메시지를 잘 이해하려면 여러 측면의 배경을 아는 것이 좋습니다. 본문 강해에 들어가기 전에 참고해야 할 사항들을 소개해 드립니다.

정치적 배경

호세아는 이사야, 아모스, 미가 선지자와 함께 BC 8세기에 활동했던 선지자입니다. 그는 이스라엘 멸망 직전의 약 반세기 동안 극도로 부패하고 타락된 이스라엘 사회의 증인이었습니다. 국외적으로는 앗수르가 팔레스타인 정복을 준비할 때였고, 국내적으로는 정국이 혼란을 거듭하면서 쿠데타와 부도덕이 만연하였습니다(호 7:7). 백성은 위기의식이 없었고(호 7:8-9), 어리석은 망동을 일삼았으며(호 7:11-12), 종교 지도자들은 극도로 타락하였습니다(호 6:9).

이스라엘은 원래 출애굽 때부터 양의 피로써 구속된 하나님의 백성으로 출발하였습니다. 출애굽 때는 모세가 지도자였고, 가나안 정복 때는 여호수아가 모세의 뒤를 이었습니다. 가나안 정착 시기에는 사사들이 다스렸으며 그다음 왕정 시대로 들어갔습니다. 첫 왕은 사울이었는데 하나님의 명령을 순종하지 않다가 블레셋과의 전쟁에서 죽임을 당하였습니다. 두 번째 왕은 다윗이었습니다. 그는 하나님의 마음에 드는 이상적인 왕으로서 이스라엘을 통치하였습니다(1010-970 BC). 다윗의 아들인 솔로몬은 부친이 세운 강력한 왕국을 승계하여(970-930 BC) 초기에는 황금기를 누리며 국제적인 영향을 끼쳤습니다. 그러나 그는 말기에 우상 숭배를 도입하는 중죄를 범하였고 사망 이후에 나라가 남북으로 분열되었습니다.

북 왕국은 이스라엘, 혹은 최대 지파의 이름을 따서 에브라임이라고 불렀고 남쪽은 유다였는데 호세아서는 주로 북 왕국에 대한 메시지입니다. 북 왕국은 약 2백 년간 존속되었는데(930-722BC), 그 역사는 네 단계로 구분됩니다.

첫 단계: 여로보암 1세와 그의 후계자들
여로보암 1세는 이스라엘에서 우상 숭배의 전통을 시작한 장본인입니다. 동기는 정치적인 것이었습니다. 그는 북이스라엘 백

성이 종교 절기 때 예루살렘에 있는 성전에 가지 않기를 원했습니다. 그래서 단과 벧엘에 금송아지 우상을 세운 성소들을 만들고 그곳에서 경배하도록 백성을 설득하였습니다(왕상 12:25-33).

둘째 단계: 오므리 왕조

오므리는 5년간의 시민 전쟁 끝에 BC 880년에 왕이 되었습니다. 그는 정치적으로는 이스라엘을 강성한 국가로 발전시켰지만, 이방 종교를 적극적으로 도입하여 그의 아들인 아합이 바알을 이스라엘의 국교로 삼는 길을 터놓았습니다.

셋째 단계: 예후 왕조

예후는 아합을 제거하라는 하나님의 지시를 받고 왕이 되었지만, 그 역시 우상 숭배를 후원하였습니다. 호세아의 사역은 예후의 증손자인 여로보암 2세가 집권할 때였습니다.

여로보암 2세 때에 이스라엘은 번성하였지만, 그의 사후에 이스라엘은 앗수르의 도움을 받기를 원했고(호 5:13; 8:9) 애굽도 하나의 피난처로 간주하였습니다. 이스라엘은 여호와 하나님을 신뢰하지 않고 항상 인간적인 편법을 추구하였으며, 우상 숭배와 불의에서 잠시도 떠나지 않았습니다(호 7:3, 16; 8:4; 왕하 15-18장).

넷째 단계: 여섯 명의 왕이 오고 간 시대

30년 동안 살해와 모반의 역사가 이스라엘을 피로 물들인 때였습니다. 북 왕국은 BC 722년에 앗수르에 의해 멸망되었습니다.

호세아의 사역 기간은 여로보암 2세의 통치 말년부터 30년간에 걸쳐 여섯 명의 왕이 다스리던 넷째 기간에 해당합니다(760-722/3 BC). 그는 사마리아가 멸망될 때까지 사역하다가 남부 유다로 가서 더 사역했을 가능성이 있지만, 기록상의 증거는 없습니다.

종교적 배경

이스라엘 백성은 바알을 섬겼습니다. '바알'은 '주인'이라는 뜻인데 천기를 다스리고 생산을 일으키는 다산 신이었습니다. 고대 가나안의 다산 신화를 알면, 바알 종교를 이해하는 데 도움이 됩니다. 원래 가나안의 주신(主神)은 엘(El)이었습니다. 그러나 점차 바알이 인기를 끌면서 최고의 신으로 승격하였습니다. 가나안의 다산 신화에 의하면, 불임의 신인 무트가 바알을 잡아 그의 다산력을 죽이고 뼈를 갈아 사방에 뿌렸습니다. 그러자 바알의 연인이었던 사랑과 전쟁의 여신인 아낫이 무트 신을 잡아 죽이고 바알의 흩어진 뼛가루를 모은 후 자신과의 성관계로 바알신을 회생시켰습니다. 그 결과 바알의 다산력이 회복되어 가나안 땅에 풍작이 왔습니다.

이것이 가나안의 농경 축제가 지닌 배경입니다. 가나안 땅은 건조기가 되면 농경신인 바알이 죽은 것과 같았습니다. 그래서 다음 해의 풍작을 위해서 바알을 다시 살리는 다산 의식이 필요하였습니다. 이 축제는 바알과 아낫 여신 사이의 성관계를 재현시키는 것이었습니다. 왕과 성전 매춘부가 시범을 보였고 백성은 지역 산당에서 정규적인 다산 의식을 행하였습니다. 바알 종교는 이스라엘의 대중 종교가 되었고(호 4:11-14) 각 곳에 바알 산당이 세워졌습니다(왕상 14:23; 호 3:4). 이것은 바알 종교의 특징을 생각할 때 그리 놀랄 일이 아닙니다.

바알 종교는 무엇보다도 성 본능을 자극하였습니다. 백성은 바알 축제 때에 일체의 제약에서 해방되어 합법적으로 국가 행사에 참여한다는 명분을 걸고 육적인 본능을 즐겼습니다. 부도덕이 종교 행사의 일부가 되었으므로 경배자는 아무런 가책을 받지 않았습니다. 바알 종교의 아이디어는 자연력의 회생을 성전 매춘 의식에 접목함으로써 경배자들을 유혹하고, 자연의 주기를 인간이 통제할 수 있다는 사상을 주입했습니다. 또한, 풍작을 보장받는 의식이었기에 바알 신을 섬기는 일은 농경사회에서 필수적이라는 의식이 강하게 심어졌습니다.

모세 오경의 여러 규제와 경고는 이러한 가나안 종교의 해악을 염두에 둔 것이었습니다(신 23:17-18; 왕하 23:6-7). 호세아는 모세법에서 금지한 규정들에 근거하여 이스라엘의 바알 경배를 지적하였고 여호와 하나님과 맺은 언약에 비추어 이스라엘의 부도덕과 부패를 고발하였습니다. 백성은 산당 경배에 탐닉하였고(호 4:13) 벧엘과 길갈에서 우상을 섬겼으며(호 9:15; 12:11) 금송아지와 함께 우상화된 기둥들을 세웠습니다(호 8:11; 12:11; 10:1-2). 백성은 귀신의 영들에게 물었고(호 4:12) 산당에서 난잡한 바알 경배를 드렸습니다(호 4:13-14).

그런데도 백성은 여호와 하나님을 섬긴다고 주장하였습니다. 그러나 그들의 경배는 여호와 하나님에게 올리는 것 같았지만, 바알 신과 함께 올리는 부패한 혼합 종교였습니다. 그래서 호세아는 이러한 경배의 전적인 파괴를 외치며(호 3:4; 9:1) 백성이 하나님께로 돌아가야 할 것을 강력하게 촉구하였습니다(호 6:1-6).

호세아는 누구인가?

호세아라는 인물에 대해서는 별로 알려진 것이 없습니다. 그는 매우 정서적인 사람이었습니다. 호세아가 부름을 받았을 때는 20대 중반이었을 것으로 추정됩니다. 그의 예언 사역은 결혼하는 일과 겹쳐서 왔습니다. 그의 글을 보면 여러 가지 특징이 나타납니다.

호세아는 자연을 많이 관찰하였는데 특히 농경 생활에 익숙한 자였습니다. 그가 사용한 표현들은 매우 다양합니다.

• 아침 안개와 이슬(6:4; 13:3), 광풍(8:7), 양털, 삼, 기름, 곡식, 새 포도주(2:5-9), 경작, 수확, 열매(8:7; 9:10, 16; 10:11-13), 타작마당, 술 틀(9:2).
• 백합화, 백향목, 감람나무, 잣나무, 포도나무(14:5-8).

호세아는 조국의 역사에도 관심이 많았습니다. 그는 족장들과 초기 광야 시절을 자주 회상합니다(2:14; 9:10; 11:1; 12:2-4, 9, 12-13; 13:4).

사랑의 선지자

자신이 어떻게 하나님을 만났는지가 설교자에게 지대한 영향을 줍니다. 예를 들어, 바울의 크리스천 삶은 부활하신 예수님과의 극적인 만남으로 시작되었습니다. 이것은 예수님의 신분과 그분의 구원 사역에 대한 확신을 주었고, 자신이 전한 부활 메시지에 큰 영향을 끼쳤습니다. 이사야의 소명은 하나님의 거룩하심에 대한 압도적인 비전에서 시작되었습니다. 이것은 그의 여생 동안 그의 가르침에 배어 있었습니다. 호세아는 불행한 결혼 생활의 고통으로 자신의 사역에 깊은 영향을 받았습니다. 그는 자신의 비극적인 결혼을 통해 하나님께서 이스라엘 백성에게 주시려는 사랑의 메시지를 깨달았습니다. 신약의 요한을 '사랑의 사도'라고 한다면, 구약에서는 호세아가 '사랑의 선지자'입니다.

호세아 선지자는 구약에서 전례가 없는 하나님의 명령을 받았습니다. 그것은 음란한 여자와 결혼하라는 것이었습니다. 선지자들은 때때로 하나님으로부터 이상한 일을 하라는 지시를 받습니다. 이사야는 예루살렘을 벌거벗은 몸과 맨발로 다녀야 했습니다 (사 20:2). 에스겔은 인분을 태워 음식을 만들라는 지시를 받았습니다(겔 4:9-17). 에스겔은 너무도 기가 막혀 "아하, 주 여호와여"(겔 4:14)라고 부르며 그런 부정한 일을 어찌 행하겠느냐고 탄식하였습니다. 하나님은 그에게 "쇠똥으로 인분을 대신"(겔 4:12, 15)하라고 하셨습니니다.

호세아는 여로보암 2세가 통치하던 때 부도덕한 한 여자를 만났고 이 시기에 선지자의 소명을 받았습니다. 음란하기로 소문난 고멜은 호세아의 아내가 되었는데 더러운 옛 습관을 버리지 못하고 호세아의 가슴을 미어지게 하였습니다.

고멜은 누구인가?

고멜이 어떤 여자였을지에 대해서 여러 견해가 있습니다.

1) 북이스라엘의 여자들은 우상 종교로 모두 타락했기 때문에 고멜도 부도덕한 보통 여자 중의 한 사람이었다.

2) 고멜은 처음에는 정숙했는데 나중에 남편을 배반하였다.

3) 고멜은 실재 인물이 아니다. 하나님과 이스라엘 사이의 관계를 설명하기 위한 하나의 풍유이다.

4) 고멜은 성전 매춘부였다. 결혼 전부터 방정치 못한 여자였다.

1번 해석에 의하면 '음란한 여자' 라는 말은 북이스라엘 여자들이 모두 행실이 정숙하지 않다는 의미에서 일반적으로 사용한 말이라고 봅니다.

2번은 '음란한 아내' 를 앞으로 '음란하게 될 아내' 라고 봅니다. 즉, 미래로 해석합니다.

3번은 고멜이 실제 인물이 아니라고 보는데 그렇다면 호세아도 실재 인물이 아니라고 보아야 합니다. 이 해석은 거룩하신 하나님이 자기 선지자에게 그런 부도덕한 명령을 할 수 없다고 봅니다. 그러나 풍유로 본다고 해도 부도덕하기는 마찬가지입니다.

스토리 자체가 비도덕적인 예시이기 때문입니다.

미래적인 해석을 하는 2번의 경우에도 부도덕합니다. 하나님이 앞으로 음란하게 될 여자임을 아시고도 선지자에게 결혼을 요구하셨기 때문입니다.

4번은 고멜을 성전 매춘부로 보지만, 본문에서 고멜의 직업에 대한 분명한 언급이 없습니다. 그래서 고멜은 결혼 전부터 '소문난 여자'로 보는 것이 본문과 문맥상 옳다고 생각합니다.

무슨 문맥인가?

결혼 문맥입니다. 호세아와 고멜 사이의 부부관계에 대한 것입니다. 결혼은 언약입니다. 호세아와 고멜에게 일어난 일이 하나님과 이스라엘에게 일어난 언약 관계를 반영합니다. 시내 산 언약은 일종의 결혼 서약이었습니다. 이스라엘은 하나님의 신부였지만, 이 신부는 결혼 전에 이미 우상 숭배자였습니다. 그들의 조상인 아브라함 때부터 우상을 섬겼기 때문에(수 24:2, 3, 14) "네 근본은 이방 땅의 이방인"(겔 16:3)이라고 했습니다.

그와 같은 우상 숭배자들을 하나님이 부르시고 그들의 방패와 피난처가 되어 주신다고 언약하셨습니다. 이것은 거저 받은 하나님의 은혜였습니다. 그런데 언약을 맺을 때 이스라엘은 기쁜 마음으로 여호와 하나님만 따르겠다고 응답하였습니다. 시내 산의 언약 기사를 보면 이스라엘 백성은 여호와 하나님이 약속하시는 축복들과 출애굽 사건을 기억하며 기꺼이 하나님을 섬기기로 자원하였습니다(출 19:1-8; 24:7; 신 5:22-29). 그러나 그들은 얼마가지 않아 여호와 하나님을 버리고 가나안의 바알 신을 섬기며 영적 배도를 일삼았습니다. 고멜이 호세아의 아내가 된 것은 고멜이 정숙해서가 아니라, 그녀가 처음부터 음란한 여자였음에도 호세아의 호의로 결혼이 이루어진 것이었습니다.

하나님과 이스라엘과의 관계는 '언약'과 결혼의 문맥입니다. 이스라엘이 여호와 하나님의 신부가 된 것은 그들이 깨끗해서가 아니고, 하나님의 조건 없는 은혜의 덕분이었습니다. 아무런 자격도 가치도 없는 자들에게 하나님은 기꺼이 자신을 내어주고 사랑의 언약을 맺어 주셨습니다.

고멜은 음란한 여자였습니다. 정결한 신부가 아니고 이미 더럽혀진 여자였습니다. 그러나 고멜은 새로운 여자로 다시 태어나기 위해 호세아의 신부가 되었습니다. 이처럼 이스라엘은 다른 민족보다 수효가 많거나 잘 난 것이 있어서 택함을 받은 것이 아니었습니다. 그들은 소수였고 능력이 없었으며(신 7:7) 배경이 나쁘고(겔 16:3) 벌거숭이의 흉한 모습이었습니다(겔 16:3-6). 그러나 하나님은 그들을 아름답게 꾸미기 위해 자신의 신부로 맞이하셨습니다. 이스라엘도 하나님의 사랑과 능력으로 주름진 부분들과 상한 부위들이 치유되고 새롭게 소생되기 위해 하나님의 신부로 택함을 받았습니다.

이것은 예수님의 신부가 된 신약 교회의 경우에도 마찬가지입니다. 우리는 무슨 자격이 있거나 죄가 없는 거룩한 삶을 살았기 때문에 주님의 새 언약을 받은 것이 아닙니다. 우리는 죄인들로서 오직 십자가에 의지하여 주님의 지체가 되는 교회에 들어간 자들입니다. 죄로 인해 더럽혀진 우리를 깨끗이 씻기고 하나님의 거룩한 자녀들이 되게 하려고 주님은 우리를 택하시고 구속하셨습니다.

호세아의 결혼과 메시지

호세아가 실제로 자신의 삶에서 뼈아픈 사랑의 배신을 체험하고 거절된 사랑의 아픔을 겪어보지 않았더라면 어떻게 되었을까요? 그는 하나님께서 이스라엘 백성의 언약 파기와 배신으로 겪는 실연과 파탄의 고통을 도무지 이해하거나 설명할 수 없었을 것입니다. 더구나 호세아가 음란한 과거를 지닌 고멜을 신부로 맞이해 준 것에 비추어 볼 때, 그녀의 배신은 호세아의 마음에 더욱 깊은 상처를 주었을 것이 틀림없습니다. 이러한 깊은 상처를 안은 호세아 선지자였기에 하나님의 상처 난 가슴을 바라보며 하나님의 고통이 어떤 것인지를 쉽게 이해할 수 있었습니다. 그래서 그는 배도의 길을 걷는 이스라엘 백성에게 자신의 체험으로 하나님의 고통을 생생하게 증언하였습니다. 이것이 음란한 여자인 고멜과의 결혼을 명령한 하나님의 의도였습니다.

호세아서의 본문을 놓고 한 선지자의 불행한 결혼이 누구의 탓이냐고 묻거나 혹은 그런 불행한 결혼을 요구한 하나님의 도덕성을 어떻게 보아야 하느냐는 등등의 문제를 제기하는 것은 호세아서에서 전하려고 하는 메시지의 의도를 파악하는 데 아무런 도움을 주지 않습니다.

　호세아는 하나님의 선지자였습니다. 선지자는 하나님과 호흡
이 맞아야 합니다. 선지자는 하나님의 시종입니다. 선지자는 하
나님의 크나큰 뜻을 받들기 위해서 자신을 희생하면서 주님의 복
음을 위해 사는 자입니다. 하나님은 선지자인 호세아에게 구체적
인 결혼 명령을 내렸습니다. 그렇다면 호세아의 결혼은 개인적인
사건이 아니고 그 자체가 하나님의 메시지를 대변하는 것이었다
고 보아야 합니다. 음란한 여자를 아내로 맞이하는 일은 불행한
일입니다. 그러나 호세아 선지자의 결혼은 언약 백성인 이스라엘
에 주는 국가적인 차원의 메시지로써 사용되어야 하는 독특한 부
름이었습니다.
　하나님께서는 때때로 메시지의 효과를 위해 선지자들의 가정
이나 생활 방식을 통제하십니다. 예를 들어, 이사야 선지자의 아
들들의 이름을 사용하여 메시지가 되게 하셨습니다. 이사야가 설
교할 때 그의 아들인 스알야숩이 따라 다녔습니다. 스알야숩은
남은 자가 돌아온다는 뜻입니다. 남은 자의 귀향은 이사야 선지
자의 주된 설교 주제였습니다. 이사야 선지자에게는 또 다른 아
들이 있었는데 마헬살랄하스바스였습니다. '노략질이 급하다'는
뜻이었습니다. 이것도 유다 백성이 당할 운명을 예언하는 내용과
일치하는 상징적인 이름이었습니다(사 8:1, 3, 18).
　호세아의 자녀들도 하나님의 메시지를 담은 이름들이었습니
다. 즉, 이스르엘은 하나님이 흩는다는 뜻입니다. 로루하마는 긍
휼히 여김을 받지 못하는 자란 뜻이고, 로암미는 내 백성이 아니

라는 뜻입니다. 한편, 에스겔 선지자의 경우는 사랑하는 아내가 갑자기 죽었습니다. 이것은 유다 백성이 '눈의 기쁨'으로 여기는 성소와 자녀들을 잃을 것을 예고하는 것이었습니다(겔 24:15-27). 예레미야 선지자는 결혼해서는 안 된다는 금령을 받았습니다(렘 16:1). 유다 백성은 앞으로 결혼이나 자녀를 낳는 것과 같은 정상적인 삶을 살 수 없을 것이기에 그의 독신 생활도 하나의 예언적 징표로 사용되었습니다.

호세아는 고멜과의 결혼으로 하나님의 메시지를 매우 사실적으로 전달하는 소명을 받은 자였습니다. 사랑하는 조국의 언약 백성을 일깨우고 돌이키기 위해서 자신의 불행한 결혼이 제물이 된다는 것은 숭고한 부름입니다. 호세아는 이 사실을 알았기에 자신의 비참한 결혼을 주선하신 여호와께 한 마디의 불평도 없었습니다. 이것이 호세아 선지자의 위대한 점입니다.

호세아는 집을 나간 고멜, 외간 남자들과 놀아난 고멜, 정을 통했던 남자들로부터 버림을 받고 노예로 팔린 고멜을 되사오는 사건을 통해서(호 3:2) 하나님의 구원의 능력과 사랑을 누구보다도 깊이 절감하였습니다. 호세아의 결혼은 처음부터 고통과 수치를 안겨주었습니다. 그러나 마침내 그의 결혼은 개인의 사건을 넘어 하나님의 거대한 구속의 대 드라마로 펼쳐졌습니다. 결국, 호세아 선지자의 결혼은 하나님의 구원의 사랑을 확증하는 가장 완벽한 예시가 되었습니다. 그렇다면 음란한 고멜을 신부로 맞이하라고 호세아에게 명령하셨던 하나님의 뜻은 선한 것이었습니다. 그것은 궁극적으로 호세아를 가장 선지자답게 만들고 가장 훌륭한 남편이 되게 하였습니다.

호세아서는 사랑의 이야기입니다.

위대한 사랑은 사랑할 가치가 없는 자를 사랑하는 것입니다. 참사랑은 자신의 불행에 연연하지 않습니다. 진정한 사랑은 배신과 모욕과 상처 앞에서 상대방을 저주하지 않습니다. 위대한 사랑은 거절된 사랑 앞에서 오래 참고, 수치를 끼얹는 상대에게 온유하며, 시기하거나 교만하지 않습니다. 참사랑은 자기를 욕하는 상대방에게 무례하지 않으며, 자기의 유익을 위해 분노하지 않고, 상대방에게 해를 끼치려고 악한 것을 생각하지 않습니다. 진실한 사랑은 불의를 기뻐하지 않으며, 모든 것을 참으며, 모든 것을 믿으며, 모든 것을 바라며, 모든 것을 견딥니다(고전 13:4-7).

예수님은 고멜과 같은 우리를 참사랑으로 대하십니다. 예수님은 우리를 죄와 죽음에서 구하기 위해 십자가로 가셔서 자신의 핏값으로 우리를 샀습니다. 호세아가 노예로 팔린 고멜을 되사오듯이 말입니다. 호세아는 가출한 고멜을 집으로 데리고 왔습니다. 그때 호세아는 고멜을 노예로 대하지 않았습니다. 호세아는 고멜을 아내로 대하였습니다. 고멜은 음행을 위해 가출을 일삼았고 우상이 된 남자들과 큰 죄악에 빠졌던 자였습니다. 그래도 고멜은 호세아의 아내라는 법적 신분을 잃지 않았습니다. 한 번 예수님과 결혼했으면 영원한 결혼입니다. 예수님을 믿고 의인의 신분을 받았으면 우리의 죄가 이를 취소하지 못합니다.

　가장 천하고 더러운 존재가 된 자를 호세아는 자신의 모든 것을 바쳐 아내로 다시 맞이하였습니다. 호세아는 자신이 받은 배신의 아픔과 아내의 부정에 대한 분노와 슬픔을 제쳐두고 고멜을 찾아왔습니다. 호세아의 마음은 고멜에 대한 복수심에 불타지 않았습니다. 음란한 아내를 되사오는 남편은 사랑이 무엇인지를 아는 자입니다. 죄와 방탕한 삶에 젖은 무정한 아내를 수치를 무릅쓰고 다른 남자의 품으로부터 다시 사오는 남편은 세상이 모르는 온전한 사랑의 꿈을 가진 자입니다.

　호세아는 고멜을 되사왔습니다. 바닥까지 내려간 수렁에서 고멜을 구해낼 자는 아무도 없었습니다. 고멜이 노예로 전락했을 때 그녀를 사랑한다고 고백했던 뭇 남자들의 발길은 끊어졌습니다. 고멜은 버려진 여인이었습니다. 고멜은 죄악 된 생활로 몸이 쇠약했을 것이고 과거의 미모도 다 사라졌을 것입니다. 세상의 임은 내게 볼 것이 없고, 가진 것이 없으면 나를 찾아오지 않습니다.

　고멜이 철저하게 버림을 받았을 때 오직 그녀의 옛 남편만이 자기를 알아보고 찾아와 주었습니다. 고멜의 모습은 옛 모습이 아니었지만, 옛 남편은 고멜을 알아보았습니다. 그리고 깊은 애정과 긍휼의 눈길로 고멜을 향해 다가왔습니다. 고멜에게 조금이라도 양심이 있었다면 호세아를 마주 볼 수가 없었을 것입니다. 호세아는 고멜을 타일렀을 것이고 부드러운 말로 설득하여 노예의 멍에를 벗고 자유의 몸으로 일어설 것을 호소했을 것입니다.

고멜은 마침내 남편의 손에 의지하여 귀가하였습니다. 여러 해 동안 방치했던 자식들이 기다리는 집으로 돌아온 것입니다.

고멜은 구약의 탕자입니다. 이상하게도 탕자의 귀가는 하나님 나라에서 언제나 대환영을 받습니다. 아마도 호세아는 아내를 새롭게 맞이하기 위해 집 안을 깨끗이 치우고 아이들도 어머니를 반갑게 맞이하도록 준비시켰을 것입니다. 참사랑은 임을 위해 준비합니다. 위대한 사랑은 사랑할 수 없는 자와의 제2의 신혼의 날을 꿈꾸며 삽니다.

호세아는 고멜을 다시 얻었습니다. 그들은 그 이후로 분명 행복하게 살았을 것입니다. 고멜은 새사람이 되었을 것이고, 호세아는 고멜과의 새로운 신혼의 단꿈에 젖어 사랑의 승리를 노래했을 것입니다. 그리고 그들은 이스라엘 백성에 대한 하나님의 변치 않는 신비한 사랑을 굳게 믿으며 밝은 내일이 올 것을 대망했을 것입니다.

하나님은 고멜처럼 남편의 사랑을 등지고 우상을 찾아다니기를 잘하는 우리를 포기하지 않고 찾아오십니다. 영원한 동거를 위해서 우리를 찾아오십니다. 다시는 가출이 없을 그 날의 회복을 꿈꾸시며 우리를 찾아오십니다.

호세아서는 하나님의 러브 스토리입니다. 호세아의 사랑의 이야기는 곧 고멜의 러브 스토리이기도 합니다. 그런데 다른 한편으로, 우리 자신의 러브 스토리도 됩니다. 고멜은 호세아를 통해서 참사랑이 무엇인지를 체험하였습니다. 우리도 구원자 되신 주님의 십자가 희생을 통해서 참사랑이 무엇인지를 배웁니다.

구약에 그려진 예수님의 십자가

호세아서는 특이한 책입니다. 예수님의 십자가를 걸어 놓은 책이라고 할 수 있습니다. 바울은 빌립보서 1장 8절에서 "내가 예수 그리스도의 심장으로 너희 무리를 얼마나 사모하는지 하나님이 내 증인이시니라"고 하였습니다. 호세아서는 바로 '그리스도의 심장'이 어떤 것인지를 보여줍니다. 죄인들을 향한 하늘 아버지의 애끊는 심정을 가장 간절하게 묘사한 책입니다. 호세아서는 절개가 없는 인간의 변덕스러운 사랑과 굽힘이 없는 지순한 하나님의 사랑을 선명하게 대조합니다.

사람들은 사랑이 무엇인지를 정의할 수 없다고 말합니다. 그리고 참사랑은 존재하지 않기에 세상에서 체험할 수 없다고 합니다. 그러나 성경의 진리는 사랑도 정의하고 참사랑도 체험하게 합니다. 사랑의 정의를 묻는 자들에게 고린도전서 13장을 읽어 주십시오. 참사랑이 어떤 것인지를 체험하고 싶은 자들에게 호세아서를 추천하십시오. 호세아서는 십자가에 달리신 예수님의 심장이 어떤 것인지를 보게 합니다. 예수님의 심장을 본 자는 하나님의 사랑을 정의할 수 있습니다. 예수님의 심장을 본 자는 참사랑이 무엇인지를 체험합니다.

호세아서는 거룩한 하나님의 사랑이 불의한 인간의 사랑을 뒤쫓아가는 것으로 묘사합니다. 고멜로 대표되는 이스라엘 백성의 사랑은 우상을 쫓는 사랑이며 세상의 유혹에 빠진 사랑입니다. 고멜은 우상의 연인들에게 몸과 마음을 빼앗기고 정신없이 그들을 쫓아 다닙니다. 하나님은 참사랑의 선물을 쥐고 고멜을 향해 진정한 사랑을 노래합니다. 하지만 홀리는 말과 육욕의 미끼를 던지는 우상 신에게 넋이 팔린 고멜의 귀는 닫혀 있습니다. 하나님의 가슴은 깊은 계곡을 할퀴며 커다란 상처를 찍어내는 폭우처럼 고멜의 배신과 악행으로 성한 곳이 없습니다. 사랑의 배신은 잔혹한 상흔을 선사하고, 천공처럼 뚫어진 가슴에 고절한 슬픔을 담아 놓습니다.

무정한 고멜을 한없이 쫓아가는 하나님의 사랑은 고멜을 만날 것 같지 않습니다. 아마도 하나님은 고멜을 조만간 포기하실지 모릅니다. 그러나 호세아는 하나님의 사랑이 인간의 사랑과 얼마나 다른 것인가를 역설합니다.

> "에브라임이여 내가 어찌 너를 놓겠느냐 이스라엘이여 내가 어찌 너를 …놓겠느냐… 내 마음이 내 속에서 돌이키어 나의 긍휼이 온전히 불붙듯 하도다….이는 내가 하나님이요 사람이 아님이라"(호 11:8-9).

우상 신을 정신 없이 쫓아가는 고멜의 뒤를 추적하는 여호와 하나님의 가슴은 곧 포기하려는 지친 가슴이 아닙니다. 하나님의 가슴은 사랑의 아픔과 숱한 상처에도 불구하고 임을 향한 긍휼과 자비로 불붙은 심장입니다. 아가서는 말합니다. "많은 물도 이 사랑을 끄지 못하겠고 홍수라도 삼키지 못하나니"(아 8:7).

이 같은 불절의 사랑이기에 고멜은 마침내 탕녀의 길에서 돌이킬 수 있었습니다. 호세아는 드디어 집을 나간 아내를 만났고 함께 귀가하였습니다. 그들의 재회는 하나님의 사랑의 승리입니다. 하나님의 사랑의 승리가 있는 곳에 영원한 구원이 있고 끝없는 행복이 있습니다. 호세아는 자신의 메시지 끝에 고멜의 고백을 담았습니다.

"내가 다시 우상과 무슨 상관이 있으리요"(호 14:8).

이 말은 집으로 돌아온 고멜이 자신의 남편 앞에서 다시는 우상을 쫓지 않을 것을 다짐하는 고백입니다. 고멜의 이 한 마디는 그동안 임을 잃은 사랑의 단절과 꺾인 날개의 고통 속에서 수치와 고독한 삶을 살았던 호세아에게 참사랑의 승리가 가져온 넘치는 기쁨을 맛보게 하였습니다. 고멜의 고백은 고멜 자신의 승리이기도 합니다. 고멜은 다시는 우상 신들에게 미칠 일이 없을 것입니다. 다시는 배신과 방탕의 길을 걷지 않을 것입니다. 고멜의 고백은 하나님을 떠났던 모든 죄인이 십자가 앞으로 돌아올 때 토로하는 고백입니다. '내가 다시 우상과 무슨 상관이 있으리요!'

십자가 아래에서 참사랑을 본 자들은 사랑이 무엇인지를 정의할 줄 압니다. 갈보리 십자가 위에서 나의 죄로 인해 멍들고 찢긴 주님의 심장을 보는 자들은 참사랑이 어떤 것인지를 체험합니다. 부활하신 주께서 배신의 제자들을 찾아오셨을 때 무엇이라고 하셨습니까? 복수와 원망이 아닌 "평강이 있을지어다"(요 20:19)라고 축원하셨습니다. 예수님의 이러한 음성을 들은 자들은 하나님의 참사랑이 주는 용서의 복음이 어떤 것인지를 진실로 압니다.

우리는 호세아서의 첫 장에서부터 고멜이 소개될 때 아무런 기대를 하지 않았을 것입니다. 그녀는 음란한 여자였습니다. 그러나 호세아서의 끝장에서 우리는 새로운 고멜을 만납니다. 우상과 상관이 없는 고멜, 자신의 과거를 회개하는 고멜, 호세아의 따뜻한 품속에서 안식하는 고멜을 만납니다.

고멜은 나 자신의 자화상입니다. 고멜은 죄의 노예였습니다. 고멜은 배신자였습니다. 고멜은 육욕의 세상을 즐기던 자였습니다. 고멜은 소망이 없던 자였습니다. 그러나 이제 호세아의 품으로 돌아온 고멜은 소망으로 가득합니다. 그녀의 수치스러운 어제는 호세아의 기억에서 사라졌습니다. 참사랑은 더러운 부분들을 가려줍니다. 참사랑은 임의 허물을 잊습니다.

십자가의 사랑은 '내가 다시 우상과 무슨 상관이 있으리요' 라는 고백에 모든 것을 겁니다. 호세아는 고멜의 이 고백에 만족하였습니다. 참사랑은 많은 것을 요구하지 않습니다. 참사랑은 마음 깊은 곳에서 울려오는 진심의 한 마디를 기대할 뿐입니다.

우리가 십자가 아래에서 "주님, 잘못했습니다. 저는 우상을 따르는 죄를 지었습니다. 용서해 주십시오. 이제 주님의 그 크신 사랑 앞에서 제가 우상과 무슨 상관이 있겠습니까!" 라고 고백하면 됩니다. 하나님께서는 고멜의 고백을 하는 자들을 넉넉히 용서하시고 크신 사랑으로 덮어 주십니다. 이것이 호세아서가 우리에게 전하는 메시지입니다. 호세아서는 그리스도의 사랑을 바라보게 하는 구약에 그려진 십자가의 심장입니다.

2장

소개⑵
사랑의 재창조

호세아 선지자는 하나님의 지시에 순종하여 고멜이라는 품행이 나쁜 여자와 결혼했습니다. 유감스럽게도 고멜은 옛 버릇을 버리지 못하였습니다. 고멜이 낳은 자식들은 요즘 같았다면 DNA 친자 확인을 해보아야 할 만큼 의심스러웠습니다. 호세아는 아무리 아내를 잘 대해 주어도 소용이 없었습니다. 고멜은 다른 남자들의 품을 항상 그리워하며 음란한 외출을 그치지 않았습니다.

호세아는 고멜의 무시와 배신을 받으면서 여호와 하나님을 이해하게 되었습니다. 즉, 고멜 때문에 자신의 마음이 상하듯이, 하나님께서도 이스라엘의 무시와 배도로 고통을 받으신다는 사실을 통감할 수 있었습니다. 하나님께서는 부정(不貞)한 이스라엘 백성을 신부로 택하셨습니다. 하나님은 그들의 남편과 주인이 되어 그들을 보호하고 사랑해 주시겠다고 언약하셨습니다. 하나님은 약속대로 자기 아내를 극진히 사랑해 주셨습니다. 그러나 이스라엘은 우상 신들에게 몸과 마음을 바치기를 그치지 않았습니다.

하나님은 축복을 먼저 준비하신 후에 징벌하십니다.

호세아서의 메시지가 주는 중요한 교훈은 배도하는 언약 백성에 대한 하나님의 반응입니다. 거룩하신 하나님은 반드시 죄를 징벌하십니다. 호세아서에 나오는 수많은 경고와 징계는 모두 언약에서 명시된 사항들입니다. 언약에 의하면 다른 신을 섬기거나 불순종으로 부패하여 언약 백성의 독특성을 드러내지 않으면 저주의 벌을 받습니다(레 26장, 신 4장, 28-31장). 그러나 자기 백성에 대한 하나님의 징벌은 영구적이지 않습니다. 언약 백성은 언약 파기에 대한 벌을 반드시 받지만, 언약에는 징벌 이후에 따르는 축복의 약속도 있습니다(레 26:41-42; 27:44; 신 4:30; 30:2-3). 이 약속은 자기 백성에 대한 하나님의 신실하심에 바탕을 둔 것이기에 보장된 것입니다(신 4:30-31; 30:6, 8). 이 언약의 축복은 여호와께서 자기 백성을 징계하시고 이방 나라로 내쫓으신다 하여도 그들을 완전히 버리시지 않는다는 것입니다.

> "주의 크신 긍휼로 그들을 아주 멸하지 아니하시며 버리지도 아니하셨사오니 주는 은혜로우시고 불쌍히 여기시는 하나님이심이니이다"(느 9:31).

하나님은 남은 자들을 이방 나라에서 귀환시키고 그들을 새롭게 하여 마치 죽은 자를 다시 살리는 것과 같은 회복의 은혜를 베푸신다는 것이 모세 언약에 담긴 약속이었습니다. 이 회복의 때는 언약 백성이 고통 가운데서 여호와를 생각하고 돌아가는 은혜의 시간입니다. 이러한 회복은 여호와의 전적인 자비에 의해 일어납니다.

여호와께서는 이스라엘을 언제나 사랑하며 알뜰히 돌보실 것이라고 약속하셨습니다. 하나님은 자신의 약속에 신실하십니다. 하나님의 신실성은 이스라엘 백성의 거듭된 언약 준수의 실패에도 불구하고 드러날 것이었습니다. 징계의 시간이 끝나면 여호와 하나님이 다시 이스라엘을 광야에서 구애하고 자신의 온전하신 사랑의 품으로 끌어들이십니다. 그때 탈선했던 이스라엘 신부도 참마음으로 남편의 사랑에 응답할 것입니다(2:14-23).

하나님께서는 호세아 선지자를 통해 이스라엘 백성에게 언약에 기록된 저주의 선언을 가감 없이 선포하셨습니다. 그런데도 그들에 대한 하나님의 신실하신 사랑이 이스라엘의 불순종과 배도를 극복하리라는 것이 호세아서가 주는 소망의 메시지입니다.

언약의 축복 문구들은 현재적인 실현을 포함합니다.

호세아서에 나오는 회복의 메시지는 먼 미래에 있을 구원 사건들과 관계된 것입니다. 예를 들어, 이스라엘 백성이 앗수르나 바벨론으로 잡혀간 것은 개인적인 사건이 아니고 국가적인 사건이며 국가 단위로 받는 형벌이었습니다. 그래서 축복의 약속들도 국가적인 차원에서 먼 후일에 성취될 것이었습니다.

그럼, 그동안에는 개인이 하나님께로 돌아와도 아무런 축복을 못 받는 것일까요? 개인이 회개하고 이방 신을 떠나 여호와께로 돌아오면 언약에 약속된 대로 이방나라의 포로에서 귀환하게 될까요? 그렇지 않습니다. 만일 회개한 개인에게 언약의 약속이 별도로 적용된다면 국가 공동체로서 받는 징벌에 의미가 없습니다. 그러나 포로로 잡혀 있으면서도 하나님께 신실한 백성은 즉각적인 축복을 누릴 수 있습니다. 어떤 것들일까요? 하나님의 임재를 체험하는 것과 영적 삶의 질이 높아지는 것입니다.

언약에 명시된 남은 자의 축복들은 먼 미래에 있을 종말론적인 회복만 바라보는 것이 아닙니다. 하나님께로 돌아서면 그 순간부터 하나님의 은혜가 내립니다. 하나님은 회개하는 심령을 복 주시고 하나님의 주권과 명령을 존중하는 자들을 보호하십니다. 물론 언약에서 약속된 축복의 더욱 큰 의미는 단순히 조국으로 귀향하여 잘살게 된다는 것이 아닙니다. 앗수르 침공 때에 잡혀가지 않고 남부 유다로 피신한 자들이나 혹은 바벨론 포로에서 귀국한 자들이라고 해서 반드시 경제적으로 더 낫고 사회적으로 더 안정된 삶을 살았다고는 볼 수 없습니다. 사실상 유대 땅으로 귀국한 자들은 생활적인 면에서 바벨론에 정착한 사람들보다 더 힘든 편이었습니다. 오히려 그쪽에서 거주한 자들은 시간이 지난 후에 대체로 자리를 잡고 살았습니다. 그래서 언약 축복의 성취는 개인이든 집단이든 보다 큰 문맥에서 찾아야 합니다.

이스라엘 백성은 때가 되어 다시 귀국하였고 새 성전을 지었으며 언약 백성의 신앙 공동체를 다시 형성하였습니다. 그들은 많은 면에서 부족했지만, 메시아를 기다리는 소망에 초점을 둔 경배를 회복하였습니다. 그들은 불리한 여건에서도 다윗의 후손으로 오실 그리스도의 명맥을 유지하는 만큼의 언약 공동체를 진행시킬 수 있었습니다. 그들은 궁극적으로 하나님께서 예수 그리스도를 통하여 실현하실 새 언약의 축복들을 보다 가까워진 거리에서 바라보는 축복을 누렸습니다. 이 언약의 축복들은 십자가 대속에 의한 새 언약에서 선명하게 밝혀졌습니다. 그것은 곧 예수 그리스도의 십자가 사역으로 오는 영원한 구원으로서 하늘에 속한 모든 신령한 복들입니다(엡 1:3).

호세아는 언약의 사랑을 실천하였습니다.

호세아는 하나님의 신실하심을 믿었습니다. 그래서 그는 배도한 이스라엘의 죄가 용서될 날이 올 것을 확신하였습니다. 호세아는 이 같은 하나님의 언약적 사랑을 깨달았으므로 자신의 거절된 사랑의 슬픔과 깊은 상처를 안은 비탄의 울음을 그치고 일어설 수 있었습니다. 하나님의 사랑을 깨달으면 악을 선으로 갚을 수 있습니다. 호세아는 "가서 너의 아내를 다시 사랑하라"(3:1)는 하나님의 지시를 따랐습니다. 인간의 사랑은 본질적으로 이기적입니다. 그러나 하나님의 절절한 구속의 사랑에 감화되면, 참사랑의 모습을 드러낼 수 있습니다. 호세아는 이방 신들이 주는 건포도에 도취한 고멜을 찾아오기 위해서 침체와 좌절을 박차고 일어났습니다. 그는 외간 남자들과 청춘을 소진하다가 창녀로 전락한 고멜을 다시 받아주기 위해서 배신의 상처를 덮어두고 일어섰습니다. 그는 아예 노예로 팔린 쓸모없는 고멜을 되 사기 위해서 자신의 재산을 모아(3:2) 길을 떠났습니다. 이처럼 굳은 결의와 희생으로 고멜을 찾아나서는 호세아 선지자의 의연한 모습에서 우리는 음행과 우상 숭배를 위해 가출한 이스라엘을 찾아 나서는 하나님의 거룩한 사랑을 목도합니다.

하나님은 병든 사랑을 고치시는 분입니다.

여호와 하나님과 이스라엘 백성은 시내 산에서 언약을 맺었습니다. 하나님 편에서 먼저 언약을 제시하시면서 그들의 하나님이 되시고 그들의 보호자가 되시겠다고 약속하셨습니다. 이스라엘은 하나님을 순종하며 따르기로 굳게 맹약했습니다. 그런데 이스라엘은 하나님을 사랑하지 않았습니다. 그들은 충성과 신실함으로 하나님을 받들지 않았습니다. 하나님은 이스라엘 백성에게 헌신하셨지만, 이스라엘 백성은 하나님께 투신하지 않았습니다.

호세아서에서 죄는 배도의 형태로 드러납니다. 죄는 사랑의 배신입니다. 죄는 하나님과의 언약 관계에서 하나님의 신실한 사랑에 등을 돌리고 우상 신들을 좇는 배도입니다(5:13; 11:12; 14:4). 이스라엘의 사랑은 배도와 음란으로 병든 사랑이었습니다. 호세아서에서 하나님은 이스라엘의 병든 사랑을 버리지 않고 긍휼히 여기시며 고치시는 분으로 등장합니다.

　　그럼, 하나님은 병든 사랑을 어떻게 고치실까요?

　　무엇보다도 하나님께서 이스라엘을 용서해 주셔야 합니다. 물론 이스라엘은 하나님의 용서를 받을 자격이 없습니다. 그래서 하나님의 용서는 일방적인 은혜입니다. 거짓과 배신을 일삼은 이스라엘의 무거운 죄가 용서되어야만 하나님과의 언약이 갱신될 수 있습니다. 이것은 이스라엘이 자신의 능력으로 행할 수 없는 일이었습니다.

　　죄의 용서와 언약의 갱신으로 하나님과 그의 백성과의 관계가 회복되는 것은 궁극적으로 예수 그리스도의 십자가 대속에 의해서 성취될 것이었습니다. 즉, 죄인들이 예수 그리스도와 믿음으로 연합되어 하나님의 신부로서 새롭게 되는 것입니다(2:16, 23; 3:5). 이것은 이스라엘 공동체의 영역을 넘어서 전 세계적인 범위로 적용되는 새 언약의 축복입니다. 죄인들은 하나님의 정결한 신부로서 언약 관계에 들어갈 수 없습니다. 거룩하신 하나님은 조금이라도 흠이 있는 신부를 아내로 맞이하시지 않습니다.

　　그럼, 어떻게 해야 죄인들이 하나님과 올바른 관계를 맺을 수 있을까요?

　　그것은 예수 그리스도와 연합되는 것입니다. 예수님의 믿음과 생명에 연결이 되는 것입니다. 예수님은 하나님의 참아들로서 온전한 충성과 신실하심으로 하나님께 순종하셨습니다. 이로써 예수님은 이스라엘 백성이 실패한 시내 산의 결혼 서약을 그들을 대표하여 흠 없이 모두 성취하셨습니다. 그래서 예수님을 하나님이 세우신 대속주로 믿고 영접하면 그분에게 소속된 백성이 됩니다. 이것은 죄로 인해서 하나님과 깨어진 관계가 화해된다는 것을 의미합니다.

구약의 이스라엘 백성은 선지자들이 줄곧 예언해 온 예수 그리스도의 흠 없는 순종과 대속을 믿을 때 구원을 받았습니다. 신약 시대의 우리도 예수님을 믿어 그분에게 연합됨으로써 하나님과 깨어진 사랑의 관계를 회복 받고 주님의 신부가 됩니다. 아담의 불순종과 실패가 둘째 아담이신 예수님의 순종과 성공으로 역전되었듯이, 이스라엘의 배도를 대변하는 고멜의 언약 파기는 제2의 온전한 참고멜이신 예수님에 의해 갱신될 것이었습니다. 예수님은 자신의 신실하심과 흠 없는 사랑으로 하나님과 그의 백성 사이의 깨어진 사랑을 완전히 회복하시고 더 나아가 인간의 죄로 영향을 받은 창조계까지 회복시키십니다(2:18, 21~22).

하나님의 사랑은 역설적인 사랑입니다.

하나님은 이스라엘 백성이 배신으로 하나님의 마음을 고통스럽게 할 것을 미리 아셨습니다. 그러면서도 그들과 언약을 맺고 끝까지 사랑하셨습니다. 이것은 주권적인 선택의 사랑이 지닌 의도적인 행위입니다(요 4:10). 신랑을 배척할 배반의 신부를 하나님이 선택하신 까닭은 어쩌면 하나님의 사랑이 더욱 깊이 드러나기 때문이었을지 모릅니다. 음란한 이스라엘은 이러한 깊은 참사랑을 받는 체험을 통해서만이 회개할 수 있을 것이었습니다. 하나님의 언약적 사랑은 자기 백성의 숱한 죄악을 극복합니다. 하나님은 비뚤어진 죄인들의 마음을 고치시고 갱신된 새 마음으로 하나님의 참사랑을 수용하도록 역사하십니다. 그뿐만 아니라 한때 배도의 길을 걸었던 방탕한 백성이 하나님의 거룩하고 숭고한 사랑을 본받게 하십니다. 이 목적을 위해서 하나님은 자기 백성을 때때로 징계하십니다. 그러나 궁극적으로는 모든 죄악을 하나님의 아들 위에 씌우고 십자가의 형벌을 당하게 하셨습니다.

"사랑은 여기 있으니 우리가 하나님을 사랑한 것이 아니요 하나님이 우리를 사랑하사 우리 죄를 속하기 위하여 화목 제물로 그 아들을 보내셨음이라"(요일 4:10).

하나님은 그리스도의 대속적 죽음을 통해서 자기 백성을 죄에서 구출하십니다. 그러므로 하나님의 사랑은 정체된 것이 아니고 동적이며 역설적입니다. 하나님의 사랑은 죄인의 신분을 의인의 신분으로 바꾸고, 방탕한 아내를 정숙한 아내로 변화시키며, 부정한 아내를 용서하여 영원한 반려로 새롭게 맞이합니다. 이것은 가장 은혜롭고 능력 있는 창조적인 사랑입니다. 하나님의 사랑은 지혜와 능력과 헌신의 결정(結晶)이기에 악한 백성에게서 선한 마음을 도출하시고, 배신한 자들에게는 더욱 뜨거운 사랑을 부으심으로써 회개에 이르게 하십니다. 하나님의 사랑은 인간들의 죄악 앞에서 물러서거나 포기하지 않고 더욱 큰 힘을 발휘합니다. 하나님의 사랑은 불처럼 타오르는 강렬한 사랑입니다(11:8).

그러기에 호세아는 이스라엘의 멸망을 선언하면서도 이스라엘에 대한 하나님의 두 번째 말씀을 아울러 선포할 수 있었습니다. 이 두 번째 말씀은 용서, 갱신, 화해, 회복, 치유의 복된 소식이었습니다. 이 두 번째 내리는 하나님의 말씀은 인간의 배도보다 더 강한 사랑의 메시지입니다. 여기에 모든 죄인의 희망과 미래가 걸려 있습니다(고후 1:9-10). 하나님의 두 번째 말씀은 종국에 가서는 십자가 위에서 '다 이루었다'는 예수님의 복음의 대 선언으로 절정을 이루었습니다.

호세아서의 하나님

하나님은 가장 신뢰할 수 있는 중매인입니다. 그런데 하나님이 호세아에게 중매한 자는 음란한 여자였습니다. 이것은 매우 당황스럽고 충격적인 일이었습니다. 호세아의 결혼에 대해서 사람들이 무엇이라고 수군거렸겠습니까?

「얼마나 큰 죄인이면 하나님께서 그런 여자와 결혼하라고 하셨을까? 자기도 아마 그런 남자인가 보지.

소위 하나님의 종이라는 사람이 자기 아내 하나 제대로 거느리지 못하면서 무슨 선지자 노릇을 한다는 말일까? 외간 남자들과 놀아나고 있는 아내를 둔 선지자가 무슨 면목으로 메시지를 전한다는 것일까?」

「호세아의 메시지를 들어보면, 맨 자기 아내 바람피우는 얘기

예요. 그래도 선지자랍시고 하는 말이 고멜의 방탕은 이스라엘의 우상 숭배라나요. 창피하지도 않은가 봐요.

　고멜 말을 직접 들어보지 않아서 그렇지 집에서 남자가 어떻게 하고 사는지 누가 알아요? 다 바람피울 이유가 있지 않겠어요? 좌우간 아내가 바람나는 것은 일단은 남편 책임이라고 보아야 해요. 남자가 잘해 보세요. 왜 여자가 바깥으로 나돌겠어요. 애들도 주렁주렁 달렸는데…」

　호세아는 사람들의 온갖 수군거림과 비웃음을 참아야 했습니다. 하나님께서 고멜을 호세아에게 소개하신 큰 뜻을 깨달았기 때문입니다. 하나님은 불행한 호세아의 결혼을 통해서 하나님과 이스라엘과의 관계를 지적하시고 그들을 향한 그치지 않는 언약의 사랑을 드러내는 통로가 되게 하셨습니다. 호세아는 너무도 귀한 하나님의 절실한 사랑을 자신의 고통스러운 결혼 생활에 비추어 이스라엘 백성에게 생생하고 드라마틱하게 전달해 주었습니다.

　호세아서는 한 남자의 불행한 결혼 생활에 대한 서술이 전부가 아닙니다. 아내의 방탕으로 고통받는 의로운 한 남편의 고뇌를 통해 언약의 하나님이 지니신 십자가 사랑의 진실을 그린 것입니다.

　고멜은 이스라엘을 대표합니다. 고멜과 같은 자들은 지금도 많습니다. 나도 고멜의 모습을 닮은 곳이 있을 것입니다. 그렇지만 고멜과 같은 배역의 이스라엘에게 보이신 하나님의 줄기찬 사랑을 보십시오. 하나님은 자기 백성을 다시 부르고 그들의 마음을 고친다고 하셨습니다. 고멜의 하나님은 우리의 소망입니다. 고멜의 하나님께서는 지금도 변함없이 우리를 사랑하십니다. 그러므로 우리는 다시 새로워질 수 있습니다. 우리가 이방 신에게 건포도를 바치면서 우상들을 즐길지라도 하나님은 우리를 계속 사랑하십니다.

호세아서의 하나님은 절개를 지킬 줄 모르는 불신실한 죄인들을 자기 백성으로 택하시고 그들의 배은망덕에도 불구하고 자신의 언약을 끝까지 지키시는 분입니다. 이스라엘의 죄악이 하늘에까지 쌓이고 하나님의 심장에 독화살을 쏠지라도 언약의 사랑은 죽지 않습니다. 하나님은 방종과 배신을 일삼는 이스라엘을 다시 부르고 일으키셔서 더욱더 진한 사랑을 베푸셨습니다. 하나님은 처음부터 악한 백성을 부르시고 그들에게 은혜에 은혜를 입히셨습니다. 그리고 긍휼에 긍휼을 더하시며, 자비에 자비를 얹으셔서 이 죄 많은 세상에 복음이 흘러가도록 계획하셨습니다(창 12:1-3). 놀랍게도 하나님의 구원의 축복은 이 괴악한 백성과의 언약으로 세상에 알려졌습니다.

이스라엘은 많은 죄와 불순종에도 불구하고 하나님의 구원의 드라마를 진행하는 중요한 도구가 되었습니다. 이들은 신약 시대에 와서 열두 제자들에 의해 축복의 통로로 대표되었고 그들의 개척 선교를 필두로 지금까지 하나님의 구원의 은혜가 온 세상으로 퍼져나가는 중입니다.

여호와 하나님이 이스라엘 백성을 대하셨던 모습은 예수님이 열두 제자들을 대하신 모습에서 그대로 재현되었습니다. 주님은 그들의 배도를 미리 내다보시고서도 끝까지 사랑하셨습니다 (요 13:1; 막 14:27). 그들이 다 주님을 버렸을지라도, 주님은 그들을 원망하지 않으시고 다시 찾아오셔서 그들을 새롭게 하셨습니다. 그래서 제자들은 새 마음과 새 결심으로 주님을 따르게 되었습니다. 주님에 대한 그들의 사랑은 회복되었고 참사랑의 의미를 깨달았습니다. 주님은 제자들의 부끄러운 과거를 잊으셨습니다.

주 예수의 구원을 받은 신자라면 어제의 죄악을 가슴에 품고 살 필요가 없습니다. 신자는 예수님의 부활 생명으로 오늘을 새롭게 사는 자들입니다. 신자는 방종과 불순종과 배신의 가슴을 십자가의 피로써 말갛게 씻은 자들입니다. 신자의 특징은 십자가를 가슴에 달고 다니는 것입니다. 신자는 십자가의 용서와 부활의 새 생명을 자신의 새로운 이름표로 받았습니다.

우리도 고멜이나 열두 제자들처럼 하나님께 자주 등을 돌리고 하나님의 마음을 불순종과 죄악으로 멍들게 하는 자들입니다. 그러나 하나님의 언약적 사랑은 재창조의 사랑입니다. 하나님의 사랑은 죄인들에게 새 마음을 주고 일그러진 부분들을 교정합니다. 하나님의 사랑은 실종된 충성과 상실된 신실의 향기를 우리의 메마른 가슴 속에서 다시 피어나게 하는 새창조의 사랑입니다.

호세아서의 중심 메시지는 하나님께서 탈선한 자기 백성을 새롭게 회복시키신다는 것입니다. 하나님의 재창조의 사랑이 날마다 우리 뒤를 뒤쫓고 있습니다. 하나님의 불붙는 사랑이 오늘도 우리를 새롭게 빚어 가는 중입니다. 하나님께서는 재창조의 사랑으로 우리의 심령을 갱신시키기 위해 우리 앞에 고멜을 소개하십니다. 고멜의 음란한 탈선의 모습을 보고 우리 각자의 그릇된 삶을 반성하라는 것입니다. 그리고 고멜이 받은 하나님의 재창조의 사랑을 생각하고 용기를 내라고 하십니다. 자비와 용서의 가슴으로 우리를 기다리시는 하나님께로 돌아가라는 것이 호세아 선지자를 통해 들려주시는 하나님의 음성입니다. 우리가 이 음성을 듣고 주께로 나아가면 고멜이 받은 새 생명의 은혜를 체험하게 될 것입니다.

3장
비로소 주신 말씀
호세아 1:1-9

"여호와께서 처음 호세아에게 말씀하실 때" (1:2)

호세아에게 처음 임한 하나님의 말씀은 충격적이었습니다. 그것은 음란한 여자와 결혼하라는 명령이었습니다. 놀랍게도 호세아는 반대하지 않고 순종하였습니다. 그런데 이런 순종은 무슨 결과를 낳을까요? 우리는 순종을 많이 강조합니다. 축복 공식에는 순종이 항상 들어 있습니다. 순종하지 않는 것은 죄를 짓는 것이고, 죄가 있으면 하나님의 축복을 받지 못한다고 말합니다. 원칙적으로 옳은 말입니다. 그러나 원칙이란 적용할 때 생기는 여러 상황을 일일이 설명하지 않습니다. 과연 순종은 항상 축복을 낳을까요?

우리는 당연히 순종이 축복을 낳는다고 말해야 합니다. 하나님의 계명을 순종하면 복을 받고 불순종하면 저주를 받는다는 것이 신명기의 대전제입니다(신 11:26-32; 27-30장). 여호수아는 가나안 땅에 진격했을 때 신명기의 대원칙에 따라 "그리심 산에서 축복을 선포하고 에발 산에서 저주를 선포"하였습니다(신 11:29; 수 8:30-35). 그러나 순종과 저주의 원리는 기계적인 대입으로 이해하면 무리가 생깁니다. 순종한 결과로 오는 복은 여러 곡절과 과정을 거쳐서 오는 경우가 적지 않습니다. 우리는 축복에 이르는 과정을 거치면서 종종 복이라기 보다는 재앙에 해당하는 것들을 경험하기도 합니다. 호세아의 경우가 그런 것이었습니다. 호세아가 하나님의 명령을 순종했음에도 즉시 복을 받지 못한 까닭은 무엇일까요? 우리는 호세아의 결혼 사건에서 여러 가지 교훈을 생각해 볼 수 있습니다.

축복의 과정

호세아 편에서는 아무런 잘못이 없었습니다. 호세아가 순종을 덜 했다거나 무슨 죄를 지었기 때문에 그가 받을 복이 연기되거나 취소된 것이 아닙니다. 호세아는 하나님의 명령을 그대로 따랐습니다. 호세아는 고멜을 자기 아내로 삼았고 고멜은 법적으로 호세아의 아내가 되었습니다. 우리는 하나님을 순종한 후에 기대한 복이 당장 오지 않으면 자신을 탓하기 쉽습니다. 혹시 자기도 모르는 사이에 하나님이 싫어하시는 일을 저질렀을까 봐 염려하기도 하고 과거의 죄를 기억하며 마음을 졸이기도 합니다.

그러나 이럴 때는 자기 속을 내성적으로 드려다 볼 것이 아니고, 자신이 하나님을 순종했으므로 복을 주신다는 하나님의 약속을 기다려야 합니다. 호세아는 고멜과의 결혼이 불행하다고 해서 자신의 부족을 한탄하거나 하나님을 원망하지 않았습니다.

하나님께서 어떤 중요한 목적으로 의도하신 일일수록 축복이 오기까지의 여러 과정이 있기 마련입니다. 호세아는 음녀와 결혼을 하라는 곤혹스러운 하나님의 명령에 순종했지만, 금방 복이 굴러오지 않았습니다. 호세아의 결혼은 고통의 시작이었습니다. 우리 중에 누가 이런 명령을 받고 아주 쉬운 일인 듯이 금방 순종할 사람이 있겠습니까?

호세아도 처음에는 고민했을 것입니다. 호세아는 고멜과 결혼했기 때문에 웃음을 잃은 자였습니다. 음란한 아내를 둔 남편이 무엇이 좋아서 웃고 살겠습니까? 호세아는 날마다 무거운 한숨으로 고통의 시간을 채워야 했을 것입니다. 호세아가 생각하기를 자신이 하나님의 말씀을 순종했으니까 음란한 고멜이 마음을 잡고 회개하여 현모양처가 될 것이라고 기대했었다면 크게 실망했을 것입니다.

고멜은 금방 마음을 돌이켜 더러운 행실을 버릴 여자가 아니었습니다. 사실상 고멜이 그런 여자였기 때문에 하나님께서 호세아를 보고 고멜과 결혼하라고 하셨습니다. 이것이 본 사건의 핵심입니다. 고멜이 회개하지 않고 계속해서 옛 방식대로 사는 여자였기에 그녀가 악한 이스라엘을 대표하는 예시로써 사용될 수 있었습니다. 만약 고멜이 결혼한 즉시 과거의 못된 습성을 끊었다면 스토리가 이어질 수 없었을 것입니다. 하나님은 고멜이 줄

곧 외간 남자들과 바람을 피울 것을 아셨으므로 호세아에게 그녀와 결혼하라고 명하셨습니다. 이것은 무엇을 의미합니까? 호세아가 고멜과의 결혼 명령에 순종하였다고 해서 당장 복을 받는 것이 아니고 상당 기간 고통을 받을 것을 의미합니다. 그렇다면 이것은 순종이 축복을 낳는다는 신명기의 주제와 모순되는 것일까요? 그렇지 않습니다. 우리가 알아야 할 것은 하나님께서 어떤 일을 성취하기 위해서 순종을 명령하신 일이 복을 거두기까지는 상당한 시간이 걸릴 수 있다는 것입니다.

호세아가 받은 교육

하나님은 호세아의 결혼을 하나님과 이스라엘 백성 사이의 관계를 설명하는 실례로 사용하실 것이었습니다. 그래서 하나님께서 이스라엘의 우상 숭배로 인해 받으시는 고통을 호세아가 체험하기를 원하셨습니다. 고멜은 호세아를 버리고 다른 남자들을 쫓아다닐 것이기에 호세아는 남편으로서 겪을 수 있는 가장 큰 수치와 분노가 무엇인지를 알게 될 것이었습니다. 그것도 하루 이틀이 아니고 고멜이 아이들을 여러 명 낳은 후까지 계속되는 장기적인 고통이어야 했습니다. 그래야만 이스라엘의 끈질긴 우상 숭배가 여러 해를 두고 하나님의 마음을 후비고 저민다는 사실을 호세아가 자신의 경험으로 실감할 것이었습니다. 이것은 하나님의 대변인으로 부름을 받은 선지자에게 꼭 필요한 일이었습니다. 호세아는 하나님께서 당하시는 고통의 분량을 헤아릴 수 있어야만 이스라엘 백성에게 우상 숭배의 무서운 죄악을 자신의 뼈아픈 체험으로 지적할 수 있을 것이었습니다. 이것은 결국 호세아 자신을 선지자로 교육하는 일이었습니다. 경험으로 알아야 하는 교육은 많은 시간이 소요됩니다.

호세아는 하나님의 절절한 사랑을 전달하기 위해서 자신이 먼저 아내의 배신을 뼈아프게 체험할 필요가 있었습니다. 호세아는 하나님께서 이스라엘 백성의 배신에도 불구하고 사랑하신다는 의미가 무엇인지를 자신의 경험으로 알아야 했습니다. 그러니까 하나님께서 호세아에게 기대하신 것은 바로 이런 깨달음의 기회를 얻게 하는 순종이었고 그것은 곧 고멜과의 결혼이었습니다. 물론 호세아는 이 같은 하나님의 숨은 뜻을 처음부터 다 알 수 없었습니다. 그래서 하나님의 축복을 기대하는 자들은 하나님의 스토리가 끝날 때까지 기다리는 인내와 신뢰가 필요합니다. 하나님을 순종하면 반드시 복을 받습니다. 그런데 하나님께서 주시는 복은 우리가 기대하는 것보다 훨씬 높고 깊은 차원에서 조형되고 있다는 사실을 기억해야 합니다.

하나님께서는 각자에게 섬김의 소명을 주십니다. 우리는 하나님을 모시고, 이웃을 사랑하며, 거룩한 삶을 살기 위해서 부름을 받았습니다. 그런데 하나님의 부름에는 항상 순종의 벽이 있습니다. 이 벽을 통과하면, 교육 과정을 통해서 배우고 깨달아야 할 일들이 기다리고 있습니다.

하나님을 섬기는 문제를 놓고 누가 주저하거나 두려워하면 흔히 사람들이 이런 식으로 말합니다.

「하나님께서 능력도 주시고 지혜도 주실 테니까 다 감당할 수 있어요. 내 힘으로 하나요. 하나님 힘으로 하지요.」

원칙적으로 맞는 말입니다. 그러나 그렇게 간단하게 밀어붙일 일이 아닙니다. 물론 하나님이 주시는 능력으로 하나님의 일을 합니다. 그렇지만 하나님의 능력을 받기 위해서 거쳐야 할 배움의 과정이 있습니다. 하나님으로부터 받는 능력이란 순종하기 때문에 오는 고통의 의미가 무엇인지를 깨닫는 것과 관련된 것입니다. 아무런 준비나 교육 과정이 없이 그냥 하나님의 능력을 받는 것이 아닙니다. 순종하는 자녀들은 모두 학습 체험장으로 인도됩니다.

호세아가 자신의 고통 속에서 얻은 영적 유익

호세아는 무엇보다도 자신의 불행한 결혼이 하나님의 메시지로 사용되고 있다는 사실을 깨달았습니다. 하나님은 이 점을 처음부터 분명하게 밝히셨습니다.

"이 나라가 여호와를 떠나 크게 음란함이니라"(1:2).

이것이 하나님께서 호세아에게 음란한 여자와 결혼하라고 하신 까닭이었습니다. 고멜은 이스라엘을 예시하는 자였습니다. 고멜이 남편인 호세아에게 행하는 짓이 이스라엘 백성이 여호와 하나님에게 행하는 행위와 같은 것이었습니다. 이것은 다음과 같은 의미를 시사합니다.

첫째, 호세아가 설교 준비를 할 필요가 없음을 말합니다.

하나님의 메시지를 전하는 것은 매우 큰 특권입니다. 그러나 설교자에게는 메시지를 준비하는 일처럼 어려운 일이 없습니다. 마틴 로이드 존스 목사님은 그렇게 훌륭한 설교를 매주 전했으면서도 '내가 언젠가는 진실로 설교다운 설교를 할 날이 있기를 바란다'고 입버릇처럼 말했습니다. 이 점에서 호세아 선지자는 모든 설교자의 선망의 대상입니다! 그가 고멜을 아내로 가졌다는 사실은 전혀 부럽지 않지만, 자기 아내의 행실을 그대로 전하기만 하면 하나님께서 원하시는 정확한 메시지가 되었습니다.

하나님께서는 나의 불행한 삶 속에서 내게 숨 쉴 공간을 마련하시고 조금이라도 편히 쉬게 해 주기를 원하십니다. 비록 교육상 필요한 고난이어도 하나님은 자비의 공간을 남겨 두십니다. 만약 호세아가 이스라엘 백성에게 전할 메시지를 자기 힘으로 준비하려고 했다면 얼마나 더 힘들었겠습니까? 그는 두 배로 고통을 당했을 것입니다. 고멜은 걸핏하면 집을 나가고 아이들을 내버려 둔 채 수치스러운 소문만 내고 다녔습니다. 호세아는 집안 살림을 살면서 아이들까지 키워야 했습니다. 그 위에 설교까지 별도로 준비해야 했다면 너무도 과중한 짐이 되었을 것입니다.

호세아는 어찌 보면 고멜 덕분에 설교를 준비할 필요가 없었으니까 적어도 한 가지는 고멜이 공헌을 했다고 보아야 할지 모릅니다. 고멜이 나가서 행하는 일들이 소문으로 호세아 귀에 다 들렸을 것이고 또 고멜 본인도 가끔이나마 귀가하여 잘 놀다 왔다고 보고했을 것입니다. 고멜이 어디 맨정신으로 돌아왔겠습니까? 술에 취해서 돌아왔을 것이고 밤이 늦도록 호세아를 앉혀 놓고 별 음란한 이야기들을 늘어놓았을 것입니다. 호세아는 하나님의 사람이니까 분명 고멜을 타이르고 제발 가출하지 말라고 호소했을 것입니다.

고멜은 한 번 나갔다 돌아오면 설교 자료집을 한 다발씩 묶어서 귀가한 셈입니다. 호세아는 고멜로부터 음란한 보고를 듣고 나면 성령이 충만하여 백성에게 나가서 확신에 찬 메시지를 전했을 것입니다. 문제가 있다면, 호세아의 설교 내용은 언제나 동일한 것이었습니다. 고멜도 이스라엘도 전혀 바뀌는 것이 없었기 때문입니다. 호세아의 메시지는 반복 설교였습니다.

- 당신들은 여호와 하나님을 버리고 우상 연인들에게 가서 음란하게 놀다가 온다.
- 당신들은 우상과 잔뜩 마시고 논 후에 돌아와서 남편 되신 여호와 하나님을 괴롭힌다.
- 당신들은 회개하지 않고 동일한 죄악을 날마다 되풀이한다.

둘째, 호세아는 하나님의 심정을 자기 마음처럼 느꼈습니다.

호세아는 하나님께 더 이상 고멜과 살 수 없다고 자주 호소했을 것입니다. 그는 자기가 받은 상처의 대가를 고멜이 받아야 한다고 여겼을 것입니다. 하나님은 호세아의 그런 심정을 이해하신다는 의미에서, 고멜이 첫 아이를 낳았을 때 이스르엘이라고 작명해 주셨습니다. '이스르엘'은 예후가 아합 가문을 멸족시킨 보복의 장소였습니다(왕하 9-10장).

"여호와께서 호세아에게 이르시되 그의 이름을 이스르엘이라 하라 조금 후에 내가 이스르엘의 피를 예후의 집에 갚으며 이스라엘 족속의 나라를 폐할 것임이니라"(1:4).

호세아는 또 고멜을 더는 용서할 수 없다고 하나님께 알렸을 것입니다. 하나님의 반응이 무엇이었습니까? 이번에도 하나님은 호세아의 그런 심정을 충분히 이해하신다고 하셨습니다. 하나님에게도 고멜이라는 아내가 있었기 때문입니다. 그래서 하나님은 고멜이 두 번째 아이를 낳자 로루하마로 작명하셨습니다. 이것은 '긍휼히 여김을 받지 못하는 자'라는 뜻입니다.

"고멜이 또 임신하여 딸을 낳으매 여호와께서 호세아에게 이르시되 그의 이름을 로루하마라 하라 내가 다시는 이스라엘 족속을 긍휼히 여겨서 용서하지 않을 것임이니라"(1:6).

'다시는'이라고 말한 점을 주목하십시오. 호세아는 고멜을 여러 번 용서했을 것입니다. 그러나 더 용서할 수 없는 지경에 이르렀습니다. 하나님께서도 이스라엘을 다시는 용서하고 싶지 않은 지점에 이르렀습니다.

호세아는 또 하나님께 자신은 더 이상 고멜의 남편이 아니라고 말했을 것입니다. 하나님께서 어떤 반응을 보이셨을까요? 이번에도 하나님은 호세아의 그런 심정을 전적으로 이해하고 동의하셨습니다. 그래서 하나님은 호세아의 세 번째 아이를 로암미로 부르게 했습니다. 이것은 '내 백성이 아니라'는 의미입니다.

> "그의 이름을 로암미라 하라 너희는 내 백성이 아니요 나
> 는 너희 하나님이 되지 아니할 것임이니라"(9절).

하나님께서 나의 심정을 이해하시고 전적으로 동감하신다는 사실은 얼마나 큰 위로가 됩니까? 하나님께서 나의 고통을 다 아시고 나와 같은 고통을 느끼시는 분이라면 얼마나 내게 위로가 되겠습니까? 하나님이 한층더 가깝게 느껴지지 않겠습니까? 하나님께서는 호세아의 고통에 동참하셨습니다. 호세아의 불행이 곧 하나님의 불행이었고, 호세아의 아픔이 곧 하나님의 아픔이었습니다. 호세아의 마음과 하나님의 마음은 이심전심(以心傳心)이었습니다.

이러한 관계는 그리스도와 우리 사이에 대한 하나의 좋은 예시입니다. 주님과 우리는 한 몸입니다. 주님은 실제로 사람이 되셨으므로 인간의 고통이 무엇인지를 체험으로 아십니다(히 4:15). 그뿐만 아니라 우리가 주님을 믿을 때 주님 속으로 들어가서 한

몸으로 연합됩니다. 그래서 우리는 주님의 지체라고 말합니다. 주님의 지체가 아프면 곧 주님이 아프신 것입니다. 바울도 말합니다. "누가 약하면 내가 약하지 아니하며 누가 실족하게 되면 내가 애타지 아니하더냐"(고후 11:29).

호세아가 고멜로 인해서 홀로 괴로워할 때 하나님께서도 자신의 고멜인 이스라엘의 우상 숭배 때문에 홀로 고통을 겪으셨습니다. 호세아가 결혼 언약을 파괴하는 고멜의 부정(不貞)으로 가슴이 저며왔을 때, 하나님께서도 시내 산 언약을 깨는 이스라엘의 불신실로 가슴이 아팠습니다.

사람들이 호세아에게 자기 아내도 제대로 지키지 못하는 자가 어찌 선지자의 자격이 있느냐고 야유했을 때 호세아의 명예가 실추되었습니다. 이처럼 하나님께서도 자기 백성을 제대로 다스리지 못하면서 어찌 하나님의 자격이 있느냐고 이방인들이 조소했을 때 수치와 불명예를 느끼셨습니다(참조. 민 14:15-16). 호세아와 하나님은 같은 고통을 느꼈고 같은 문제를 안고 괴로워했습니다.

비슷한 여건에서 함께 어려움을 당하면 별다른 관계가 생깁니다. 과부가 과부 사정을 안다는 속담처럼 유사한 처지에서 곤경을 겪으면 상대방이 힘든 것을 잘 이해하고 피차 동정하게 됩니다. 그런데 호세아와 하나님의 경우에는 비슷한 문제가 아니고 같은 문제였습니다. 타인끼리 형편만 유사한 것이 아니고 한 가족 내에서 일어나는 일처럼 똑같은 문제로 하나님과 호세아가 고뇌에 빠져 있었습니다. 그래서 호세아와 하나님 사이의 밀착 관계는 누구도 동참할 수 없는 남다른 독특성이 있었습니다. 호세아는 탈선한 이스라엘을 돌이키기 위해서 하나님과 같은 아픔을 안고 하나님의 친밀한 동역자가 되라는 부름을 받았습니다.

이것은 독특한 특권입니다. 호세아는 행복한 부부 사이에서 느끼는 최대의 행복보다 더 나은 하나님과의 은밀한 교제를 누렸습니다. 호세아도 자기의 괴로운 속사정을 누구에게 하소연할 곳이 없었고, 하나님께서도 자신의 애타는 심정을 누구에게 말할 곳이 없었습니다. 오직 호세아만 하나님의 안타까운 가슴을 이해할 수 있었고, 오직 하나님께서만 호세아의 고통을 고스란히 느끼셨습니다. 호세아는 하나님에게, 하나님은 호세아에게 절친한 친구처럼 자신들의 속사정과 아픔을 털어놓았습니다. 사랑은 밀착을 요구하고 애정은 나눔을 희구합니다.

하나님께서는 때때로 우리가 원치 않는 일에 소명을 주시고 고통의 현장으로 인도하십니다. 우리는 순종의 길에서 여러 가지 시련을 겪습니다. 우리가 기대했던 축복은 아직은 보이지 않을지 모릅니다. 그러나 우리는 순종의 길에서 하나님의 깊은 뜻을 이해하고 하나님의 마음을 읽습니다. 나의 시련이 곧 하나님의 시련이며 나의 고통이 곧 하나님의 고통임을 깨닫습니다. 하나님이 나와 함께 같은 아픔을 나누는 반려자가 된 것을 알면 나의 고통의 가시는 훨씬더 무뎌질 것입니다.

4장

호세아가 그린 십자가
호세아 1:2

"여호와께서 처음 호세아에게 말씀하실 때 여호와께서 호세아에게 이르시되 너는 가서 음란한 여자를 맞이하여 음란한 자식들을 낳으라 이 나라가 여호와를 떠나 크게 음란함이니라 하시니" (1:2)

구약에서 아브라함을 "하나님의 벗"(사 41:8; 약 2:23)이라고 했습니다. 하나님은 아브라함에게 나타나셔서 자주 대화하셨고 그에게 숨기시는 일이 없었습니다.

"여호와께서 이르시되 내가 하려는 것을 아브라함에게 숨기겠느냐"(창 18:17).

하나님께서는 아브라함에게 누구에게도 알리시지 않은 소돔의 멸망에 대한 뜻을 직접 전하셨습니다. 아브라함은 하나님의 벗이었기에 소돔에 사는 의인들을 위해서 끝까지 하나님을 붙잡고 중보할 수 있었습니다(창 18:22-33).

구약에서 하나님의 벗이 되었던 또 한 사람이 있습니다. 그의 이름은 이스라엘의 출애굽을 영도했던 모세입니다.

"사람이 자기의 친구와 이야기함 같이 여호와께서는 모세와 대면하여 말씀하시며"(출 33:11).

하나님께서는 모세와 직접 대면하셨고 하나님의 속성에 대한 놀라운 계시와 함께(출 34:6-7) 율법을 주셨습니다. 모세와 하나님 사이의 친밀성은 마치 각별한 친구와 같았습니다. 당시의 이스라엘 백성 중에서 누구도 이 같은 특권을 누린 자가 없었습니다.

이스라엘의 역사를 통틀어서 하나님과 가장 가까웠던 자들을 꼽는다면 누구일까요? 단연 아브라함과 모세입니다. 그다음은 여러 선지자와 제사장들과 다윗이라고 할 수 있습니다. 그런데 선지자 중에서 하나님과 막역지우(莫逆之友)였던 한 사람을 고른다면 누구의 이름을 대겠습니까? 단연 호세아를 뽑아야 하지 않겠습니까? 물론 아브라함을 비롯하여 모세도 다윗도 모두 하나님의 벗들이었습니다.

그런데 아브라함은 죄인이 어떻게 거룩하신 하나님 앞에서 의로운 자가 될 수 있느냐는 문제와 관련된 '교리적 관계'였다면, 모세는 어떻게 하나님의 백성이 주의 계명으로 거룩한 삶을 살 수 있느냐는 문제와 관련된 '율법적 관계'였습니다. 그리고 다윗은 하나님 나라의 건설과 관계된 '정치적 관계'였습니다. 반면, 호세아는 하나님께서 탈선한 자기 백성을 얼마나 그리워하는지를 다룬 '사랑의 관계'였습니다. 물론 아브라함과 모세와 다윗도 교리나 율법이나 정치적인 관계를 넘어서 개인적인 측면의 교제를 하나님과 누렸습니다. 그렇지만 이들의 특징을 찾아서 비교한다면 호세아는 하나님과 '정적인 관계'를 지녔다고 할 수 있습니다. 호세아는 하나님을 마음으로 느낀 자였습니다. 그는 하나님의 심장에 자신의 가슴을 대고 살았습니다. 그는 하나님의 고통의 심장에 자신의 맥박을 맞추었고, 하나님의 슬픔을 보고 자신의 슬픔을 달랬습니다. 그래서 그는 자신의 처량한 삶 속에서도 하나님을 깊이 이해하는 사람으로 변화되었습니다.

• 호세아는 고멜의 외도로 받는 수치를 통해 이스라엘의 탈선이 하나님의 거룩하신 이름에 흙탕물을 끼얹는 모욕임을 알았습니다.

• 호세아는 언약 백성의 배신으로 무참히 찢긴 하나님의 마음이 어떤 것인지를 고멜의 배신이 주는 자신의 고통 속에서 역력히 보았습니다.

• 호세아는 뭇 남자들의 품을 연모하며 가출한 아내를 날마다 하염없이 기다렸습니다. 그는 자신의 이러한 서글픈 처지를 보면서 이방 신을 따라 여호와의 집을 떠난 백성을 날마다 기다리시는 하나님의 슬픔을 이해하였습니다.

• 호세아는 고멜의 방탕이 주는 뼈저린 아픔 속에서 하나님의 심장을 배신의 칼로 난자하는 이스라엘 백성의 잔혹한 죄악을

보았습니다.

호세아는 하나님께서 날마다 이스라엘 백성으로부터 받으시는 중단 없는 박해를 자신의 몸으로 체험하는 증인이었습니다. 호세아는 날마다 고멜이 끼얹는 수치의 오물들을 뒤집어쓰고 하나님을 만났습니다. 그는 선지자의 품위와 권위가 고멜의 음행으로 짓밟힌 상태에서 이스라엘 백성이 거룩하신 하나님의 백의(白衣)에 쏟아부은 우상의 오물들을 보았습니다. 호세아는 자신의 고통을 품고 하나님을 만날 때마다 하나님의 고통을 피부에 닿도록 느낄 수 있었습니다. 호세아의 개인적인 고난은 하나님의 고난을 바라보는 창문이었습니다.

나의 고통이 하나님의 마음을 드려다 보는 신령한 계시의 거울이 될 수 있습니다. 우리는 하나님을 순종하는 과정에서 복이 아닌 재앙을 만나기도 합니다. 그러나 그 재앙은 하나님께 자신의 아픔을 호소하게 합니다. 그 결과 하나님의 문제도 이해하게 되면서, 점차 재앙 속에서 복으로 임하시는 하나님의 선하심을 체험하게 됩니다. 하나님께서는 우리에게 학습 체험의 단계들을 거쳐서 복을 받도록 계획하셨습니다. 호세아가 만약 고멜과 결혼하여 아무 탈 없이 평탄하게 살았다면, 거친 세월의 학습 과정을 통해 하나님의 마음을 들여다볼 수 있는 별다르고 신령한 축복은 받지 못했을 것입니다. 그렇다고 해서, 우리의 결혼이 누구나 호세아가 겪은 것처럼 굳이 불행한 경로를 밟아야 한다는 뜻은 아닙니다. 하나님께서는 우리를 개인적으로 부르십니다. 호세아는 결혼하라는 명령을 받았지만, 예레미야는 결혼하지 말라는 명령을 받았습니다.

"여호와의 말씀이 또 내게 임하여 이르시되 너는 이 땅에서
아내를 맞이하지 말며 자녀를 두지 말지니라"(렘 16:1-2).

호세아도 예레미야도 다 같은 선지자였습니다. 그러나 하나
님께서는 각자에게 주신 소명을 성취하도록 서로 다른 방법을 사
용하셨습니다. 예레미야의 경우에는, 유다가 우상 숭배로 인해서
바벨론으로 잡혀갈 것이므로 유대 땅에서 결혼과 같은 경사가 없
을 것을 알리기 위해 그의 결혼을 하나님이 막으셨습니다. 예레
미야는 초상집이나 잔칫집에도 갈 수 없었습니다. 앞으로 바벨론
의 공격을 받으면 죽는 사람이 하도 많아서 장례식을 치르는 일
조차 없게 될 것이며 더구나 잔치할 일도 없을 것이기 때문이었
습니다(렘 16:5-9). 예레미야는 독신이 되어 정상적인 삶의 행사에
참여하지 않음으로써 유다 백성에게 바벨론 포로에 대한 경고의
역할을 맡은 자였습니다. 반면, 하나님께서는 호세아의 불행한
결혼을 통해서 이스라엘로부터 받는 하나님의 상처가 어떤 것인
지를 알리기를 원하셨습니다. 그래서 호세아는 고멜과의 불행한
결혼으로 이스라엘에 주는 하나님의 메시지가 되었습니다.

우리는 하나님의 부르심에 순종하면 매사가 순조로울 것으로
기대합니다. 그러나 반드시 그런 것은 아닙니다. 때때로 하나님
께서는 우리의 순종을 시험하기 위해서 장애물을 놓습니다. 우리
는 역경을 겪으면서도 하나님의 선한 뜻을 찾으며 주님을 신뢰해야

합니다. 우리가 기대했던 복이 당장 오지 않더라도 더 나은 축복이 기다리고 있음을 믿으면 당면한 고통을 이겨내는 힘이 됩니다.

호세아는 고멜과 말도 되지 않는 결혼 생활을 하면서 행복한 가정은 불가능하다고 비관했을지 모릅니다. 그러나 호세아가 원했을 고멜과의 행복은 훨씬 나중에 올 것이었습니다. 그때까지 호세아는 고멜로 인해 무던히도 속을 썩이면서 하나님의 사랑을 배워야 했습니다. 고멜의 변화가 있기 전에 호세아를 먼저 변화시키는 것이 하나님의 순서였습니다. 호세아가 수치와 분노와 악감을 제쳐놓고 노예로 팔린 고멜을 불쌍하게 여기며 다시 사올 수 있는 지점에 이를 때까지 하나님께서는 호세아에게 참사랑의 모습을 새겨줄 필요가 있었습니다.

호세아는 하나님께 자신의 고통을 나누면서 하나님 자신의 아픔을 이해하게 되었고, 이것이 힘이 되어 이스라엘 백성에게 하나님의 마음을 전하는 소명을 이행할 수 있었습니다. 하나님을 순종하며 살아가는 길에서 우리는 뜻하지 않은 재난도 만나고 내가 감당할 수 없는 좌절감에 빠지기도 합니다. 그러나 하나님께 자신의 마음을 토로하며 끝까지 주를 바라보는 자들은 매우 귀한 은혜를 체험합니다.

호세아는 고멜과 같은 탕녀와 결혼해서 살아야 했습니다. 그러나 그는 이 일로 인해서 하나님의 마음을 누구보다도 더욱 깊이 드려다 볼 수 있었습니다. 하나님께서는 그에게 속마음을 털어놓으셨고 호세아는 상처로 얼룩진 하나님의 심장을 자신의 가슴 위에 얹고서 배역의 이스라엘 백성에게 간곡한 메시지를 전했습니다. 선지자로서 이보다 더 큰 축복과 영예가 어디에 있겠습니까? 고멜은 딴짓을 하고 있었지만, 하나님은 고멜을 사용하여 하나님의 사랑이 무엇인지를 호세아에게 가르치셨습니다. 이것이 호세아로 하여금 그 시대에 꼭 필요했던 선지자의 자격을 갖추게 하는 하나님의 방법이었습니다. 이것은 호세아가 고멜과의 행복한 미래를 위해서도 반드시 거쳐야 할 과정이었습니다.

- 깨어진 사랑이 회복되면 더욱 강한 사랑이 됩니다.
- 잃었던 사랑이 회수되면 사랑의 귀중함을 더욱 확신합니다.
- 실종된 사랑이 돌아오면 기나긴 고통의 시간을 잊고 안식을 누립니다.
- 원수가 벗이 되면 더 미워할 사람이 없어집니다.

하나님께서는 호세아를 위해 고멜을 찾아주실 것이었습니다. 고멜의 귀가는 호세아의 어두운 인생에 빛을 뿌려주고, 외롭던 가슴에 훈기를 안겨 주며, 쌓였던 아픔의 상처들을 말끔히 거두어 줄 것이었습니다.

호세아의 비참한 삶이 이스라엘 백성에게 하나의 징표가 되었습니다.

우리는 자신의 삶이 하나님께 쓰임이 되기를 원합니다. 십자가의 구원을 감사하며 하나님을 사랑하는 자들이라면 조금이라도 하나님을 위해 자신을 드리기를 원할 것입니다. 그런데 고난으로 삶이 불행하면 하나님께서 자신을 쓰실 수 없다고 여깁니다. 호세아는 아내의 도움이 없이 혼자 아이들을 키우며 살아야 했습니다. 고멜은 세상이 다 아는 바람둥이였습니다. 호세아는 창피해서라도 밖을 나갈 수 없는 형편이었습니다. 고멜이 저지르는 음행으로 인한 흉한 소문들로부터 아이들을 보호하는 일도 여간 가슴 아픈 일이 아니었을 것입니다. 그런 호세아의 삶에서 하나님의 일에 긍정적인 기여를 할 수 있는 것이 무엇이 있었겠습니까?

우리는 하나님을 잘 섬기려면 사람들 앞에 내어놓을 것이 있어야 하고 다른 사람들의 눈에 흠이 되는 것들이 없어야 한다고 생각합니다. 이를테면 돈도 좀 있고, 말도 잘하고 학위도 있고, 집안도 좋고 외모도 있어야 한다는 것입니다. 이런 것들을 다 갖추지는 못하여도 한두 가지는 남이 알아주는 것이 있어야 하나님을 섬기는 일에 영향력을 준다고 봅니다.

비근한 예로써, 교회에서 직책을 맡은 사람이 주로 어떤 면에서 두드러집니까? 예수님의 제자들은 못 배우고 가난한 사람들이 대부분이었습니다. 현대 교회의 직분자들은 대체로 학위가 있고 좋은 직업을 가진 자들입니다. 무직자나 가난한 자가 교회에서 직책을 받거나 결손 가정을 가진 자가 주님을 섬기는 요직을 맡는 일은 드물지 않습니까? 학벌이 좋거나 수입이 많은 사람이 교회에서 직책을 맡는 것이 잘못되었다는 말이 아닙니다. 그러나 절대다수의 리더들이 그런 배경을 가졌다는 것은 무엇인가 편중된 느낌을 줍니다. 중요한 것은 인간의 가치관으로 하나님을 섬기지 말아야 한다는 것입니다. 하나님을 섬기는 일에는 돈이나 학벌이나 직업이 기준이 되어서는 안 됩니다. 하나님은 세상적인 자원도 자유롭게 필요에 따라 사용하시지만, 그런 자원이 없는 사람들도 얼마든지 하나님의 방법으로 사용하실 수 있습니다.

영국의 마틴 로이드 존스나 케직 사경회의 주 강사였던 알란 레드파스와 같은 분들은 신학교를 다닌 적이 없었습니다. 로이드 존스는 원래 의사였기에 교인들이 그를 언급할 때는 목사라고 부르지 않고 일종의 애칭으로 닥터 존스(Doctor Jones)라고 불렀습니다. 한때 이 사실을 모르고 로이드 존스 박사라고 번역하여 우리나라 교회에 소개된 때가 있었습니다. 영어로 의사라는 말이나 박사라는 말이 같기 때문입니다. 그러나 그는 신학 박사 학위를 소유한 적이 없었습니다. 알란 레드파스는 원래 공인 회계사였는데 도중에 진로를 바꾸어 목회자가 되었습니다. 그는 신학을 독학하였습니다. 그러나 그는 시카고 무디 기념 교회의 목회자로 초빙되어 다년간 섬겼습니다. 또한 영국 복음주의의 보루가 되었던 윌리암 스크로기 목사가 시무했던 에딘바라 샬롯 침례 교회에서도 탁월한 성경 강해자로 섬겼습니다. 아서 핑크는 신학교를 들어가기는 했으나 도중에 중단하였고 집필 사역으로 복음주의 교회에 큰 영향을 끼쳤습니다.

유명한 선교사 중에는 돈이나 인물은 고사하고 정규 교육을 받지 못한 자들도 많습니다. 우리가 만약 이런 위대한 하나님의 사람들에게 굳이 정규 신학교 졸업장을 요구했더라면 아무도 하나님의 일에 쓰임을 받지 못했을 것입니다. 그러나 하나님은 그들을 다른 방법으로 준비시킨 후에 비록 제도적인 타이틀이나 격식에 맞는 배경이 없이도 크게 사용하셨습니다. 그렇다고 해서 정규 신학교 제도의 필요성이나 유용성을 무시할 수 없습니다. 아무나 독학으로 정상 수준 이상의 신학 지식을 얻을 수 없습니다. 소수가 가는 길이 있고 다수가 밟아야 할 길이 있습니다. 중요한 것은 하나님께서는 때때로 인간의 제도나 전통적 틀을 지나치시고 별도로 훈련시키는 방법을 택하신다는 것입니다.

호세아는 일반적인 통념으로 본다면, 부정한 아내를 두었으므로 선지자의 자격이 없다고 말해야 할 것입니다. 그러나 하나님께서는 역설적으로 호세아가 고멜이라는 바람둥이 아내를 두었기 때문에 선지자로 쓰실 수가 있었습니다. 하나님은 때때로 사람의 생각과 정반대로 일하십니다(사 55:8). 하나님께서 은혜와 주권으로 하시는 일들은 우리의 상상을 초월합니다. 인간들이 꺼리는 호세아의 수치와 약점은 하나님의 일을 성취하는데 가장 적합한 호재였습니다. 물론 호세아의 개인적인 상황은 거의 예외적이라고 볼 수 있습니다. 기나긴 성경 역사에서 하나님이 누구에게도 음녀와 결혼하라고 다시 명령하신 적이 없습니다. 말씀의 요점은 우리의 가장 누추하고 부끄러운 결점까지도 하나님께서는 선한 목적을 위해 사용하실 수 있기에 자신의 불행한 처지를 비관하지 말아야 한다는 것입니다. 하나님께서는 주님을 신뢰하며 사는 사람들이 비록 불운과 역경을 겪어도 그 모든 것들을 모아서 마침내 선이 되게 하십니다(롬 8:28).

하나님께서는 어느 날 에스겔 선지자에게 사랑하는 아내를 죽이시겠다고 했습니다(겔 24:15-27). 그런데 아내의 죽음을 슬퍼하며 울어서는 안 된다고 하셨습니다. 이 얼마나 가혹한 말씀입니까! 그러나 하나님은 보배로운 아내를 잃고도 울지 못하는 에스겔 선지자의 기막힌 처지가 유다 백성에게 징표가 되게 하셨습니다(겔 24:24, 27). 즉, 백성의 죄 때문에 그들이 애착을 품고 좋아하는 성소가 짓밟히게 되고 애지중지하는 자녀들이 침략군의 칼에 베임을 당하여도 울 수 없는 참담한 상황이 벌어질 것이었습니다. 그래서 에스겔은 아내를 잃은 슬픔을 참고 하나님께서 명하신 대로 모두 순종하였습니다. 그는 자신의 비극이 하나님의 구원 사역을 위해서 매우 귀중한 소재로 쓰임을 받는다는 사실을 깨달았기 때문입니다.

아브라함은 하나님께서 죽은 이삭을 다시 살리실 수 있다고 믿었기에 번제단에 바친 아들을 향해 칼을 뽑았습니다(창 22:9-13; 롬 4:17; 참고. 고후 1:9). 그때 하나님께서는 아브라함의 칼을 거두게 하시고 숲에 걸린 숫양을 대신 번제로 바치게 하셨습니다. 그러나 에스겔은 자신의 젊은 아내가 죽어야만 하나님의 말씀이 성취된다는 것을 믿고 아내의 죽음을 담대히 맞이하면서 눈물을 참았습니다. 이 얼마나 깊은 신뢰와 헌신입니까!

우리의 역경이나 불행은 호세아나 에스겔처럼 국가적인 차원에서 하나님의 메시지를 전하는 신령한 사역에 쓰임을 받지 못할지 모릅니다. 우리 자신들의 생애에서 일어나는 믿음의 행위들은 당장 원하는 결과를 낳지 않을 수 있습니다. 그래도 하나님께서는 마침내 "저주를 변하여 복(신 23:5; 느 13:2)이 되게 하신다는 사실을 기억해야 합니다. 하나님은 "나의 슬픔이 변하여 춤이 되게 하시며 나의 베옷을 벗기고 기쁨으로 띠 띠우시는" 분입니다(시 30:11).

> "여호와께서 이와 같이 말씀하시니라 내가 이 백성에게
> 이 큰 재앙을 내린 것 같이 허락한 모든 복을 그들에게 내
> 리리라" (렘 32:42).

하늘 아버지께서는 우리가 지나는 어둠의 세월 속에서 섭리하십니다. 사망의 음침한 골짜기는 양이 혼자 지나는 곳이 아니고 선한 목자와 함께 통과하는 곳입니다. 주께서는 우리의 어둠을 사용하여 하나님의 일에 빛이 되게 하십니다. 이것이 우리가 겪는 불행한 환경 속에서 기대하며 기다려야 하는 복입니다. 호세아가 고멜과 결혼한 것은 겉으로 보면 매우 불행한 일이었습니다. 물론 호세아가 고멜로 인해서 겪은 시련은 형언할 수 없는 고통이었을 것입니다. 그러나 호세아는 고멜과의 불운한 결혼으로 죄인들을 향한 하나님의 애절한 사랑을 전할 수 있었습니다. 하나님과의 동역은 때때로 나의 불행을 배경으로 안고 있습니다.

호세아의 메시지는 구약의 화판에 그려진 십자가 복음입니다. 하나님께서는 십자가의 사랑을 호세아의 글에서 호소하고 계십

니다. 호세아가 전한 숭고한 사랑의 메시지는 그가 겪은 불행한 결혼을 통하여 담금질 된 작품이었습니다. 불행한 결혼은 인간이 당할 수 있는 가장 혹독한 시련의 하나입니다. 그러나 십자가의 위대한 구속의 사랑을 전하기 위해서는 우리의 비극까지라도 제물로 바쳐져야 합니다. 이런 의미에서 우리의 한 많은 슬픔과 아픔은 아무도 끌 수 없는 구속의 사랑을 지피는 불씨가 됩니다.

호세아에게는 자신의 삶이 자신의 메시지였습니다. 자신이 겪고 뼈저리게 체험한 일들이 자신이 전하는 메시지의 핵심이 되었습니다. 이것은 하나님께서 자주 사용하시는 방법입니다. 하나님의 용서를 크게 체험한 자는 하나님의 자비와 사랑에 대해 더 많이 말하기 마련입니다. 호세아는 부정한 여자와의 결혼에서 오는 아픔을 통하여 이스라엘의 영적 불신실에 대해 깊은 생각을 하게 되었고 하나님의 마음을 감지하는 영적 민감성과 하나님의 심장으로 대변하는 메시지를 전할 수 있었습니다.

하나님께서 호세아에게 비로소 주셨던 고멜과의 결혼 명령은 충격적이었습니다. 그러나 호세아는 그 첫 마디 속에 담긴 하나님의 사랑의 의미를 학습하는 체험들을 통해서 자신의 불행이 지닌 신령한 목적을 깨달았습니다. 그래서 그는 구약 시대에 십자가 메시지를 전하는 귀한 사역에 쓰임을 받았습니다. 우리에게도 나름대로 고멜이 있을지 모릅니다. 그러나 하나님께서 신령한 목적을 위해 의도하시고 허락하신 것이라면, 고멜의 재앙은 우리의 복으로 바뀌게 될 것입니다.

5장

이상한 이름의 아이들

호세아 1:3-9

본문은 번역상의 문제로 전체 문맥과 어울리지 않는 부분이 있습니다. 1장 6절 하반부와 7절을 보면 하나님께서 북부 이스라엘은 용서하지 않지만, 남부 유다는 구원하신다는 말씀으로 들립니다.

> "그의 이름을 로루하마라 하라 내가 다시는 이스라엘 족속을 긍휼히 여겨서 용서하지 않을 것임이니라"(6절)

> "그러나 내가 유다 족속을 긍휼히 여겨 그들의 하나님 여호와로 구원하겠고 활과 칼이나 전쟁이나 말과 마병으로 구원하지 아니하리라 하시니라"(7절).

이 번역은 호세아서의 전체 메시지와 조화되지 않습니다. 하나님이 북부 이스라엘은 버리시고 남부 유다는 사랑하신다는 말로 들리기 때문입니다. 이 경우에는 6절과 7절은 북부 이스라엘과 남부 유다에 대한 하나님의 반응을 대조한 것이 됩니다. 그러나 하나님은 이스라엘에 베푸신 사랑을 거두셨지만, 나중에 다시 긍휼히 여기시고 내 백성이라고 하셨습니다(2:23). 그래서 일부 주석가들은 7절에서 '아니한다'(not)는 말이 빠졌다고 봅니다. 즉, 7절이 모두 부정문이 되어야 한다는 것입니다. 이렇게 보면 6절과 7절이 대조의 의미가 아니고 동격의 의미가 됩니다. 즉, 하나님께서는 이스라엘뿐만 아니라 유다도 벌하신다는 말이 되어 호세아서의 전체 흐름과 일치합니다. 이스라엘과 유다에 대한 하나님의 심판과 회복의 약속도 다 함께 나옵니다.

사실상 호세아서에서 이스라엘과 유다를 다르게 대한 곳이 없습니다. 이스라엘만이 아니고 유다도 우상 숭배에 깊이 빠졌기 때문입니다. 그래서 이스라엘의 죄가 유다에게도 있으므로 벌을 받을 것이라고 여러 번 지적하였습니다(5:12-13; 6:10-11; 8:14; 10:11). 11장 12절에서도 북이스라엘과 남부 유다가 동일하게 하나님을 대항한다고 지적하였습니다.

"에브라임은 거짓말로 나를 에워싸며 이스라엘 가문은 온갖 음모로 나를 옥죄고 있다. 유다 족속도 신실하고 거룩하신 하나님을 거역하고 있다"(11:12, 새번역).

"호세아의 메시지는 하나님이 이스라엘은 징계하고, 유다는 그냥 넘어가신다는 것이 아니다. 오히려 하나님께서 이스라엘과 유다를 죽음과 방치의 지점까지 징계하시고 그다음 두 번째 다윗이 자기 백성을 구출하기 위해서 오실 때 그들을 다시 일으킨 다는 것이다."(Michael Eaton, Hosea, Christian Focus p.22).

하나님께서는 호세아가 낳은 세 명의 자녀들에게 이상한 이름을 지어주셨습니다. 이 아이들의 이름은 이스라엘에 내릴 심판이 점진적이면서도 철저할 것을 말합니다. 아이들의 이름은 곧 하나님의 메시지였습니다.

첫아들인 '이스르엘'이라는 이름은 복수의 피가 쏟아진 곳을 말합니다.

예후는 아합 왕가를 패망시키기 위한 도구로 부름을 받았습니다. 그는 이스라엘의 역사를 바로잡는 신령한 소명을 받았습니다. 그러나 그는 이스르엘에서 불필요하게 많은 피를 흘렸습니다. 그의 지나친 보복 행위는 하나님의 또 다른 보응을 일으키게 하였습니다. 신령한 소명을 받았다고 해서 자신의 분노를 더 담아 복수를 하는 것은 옳지 않습니다. 월권은 하나님께서 그어주신 소명의 선을 넘어가는 것입니다. 소명을 받고서 하나님의 열심보다 더 앞서 가려고 하는 것은 위험한 일입니다. 예후는 아합 왕가를 뒤엎고 이스라엘을 다스렸지만, 그의 왕조는 마침내 심판을 받을 것이었습니다(4절; 왕하 9-10장).

하나님은 이스라엘에 대한 예언으로 이스라엘의 패망을 경고

하셨습니다(1:4). 그럼에도 왕들과 백성은 회개하지 않았습니다. 하나님께서 선지자의 아들에게 피비린내 나는 과거의 역사가 생생히 떠오르게 하는 이름까지 붙여 주신 까닭이 무엇입니까? 하나님의 무서운 진노의 불꽃이 타오르기 전에 백성이 주님께로 돌아오기를 원하셨기 때문입니다. 하나님은 자기 자녀들을 깊이 사랑하십니다. 그래서 갑자기 분노를 터뜨리시지 않습니다. 선지자의 첫아들에게 이런 이름을 붙여서 부르게 하신 뜻은 하나님의 경고에 백성의 관심을 끌기 위한 것이었습니다.

잠시 상상해 보십시오. 호세아가 자신의 첫아들을 데리고 백성 앞에 나가 메시지를 전하지 않았겠습니까? 호세아는 자기 아들의 이름이 '이스르엘'이라고 소개했을 것입니다. 그때 사람들이 어떤 반응을 보였을까요? 자기 자식에게 어떻게 그런 끔찍한 이름을 붙였느냐고 했을 것입니다. 그때 호세아는 이스르엘에서 일어났던 예후의 사건을 상기시키며 백성이 회개하지 않으면 심판을 당할 것이라고 경고했을 것입니다. 그래서 호세아의 장남인 '이스르엘'이라는 이름이 백성 사이에 널리 알려졌을 것입니다. '이스르엘'은 '이스라엘'과 발음이 비슷합니다. 그래서 이스르엘에서 일어난 일이 이스라엘에서도 일어난다는 암시가 됩니다. 하나님은 자기 백성을 죄로부터 돌이키기 위해서 실제적이고 지혜로운 방법을 사용하십니다. 만일 하나님께서 그런 부정(父情)에 젖은 배려를 하시지 않았다면 구태여 선지자가 낳은 자녀들의 이름을 사용해서까지 백성의 귀를 기울이게 하실 필요가 없었을 것입니다.

하나님은 이사야 선지자가 낳은 아들의 이름도 작명해 주셨습니다.

> "내가 내 아내를 가까이 하매 그가 임신하여 아들을 낳은
> 지라 여호와께서 내게 이르시되 그의 이름을 마헬살랄하
> 스바스라 하라 이는 이 아이가 내 아빠, 내 엄마라 부를
> 줄 알기 전에 다메섹의 재물과 사마리아의 노략물이 앗수
> 르 왕 앞에 옮겨질 것임이라 하시니라"(사 8:3).

마헬살랄하시바스는 '신속한 약탈'이라는 뜻입니다. 아이의
이름이 곧 하나님의 경고의 메시지였고 나라가 망한 후에는 하나
님의 예고의 진실성이 아이의 이름대로 입증되었습니다. 신약에
서도 하나님은 제사장 사가랴가 갖게 될 아들의 이름을 요한이라
고 작명하셨습니다. 세례 요한의 사역은 '요한'이라는 이름의 의
미인 '하나님은 은혜로우시다'는 뜻을 드러낼 것이기 때문이었습
니다. '예수'라는 이름도 마리아가 천사로부터 받은 이름입니다.
예수님은 '구원자'로 오신 분이기 때문입니다. 하나님의 메시지는
멀리 있지 않습니다. 우리가 늘 부르고 듣는 이름들을 통해서도
하나님은 말씀하십니다.

우리 자신들에게도 이러한 하나님의 사랑의 배려에서 나온 경
고가 내 자식의 이름처럼 가까이 있을지 모릅니다. 혹시 나의 그
릇된 삶의 길에서 이스르엘에 해당하는 이름들이 들리지는 않습
니까? '이스르엘'은 나의 잘못된 걸음을 돌이키게 하는 경보기입

니다. 그런데 경보음을 좋아하는 사람은 아무도 없습니다. 소리가 날카롭고 시끄러워 귀에 거슬립니다. '이스르엘'이라는 경보음은 언제나 우리 귀에 거슬립니다. 우리의 수치스러운 과거를 떠올리게 하기 때문입니다. 우리 각자에게도 예후가 저질렀던 것처럼 '이스르엘'에서의 오만과 무자비한 처신이 과거의 오점으로 남아 있을지 모릅니다. 그러나 하나님께서 우리의 악행을 기억나게 하신다면, 그 목적은 과거의 죄를 들추어 벌을 내리시려는 것이 아니고 현재의 죄로부터 돌이키게 하려는 것입니다. 과거에 큰 죄를 지었음에도 아직까지 하나님을 등지고 살거나 우상 숭배를 한다면 지금 속히 회개해야 합니다. 그렇지 않으면 하나님의 진노가 불붙을 때가 온다는 것이 본문의 교훈입니다.

두 번째 낳은 딸의 이름은 '로루하마' 입니다.

긍휼히 여김을 받지 못하는 자란 의미입니다. 긍휼이 없을 때는 용서를 기대할 수 없습니다(1:6). "이스라엘의 활을 꺾으리라"(1:5)고 한 것은 이스라엘의 군사력이 꺾여서 나라가 외적의 침입을 받을 때 국방 능력이 없을 것이라는 뜻입니다. 이스라엘은 BC 722년에 앗시리아에게 패망하였습니다. 그때 이스라엘은 하나님으로부터 보호를 받지 못했습니다.

막내아들은 '로암미' 입니다.

'로암미'는 내 백성이 아니라는 뜻입니다. 하나님은 시내 산에서 말씀하셨습니다.

"세계가 다 내게 속하였나니 너희가 내 말을 잘 듣고 내 언약을 지키면 너희는 모든 민족 중에서 내 소유가 되겠고 너희가 내게 대하여 제사장 나라가 되며 거룩한 백성이 되리라"(출 19:5-6).

이스라엘은 하나님께 속한 특별한 자녀들이었습니다. 이스라엘이 하나님의 백성이라는 공적 인정을 받은 것은 출애굽 세대가 시내 산에서 여호와 하나님과 언약을 맺었기 때문이었습니다. 그때 하나님은 이스라엘을 자기 백성으로 보호해 주기로 보장하시고, 이스라엘은 하나님을 온 마음으로 섬기기로 약속하였습니다. 이로써 이스라엘은 국가 단위로 하나님의 백성이 되었고 하나님은 그들의 유일신이 되었습니다. 그러나 이 언약은 이스라엘의 우상 숭배로 여러 번 깨어졌습니다. 하나님은 그들을 오래 참으셨으나 더 이상 자기 백성이 아니라고 부인하는 최종 단계에 이르렀습니다.

이스라엘은 '로암미'가 되었습니다. 이스라엘이 여호와 하나님께 속한 언약 백성이 아니라면 무슨 소망이 있단 말입니까? 호세아의 자녀들이 가진 이름에서 우리는 이스라엘에 대한 하나님의 노여움이 갈수록 쌓이는 것을 봅니다. 보복을 당하는 이스르엘에서, 용서가 없는 로루하마가 되고 그다음 언약 백성의 자격이 부인되는 로암미로 종결됩니다. 부모는 자식을 징계할 수 있습니다. 히브리서에서는 아버지가 징계하지 않는 자식은 친아들이 아니거나 사생아라고 했습니다(히 12:8). 부모는 자녀의 잘못을 화해가 되기 전까지는 용서하지 않을 수 있습니다. 용서가 없는 관계는 상대방을 원수로 본다는 뜻입니다. 부자 관계에서도 자식이 원수가 될 수 있습니다. 자식이 부모 속을 너무도 썩이면 부모에게 자식이 원수처럼 됩니다. 그래도 여전히 자식입니다.

그러나 로암미는 내 백성이 아니라는 뜻이므로 모든 관계가 끊어지는 것을 의미합니다. 이스라엘은 하나님으로부터 최악의 선언을 받았습니다. 이스라엘은 이제 아무런 소망이 없는 것처럼 보입니다. 그럼 과연 이것이 하나님과 이스라엘 사이의 모든 관계가 끊어진다는 말일까요?

이것은 하나님께서 자신의 언약을 포기하실 수 있는지의 여부와 관련된 질문입니다. 그리고 하나님과 언약 관계에 들어간 백성이 자신들의 죄 때문에 이미 받은 출애굽의 구원을 상실할 수 있느냐는 질문으로 이어집니다. 하나님은 자기 백성과 맺은 언약을 깨시거나 철회하시지 않습니다. 하나님은 영원히 자신의 언약에 신실하시고 약속을 지키십니다. 하나님은 어떤 경우에도 출애굽의 구원을 무효화시키거나 자기 백성을 전적으로 부인하시지 않습니다. 구약 시대에나 신약 시대에나 믿음으로 받은 구원은 안전합니다. 그러나 언약에 따른 축복들은 상실될 수 있습니다. 이스라엘 백성이 그들의 죄 때문에 잃은 것은 언약 백성으로서의 신분이나 출애굽의 구원이 아니고, 하나님께서 약속하신 많은 축복을 누리지 못한 것입니다.

그런데 하나님은 분명 이렇게 말씀하셨습니다.

"그의 이름을 로암미라 하라 너희는 내 백성이 아니요 나
는 너희 하나님이 되지 아니할 것임이니라" (1:9).

그런데 '로암미'라는 이름은 백성이 여호와를 배척했다고 해
서, 여호와도 그들을 배척한다는 의미는 아닙니다. 하나님께서
인간의 반응에 따라 그대로 갚으신다면 온 세상은 벌써 끝장이
났을 것입니다. 이스라엘 백성은 하나님과의 언약을 항상 깨뜨렸
습니다. 그때마다 하나님께서 이스라엘 백성과 관계를 끊었다면
하나님의 백성은 세상에 존재할 수 없었을 것입니다. 우리도 마
찬가지입니다. 우리가 죄를 짓고 하나님을 반역할 때마다 하나님
과 맺은 새 언약이 무효화 된다면 어떻게 구원을 받을 수 있겠습
니까?
그럼 여호와 하나님께서 이스라엘을 향해 복수하고, 용서하지
않으며, 내 백성이 아니라고 부르시는 것을 어떻게 이해해야 하
겠습니까? 이것은 자식을 일깨워 주려는 부모의 절급한 수단입니
다. 너무도 속이 상한 부모가 자식을 보고 '집을 나가라 다시 보기
싫다', '네 마음대로 해라', '차라리 자식이 없다고 생각하고 살겠
다', '나를 엄마라고 부르지 말아라', '내가 자식을 낳은 것이 아니
고 원수를 낳았다' 등등으로 표현하는 것과 같습니다. 부부의 경
우는 크게 싸운 후에 다시는 같이 살지 못하겠으니 이혼하자고

말하고 어디로 가서 한동안 나타나지 않기도 합니다. 하나님께서도 얼굴을 가리시고 자기 백성의 눈에서 자신을 숨기신다고 자주 표현하셨습니다(겔 39:23-24; 사 59:2).

> "내가 내 얼굴을 그들에게서 숨겨 그들의 종말이 어떠함을 보리니 그들은 심히 패역한 세대요 진실이 없는 자녀임이로다"(신 32:20).

욥은 이렇게 기도하였습니다.

> "주께서 어찌하여 얼굴을 가리시며 나를 주의 원수로 여기시나이까?"(욥 13:24).

시편 기자도 말합니다.

> "어찌하여 주의 얼굴을 가리시고 우리의 고난과 압제를 잊으시나이까?"(시 44:24).

> "여호와여 어찌하여 나의 영혼을 버리시며 어찌하여 주의 얼굴을 내게서 숨기시나이까?"(시 88:14).

구약 백성은 제사장의 축도에서 시사되었듯이(민 6:25-26) 하나님이 얼굴을 숨기시면 끝장이라고 생각했습니다. 하나님은 이것을 호세아 선지자의 자녀들에게 붙여준 이름으로 드러내셨습니다. 하나님이 얼굴을 돌리신 결과로 이스라엘은 타국에 포로로 잡혀가게 되었습니다. 그들에게 하나님은 복수의 이스르엘이 되셨고, 용서가 없는 로루하마를 선포하셨으며, 로암미라는 절교장을 보냈습니다.

그러나 하나님은 이스라엘을 완전히 버릴 수 없었습니다. 그들과 이미 언약을 맺으셨기 때문입니다. 하나님은 자신의 언약에 신실하십니다. 이스라엘 편에서는 수없이 언약을 깨뜨렸어도 하나님은 그러실 수 없었습니다(삼상 12:22). 여호와는 자기 백성에게 깊이 투신 되셨기 때문입니다. 사실상 자신의 핏값으로 우리를 사시고 언약을 맺으셨기에 우리와의 언약을 절대로 파기하실 수 없습니다. 이것이 우리의 최대 안전이며 영원한 구원의 보장입니다.

여호와 하나님은 이스라엘 백성과 언약을 맺기 이전부터 모든 부정적인 가능성까지도 고려하신 후에 그들의 하나님이 되시기로 작정하시고 자신을 투신하셨습니다. 그래서 하나님은 이스라엘에게 모세를 통하여 여러 번 분명하게 경고하셨습니다. 그들이 하나님을 순종하지 않고 언약을 어기며 이방 신을 섬기면, 반드시 징계를 받는다는 것이었습니다(레 26장). 그들은 머지않아 이방 나라로 붙잡혀 가고 유업으로 받은 가나안 땅은 황폐하게 될 것이었습니다(신 4:25-31).

"내가 너희를 여러 민족 중에 흩을 것이요…. 너희의 땅이 황무하며 너희의 성읍이 황폐하리라" (레 26:33-34).

그러나 나라가 아주 망한 듯하여도, 하나님은 자신의 언약을 깨지 않고 자기 백성을 버리지 않으신다고 약속하셨습니다.

"그런즉(그렇지만 비록) 그들이 그들의 원수들의 땅에 있을 때에 내가 그들을 내버리지 아니하며 미워하지 아니하며 아주 멸하지 아니하고 그들과 맺은 내 언약을 폐하지 아니하리니 나는 여호와 그들의 하나님이 됨이라"(레 26:44).

"이 모든 일이 네게 임하여 환난을 당하다가 끝 날에 네가 네 하나님 여호와께로 돌아와서 그의 말씀을 청종하리니 네 하나님 여호와는 자비하신 하나님이심이라 그가 너를 버리지 아니하시며 너를 멸하지 아니하시며 네 조상들에게 맹세하신 언약을 잊지 아니하시리라"(신 4:30-31).

하나님은 자기 백성이 언약을 어기고 우상을 섬기면 타국으로 잡혀가게 하고 유업으로 받은 가나안 땅을 황무하게 하신다고 율법에 명시하셨습니다. 그러나 어떤 일이 있어도 하나님은 자기 백성을 영원히 버리시지 않을 것이라고 굳게 약속하셨습니다. 호세아서의 메시지도 결국 하나님께서 세우신 언약의 내용에 기반을 둔 것으로서 저주의 심판과 자비의 회복이라는 대조적인 패턴을 따르고 있습니다.

하나님은 호세아가 낳은 자녀들의 이름을 통하여 언약 백성에게 내리는 모든 축복을 거두시겠다고 위협하셨습니다. 하나님은 그들의 구원을 거두시겠다고 위협하신 것이 아닙니다. 물론 우상 숭배에 빠졌던 이스라엘 백성을 원수로 취급하여 보복하시고, 긍휼을 베풀지 않으시며, 마침내 자기 백성이 아니라고까지 선언하셨습니다. 그렇지만 하나님은 백성이 곤경에 빠져 부르짖을 때마다 여러 번 들으시고 불쌍히 여기셨습니다.

그런데 하나님께서 보호의 손을 거두시는 때가 있습니다. 이스라엘은 하나님의 경고를 무시한 나머지 앗수르에 의해 패망하였습니다. 하나님께서 내 백성이 아니라고 하실 때는 언약 백성의 특징이 사라진 때입니다. 그런 단계에까지 가면 히브리서 6장의 말씀처럼 "다시 새롭게 하여 회개할 수 없습니다"(히 6:6). 이스라엘은 출애굽을 체험한 하나님의 백성으로 구성되었지만, 나라 전체가 우상 숭배에 빠짐으로써 언약 국가로서의 특성을 잃고 BC 722년에 멸망하였습니다. 남부 유다도 북부 이스라엘처럼 회개할 수 없는 지점에 닿았기 때문에 BC 587년에 바벨론에 의해 망하였습니다.

이러한 역사적인 비극은 우리에게 큰 교훈이 되어야 합니다. 죄가 이어지면 하나님의 경고도 강도를 높입니다. 이스르엘에서 로루하마로 올라가고 그다음 로암미로 진행됩니다. 그다음에는 무서운 징계의 심판 이외에 다른 옵션이 없습니다. 우리가 하나님을 계속해서 무시하며 소홀히 대할 때는 항상 이러한 위험이 따른다는 것을 기억해야 합니다. 이스라엘의 비극적인 역사는 우리를 위해 기록된 것입니다.

우리가 배워야 할 또 하나의 교훈이 있습니다. 호세아의 첫 아들의 이름을 하나님께서 이스라엘 백성이라면 누구도 기억하고 싶지 않은 어두운 역사의 현장인 '이스르엘'로 작명하셨습니다. 부모는 자식에게 좋은 이름을 지어 주려고 애씁니다. 자녀를 낳고 생명을 주신 하나님께 감사하는 것이 우리의 신앙 전통입니다. 그런데 자녀를 위해 복을 비는 때 하나님께서 '이스르엘'이라는 이름을 주신다면 얼마나 섭섭한 일이겠습니까? 주의 종들은 자식의 이름까지도 메시지로 사용해야 할 때가 있습니다. 좋은 이름이 아닌 나쁜 이름을 붙인 자식을 데리고 다니면서 백성에게 심판의 경고를 해야 했던 호세아 선지자의 처지를 생각해 보십시오.

요즘은 하나님의 메시지를 전하는 일을 너무 쉽게 생각하는 경향이 있습니다. 신학교를 나오고 목사 안수를 받고 어느 정도의 말재간만 있으면 할 수 있는 일로 본다면 잘못된 생각입니다. 성경에는 그런 식으로 생각하고 하나님을 섬긴 사역자들을 찾아볼 수 없습니다. 하나님께서는 말씀을 맡은 자들에게 혹독한 '이스르엘'의 심판 메시지를 주시고, 긍휼이 없는 '로루하마'의 선언을 하게 하시며, 하나님과의 관계를 부정하는 '로암미'의 선포를 맡기십니다. 누가 이런 메시지를 전하기를 원하겠습니까? 대중의 인기와 물량적인 교회 성장을 위해서 필요한 메시지의 목록에는 '이스르엘'과 '로루하마'와 '로암미'의 메시지가 없습니다.

물론 하나님의 궁극적인 메시지는 회복과 소망의 말씀입니다. 이스르엘의 악몽은 대부흥의 날로 바뀌고, 하나님의 백성이 아니었던 '로암미'는 하나님의 백성으로 복귀하는 '암미'가 되며, 용서를 받지 못하던 '로루하마'는 긍휼히 여김을 받는 '루하마'가 됩니다. 그러나 회복이 있기 전에 하나님의 경고가 백성의 귀에 울려야 합니다. 인기 없는 메시지가 들려야 하고 어떤 방법을 사용해서라도 자기 백성을 돌이키시려는 하늘 아버지의 간절한 심정이 전달되어야 합니다.

그런데 그 같은 목적으로 하나님께서 사용하시는 방법은 종종 사역자에게 적지 않은 고통을 안겨줍니다. 성경의 사역자들은 예외 없이 이런 고통이 무엇인지를 알았습니다. 그들은 때때로 괴로워하며 자신이 받은 소명을 싫어하기도 하였습니다. 더러는 죽기를 원하였고, 더러는 하나님을 원망하였으며, 더러는 하나님을 떠나 도주하였습니다. 그러나 그들은 인간적인 좌절에도 불구하고 하나님께서 안겨 주시는 고통을 견디며 이스르엘과 로루하마와 로암미의 메시지를 전하였습니다. 그들은 하나님의 궁극적인 메시지가 회복과 소망의 메시지임을 알았기 때문입니다. 사역자의 가슴에 하나님께서 얹어 주시는 영적 부담의 비중이 클수록 메시지가 더욱 강렬해지는 법입니다. 그런 메시지가 들리는 곳에 하나님의 임재가 있고 주님의 위로가 있습니다.

복음 사역이 쉬울까요? 일정한 과정만 거치면 감당할 수 있는 일일까요? 절대로 그렇지 않습니다. 그러나 하나님께서 주시는 고통의 이름표들을 달고 하나님의 간절한 사랑의 배려를 이해하며 심판과 회복의 메시지를 전하는 자들은 성경의 위대한 복음 사역자들의 길을 걸어가는 자들입니다. 도덕적으로 많이 부패하

고 영적으로 무기력한 우리나라 교회에 이러한 사역자들이 많이
나와 하나님의 심판을 피하고 교회를 갱신할 수 있도록 간절히
기도해야 하겠습니다.

6장

징계와 회복
호세아 1:10-2:1

    하나님의 말씀을 읽을 때 주의 백성이 불순종과 큰 죄악에 빠진 것을 보면 퍽 안타깝고 우울해집니다. 더구나 하나님께서 선지자들을 통해 무서운 심판을 내리실 때는 깊은 좌절과 두려움을 느낍니다. 그런데 전혀 소망이 없다는 지점에 이를 때 갑자기 어조가 바뀌면서 희망의 메시지가 들리는 경우가 종종 있습니다. 환난과 죽음의 그늘이 짙게 드리운 어두운 계곡에 한 줄기 빛이 생명과 회복의 여명으로 밝아옵니다. 이때 너무도 반갑게 들리는 말씀은 "그러나"라는 짧은 서두입니다.

> "<u>그러나</u> 이스라엘 자손의 수가 바닷가의 모래 같이 되어서 헤아릴 수 없고 셀 수도 없을 것이며 전에 그들에게 이르기를 너희는 내 백성이 아니라 한 그 곳에서 그들에게 이르기를 너희는 살아 계신 하나님의 아들들이라 할 것이라 이에 유다 자손과 이스라엘 자손이 함께 모여 한 우두

머리를 세우고 그 땅에서부터 올라오리니 이스르엘의 날
이 클 것임이로다"(1:10-11).

'그러나'의 의미

이스라엘에 대한 호세아서의 서두는 하나님의 무서운 보복과
함께 부자(父子) 관계가 부인되는 용서 없는 절망적인 상황을 서술
하였습니다. 그런데 1장 10절의 본문은 '그러나'로 시작됩니다.
여기서부터 이스라엘의 회복이 언급되고 다음 절에 이어서 유다
의 회복도 나옵니다. 이것은 지금까지의 심판 문맥에서 보면 매
우 놀라운 말씀이 아닐 수 없습니다. 심판 메시지는 하나님께서
그의 백성에 대해서 앞으로 아무런 선한 계획이 없을 것이라는
비관을 일으키고도 남습니다. 그러나 하나님은 놀라운 회복과 발
전의 약속을 주셨습니다. 이 약속은 전혀 기대할 수 없었던 것이
었기에 죽은 자가 다시 살아나는 것으로 묘사되었습니다.

하나님께서는 이스라엘을 향해 더는 자기 백성이 아니며 그들
의 하나님이 되시지 않겠다고 선포하셨습니다(1:9). 이로써 이스
라엘은 하나님과의 관계가 죽은 것이나 다름없었습니다. 하나님
은 북이스라엘이 앗수르의 침략을 받고 포로로 다 잡혀가는 때에
아무런 보호를 하시지 않았습니다. 하나님께서는 이스라엘과 언
약을 맺으셨습니다. 그런데도 이처럼 그들의 하나님이 아니신 듯
이, 자기 백성을 방치하는 듯한 인상을 줄 때가 있습니다. 이것은
마치 죽음과 같습니다. 우리는 흔히 "한때 그분을 사랑했었지요.

그런데 이제는 제 마음에서 죽었답니다."라는 표현을 씁니다. 하나님과 우리 사이의 관계도 죽은 상태로 들어갈 수 있습니다. 예수 그리스도의 복음을 믿는 신자라도 하나님에 대해서 냉담해질 수 있습니다. 하나님은 우리의 죄가 한도를 넘으면 보호의 손을 떼시고 죽게 허락하십니다.

그러나 호세아서 1장 10절에서 이스라엘의 갱신과 회복이 '그러나'로 시작되는 것을 주목하십시오. 이 짧은 한마디에 담긴 뜻을 이해하는 것이 본문 파악의 열쇠입니다. 이 한 마디 속에 새겨진 자기 백성에 대한 하나님의 불굴의 사랑은 호세아서 전체의 중요한 주제입니다.

본문에 나오는 '그러나'의 의미는 이스라엘의 왕권제에서 퍽 좋은 전례를 찾을 수 있습니다. 하나님께서는 이스라엘이 사무엘 때 주변의 이방 국가들처럼 왕을 구하는 일을 큰 죄악으로 보셨습니다. 그것은 여호와 하나님을 언약 백성의 왕으로 인정하지 않겠다는 것을 의미하였습니다. 그래서 하나님은 사무엘에게 "그들에게 엄히 경고하고 그들을 다스릴 왕의 제도를 가르치라"(삼상 8:9)고 하셨습니다. 그리고 왕의 권력 때문에 백성이 힘들게 되어 여호와께 부르짖어도 응답하시지 않을 것이라고 경고하셨습니다 (삼상 8:11-18). 마침내 사울을 왕으로 세우던 날에 하나님께서는 백성이 자기들의 큰 죄악을 깨닫도록 우레와 비를 내리셨습니다. 백성은 많이 두려워하며 왕을 구한 죄악을 자백하였습니다. 그리고 사무엘에게 중보 기도를 부탁하며 하나님의 진노로 죽지 않게 해 달라고 간청하였습니다(삼상 12:16-19). 백성은 더는 왕을 원하는 일을 고집하지 않았습니다.

그런데 처음 생각을 고치기에는 너무 늦을 때가 있습니다. 후회해도 엎질러진 물을 다시 담을 수 없는 상황이 있습니다. 이럴 때 어떻게 해야 합니까? 하나님의 자비의 음성을 들어 보십시오.

"사무엘이 백성에게 이르되 두려워하지 말라 너희가 과연 이 모든 악을 행하였으나 여호와를 따르는 데에서 돌아서지 말고 오직 너희의 마음을 다하여 여호와를 섬기라 돌아서서 유익하게도 못하며 구원하지도 못하는 헛된 것을 따르지 말라 그들은 헛되니라 여호와께서는 너희를 자기 백성으로 삼으신 것을 기뻐하셨으므로 여호와께서는 그의 크신 이름을 위해서라도 자기 백성을 버리지 아니하실 것이요"(삼상 12:20-22).

하나님은 이스라엘의 남편이십니다(호 3:16; 사 54:5; 렘 3:14; 31:32). 그런데 어느 날 아내가 남편에게 버림을 당하였습니다. 공연히 쫓겨난 것이 아니고 아내의 죄악 때문이었습니다(사 59:1-2).

"나 여호와가 말하노라 내가 너희의 어미를 내보낸 이혼 증서가 어디 있느냐 내가 어느 채주에게 너희를 팔았느냐 보라 너희는 너희의 죄악으로 말미암아 팔렸고 너희의 어미는 너희의 배역함으로 말미암아 내보냄을 받았느니라"(사 50:1).

남편으로부터 쫓겨난 아내의 삶은 고통과 슬픔으로 가득하였습니다. 내쫓긴 아내는 근심과 절망의 나날을 보냈습니다. 그러던 어느 날 남편의 음성이 들렸습니다. 남편의 첫마디는 "두려워하지 말라"(사 54:4)는 것이었습니다. 하나님이 이스라엘의 죄악을 고발하신 후에 회복의 메시지를 주실 때도 "두려워하지 말라"(사 43:1; 44:8)고 하셨습니다. 사무엘 시대에 이스라엘 백성이 왕을 구한 일로 하나님의 징계를 받았을 때도 "두려워하지 말라"는 위로와 격려의 말씀이 있었습니다(삼상 12:20). 유다 백성이 바벨론으로 잡혀갔을 때도 하나님은 그들에게 "두려워하지 말라"고 격려하시고 회복의 메시지를 주셨습니다.

"두려워하지 말라 네가 수치를 당하지 아니하리라 놀라지 말라 네가 부끄러움을 보지 아니하리라 네가 네 젊었을 때의 수치를 잊겠고 과부 때의 치욕을 다시 기억함이 없으리니 이는 너를 지으신 이가 네 남편이시라 그의 이름은 만군의 여호와이시며 네 구속자는 이스라엘의 거룩한 이시라 그는 온 땅의 하나님이라 일컬음을 받으실 것이라 여호와께서 너를 부르시되 마치 버림을 받아 마음에 근심하는 아내 곧 어릴 때에 아내가 되었다가 버림을 받은 자에게 함과 같이 하실 것임이라 네 하나님께서 말씀하셨느니라 내가 잠시 너를 버렸으나 큰 긍휼로 너를 모을 것이요 내가 넘치는 진노로 내 얼굴을 네게서 잠시 가렸으나 영원한 자비로 너를 긍휼히 여기리라 네 구속자 여호와께서 말씀하셨느니라"(사 54:4-8).

이것은 하나님께서 맹세로 주신 약속입니다(사 54:9-10). 이 약속은 언약 백성에 대한 하나님의 속마음입니다. 탈선과 배신의 아내를 끝까지 사랑하고 귀가시키려는 하나님의 자비의 마음입니다(호 3:1-3).

하나님께서는 무서운 징계와 절연을 선언하시는 가운데서도 '그러나'라는 자비의 구절을 넣어 두십니다(호 1:10). 온갖 죄악에도 불구하고 다시 받아 주시며 회복시키려는 것이 하나님께서 자기 백성을 대하시는 긍휼의 패턴입니다. 이사야서에서 하나님은 이스라엘의 배신과 우상 숭배를 강한 어조로 고발하셨습니다. 그런데 곧 불벼락이 떨어질 것으로 기대되는 때 놀랍게도 어조가 바뀌면서 "그러나"로 시작되는 회복과 갱신의 약속이 내립니다.

"그러나 야곱아 너를 창조하신 여호와께서 지금 말씀하시느니라 이스라엘아 너를 지으신 이가 말씀하시느니라 너는 두려워하지 말라 내가 너를 구속하였고 내가 너를 지명하여 불렀나니 너는 내 것이라"(사 43:1).

이 말씀은 이사야 42:18절부터 시작된 이스라엘에 대한 질책이 있고 난 뒤에 주어진 회복의 약속인데 이사야 43:7절까지 계속됩니다.

또한 이사야 44장은 이렇게 시작됩니다.

"<u>그러나</u> 나의 종 야곱, 내가 택한 이스라엘아 이제 들으라 너를 만들고 너를 모태에서부터 지어 낸 너를 도와 줄 여호와가 이같이 말하노라 나의 종, 내가 택한 여수룬아 두려워하지 말라 나는 목마른 자에게 물을 주며 마른 땅에 시내가 흐르게 하며 나의 영을 네 자손에게, 나의 복을 네 후손에게 부어 주리니" (사 44:1-3).

이 말씀도 이사야 43:22절부터 열거된 이스라엘의 죄를 꾸짖고 징벌을 선포하신 다음에 준 축복의 약속입니다. 이 갱신의 말씀은 44:5절까지 이어집니다. 유감스럽게도 개역 성경에서는 이사야 43장 1절과 44장 1절에서 "그러나"라는 중요한 단어를 번역하지 않았지만 새번역과 직역성경에는 나와 있습니다. 이것은 앞 문장에서 언급된 일체의 부정적인 죄의 열거와 징계의 심판에도, 하나님께서 어떻게 자기 백성을 회복시킬 것인지를 알린다는 뜻에서 "그러나"의 새로운 문단으로 시작한 것입니다. 이 말은 '그러나 이제는'(But now)라는 의미입니다. 그래서 대조의 전환점으로 주의를 환기하는 것이므로 생략해 버리면 알맹이가 빠지고 맙니다.

하나님은 자비하셔서 매를 드실 때 언제나 치유의 날을 바라보십니다. 하나님의 회초리는 양면적입니다. 밖으로 보면 징계이고, 안으로 보면 치유입니다. 하나님은 치유를 위해 징계하십니다. 그래서 징계의 말씀 후에 자주 치유의 약속이 따릅니다. 이것이 호세아서 1장 10절의 "그러나"의 의미입니다. 이스라엘의 역사에서 선지자들은 여러 번 파괴와 포로를 예고하였고 미래의 구출과 회복의 약속을 다짐하였습니다. 호세아 선지자도 심판의 메시지와 회복의 메시지를 '그러나'의 패턴으로 교체시키면서 전개해 나갑니다.

회복의 예고

호세아서의 본문에 나오는 치유와 회복의 내용은 네 가지로 분류할 수 있습니다.

첫째, 인구가 증가합니다.

"바닷가의 모래 같이 되어서" 셀 수도 없을 것입니다. 이것은 전쟁으로 격감한 인구의 극적인 회복이며 아브라함에게 약속된 축복의 실현입니다(창 13:16; 22: 17; 32:12). 그리고 신약의 관점에서 볼 때, 예수 그리스도 안에서 아브라함의 자손으로 들어오게 될 만국 백성을 포함합니다. 예수님이 오신 이후부터는 아브라함의 후손이 지닌 참뜻이 드러났습니다. 예수 그리스도를 구속주 하나님으로 믿는 자들은 유대인이 아니더라도 아브라함의 후손입니다. 그리고 유대인이더라도 예수님을 주님으로 믿지 않으면 아브라함에게 주셨던 하나님의 언약의 약속들이 무의미하게 됩니다. 그들은 혈통적으로는 아브라함의 자손이지만, 영적인 아브라함의 후손이 아니므로 하나님의 백성이 될 수 없습니다.

"그러므로 믿음에서 난 사람들이야말로 아브라함의 자손

임을 여러분은 아십시오"(갈 3:7, 새번역).

"여러분이 그리스도께 속한 사람이면, 여러분은 아브라
함의 후손이요, 약속을 따라 정해진 상속자들입니다."(갈
3:29, 새번역).

예수 그리스도를 대속주로 믿는 사람들은 아브라함의 자손입
니다. 그런데 이 자손은 계속 늘어나면서 대 성장을 할 것이라고
예고되었습니다. 그리스도의 몸인 교회는 세계 각 곳으로부터 모
인 아브라함의 후손으로 채워집니다. 그래서 사도 바울은 이방인
중에서 아브라함의 영적 후손으로 부름을 받을 자들에 대해서 언
급할 때 호세아서의 본문을 인용하였습니다.

"호세아의 글에도 이르기를…. 너희는 내 백성이 아니라
한 그 곳에서 그들이 살아 계신 하나님의 아들이라 일컬
음을 받으리라 함과 같으니라"(롬 9:25-26).

이러한 은혜의 약속들은 모두 예수님의 십자가 사역을 통해서
오는 것입니다. 예수님은 모든 죄인을 위해서 자신을 대속의 희
생 제물로 하나님께 바쳤습니다. 그 결과 주 예수를 믿고 자신의
죄를 용서받음으로써 하나님의 자녀가 되는 구원의 길이 열렸습
니다. 호세아 선지자가 본문에서 예언한 것은 단순히 이스라엘이
라는 국가 단위의 백성이 단일 민족으로 통일되어 하나님께로 돌
아가는 회복을 말한 것이 아닙니다.

이것은 하나님의 백성이 이스라엘의 국가적인 울타리를 넘어서 전 세계로 확대되는 것을 의미합니다. 따라서 그리스도의 교회는 아브라함과 그의 후손에게 하나님이 주셨던 약속들을 물려받고 유업을 상속받는 위치로 자리를 잡은 셈입니다. 엄밀한 의미에서, 이 약속의 성취는 현재 진행 중입니다. 아직도 이스라엘의 남은 자들과 이방 민족들이 주 예수께로 나아오는 회복과 회심의 사건들이 종결되지 않았기 때문입니다.

"형제들아 내 마음에 원하는 바와 하나님께 구하는 바는 이스라엘을 위함이니 곧 그들로 구원을 받게 함이라"(롬 10:1).

"그리하여 온 이스라엘이 구원을 받으리라…"(롬 11:26).

"이 일 후에 내가 보니 각 나라와 족속과 백성과 방언에서 아무도 능히 셀 수 없는 큰 무리가 나와 흰 옷을 입고 손에 종려 가지를 들고 보좌 앞과 어린 양 앞에 서서"(계 7:9).

주목할 것은 이 약속이 이스라엘의 숱한 죄에도 불구하고 "그러나"(10절)의 은혜와 자비에 의해 성취될 것이라는 사실입니다. 지금도 하나님의 백성이 죄를 짓고 삽니다. 그런데도 '그러나'의 은혜는 끊어지지 않고 이 약속의 온전하고 궁극적인 성취를 위해 진행되고 있습니다.

둘째, 포로에서 풀려나는 귀환과 통일 왕국이 성취됩니다.

"유다 자손과 이스라엘 자손이 함께 모여"(11절).

유다와 이스라엘은 솔로몬 사망 이후에 분열되어 적대 관계에 있었습니다. 그러나 이들은 포로에서 귀환한 후 남북 대치와 갈등을 벗어버리고 통일 왕국으로서 새로운 출발을 할 것을 약속받았습니다. 이들은 "한 우두머리를 세우고 그 땅에서부터 올라"(11절)올 것이라고 했습니다. 이것은 북부 이스라엘과 남부 유다가 단일 리더십 아래에서 연합될 것을 말합니다.

한편, '우두머리'라는 표현은 역사적인 문맥에서 살펴보아야 과연 누구를 가리키는지가 드러납니다. '우두머리'는 왕권 시대 이전의 리더들을 주로 지칭했던 말입니다. 예를 들어, 이스라엘 백성은 가나안 정탐들로부터 두려운 보고를 들었을 때 모세와 아론을 원망하며 애굽으로 돌아가기를 원하면서 "우두머리를 세우자. 그리고 이집트로 돌아가자"(민 14:4, 새번역)고 했습니다. 사사기에서도 길르앗 장로들이 암몬 자손과 싸우기 위해 입다에게 찾아왔을 때도 "당신이 우리 길르앗 모든 주민의 머리가 되리라"(삿 11:8)고 했습니다.

그러나 '우두머리'가 생겼다고 해서 이스라엘이 다른 나라들로부터 침략을 받지 않거나 사회가 안정되는 것은 아니었습니다. 사사 시대에 많은 우두머리가 속출했지만, 오히려 나라는 지리멸렬하였고 왕정 시대에도 왕들이 있었지만, 결국 남북의 분열과 함께 이방인들에 의해 멸망했습니다. 그런데도 선지자들은 줄기

차게 한 우두머리의 출현을 대망하는 예언들을 했습니다. 에스겔 선지자의 말을 들어 보십시오.

> "내가 한 목자를 그들 위에 세워 먹이게 하리니 그는 내
> 종 다윗이라 그가 그들을 먹이고 그들의 목자가 될지라
> 나 여호와는 그들의 하나님이 되고 내 종 다윗은 그들 중
> 에 왕이 되리라 나 여호와의 말이니라"(겔 34:23).

우리는 여기서 말하는 '내 종 다윗'이 이미 죽은 다윗을 가리키는 것이 아니라 새로운 다윗, 곧 다윗의 뿌리인 예수 그리스도를 지칭한다는 것을 알 수 있습니다. 미가 선지자도 베들레헴에서 '이스라엘을 다스릴 자'(미 5:2)가 태어날 것이라고 예언하였습니다.

신약의 관점에서 보면, '우두머리'는 예수님에 대한 언급입니다. 예수님이 오시기 전까지는 한 우두머리 아래에서 하나님의 백성이 하나가 되는 약속은 온전히 성취될 수 없었습니다. 그러나 이제는 예수님의 오심으로 말미암아 아브라함의 육신적 후손도 크리스천이 되는 길이 열렸고 유대인들이 상종하지 않던 이방인들도 크리스천이 되어 한 형제와 자매로서 연합되었습니다. 그리스도 안에서는 남녀의 차이도 없고 인종의 구분도 없으며 모두 하나입니다(엡 2:11-19).

> "너희는 유대인이나 헬라인이나 종이나 자유인이나 남자
> 나 여자나 다 그리스도 예수 안에서 하나이니라"(갈 3:28).

셋째, 제2의 출애굽을 체험합니다.

"그 땅에서부터 올라오리니"(11절).

'올라온다'는 말은 이스라엘의 역사에서 속박의 땅으로부터 풀려났다는 의미로 사용되었습니다.

"이스라엘 자손이 애굽 땅에서 올라 온 날부터 오늘까지 이런 일은 일어나지도 아니하였고 보지도 못하였도다"(삿 19:30).

"몇 사람이 예루살렘으로 올라올 때에 이 에스라가 올라 왔으니….바벨론에서 길을 떠났고 하나님의 선한 손의 도우심을 입어….예루살렘에 이르니라"(에 7:7-9).

호세아가 사용한 '올라온다'는 표현은 이러한 해방과 구출의 이미지가 짙은 것으로서 하나님의 경이로운 능력을 시사합니다. 말하자면, 새로운 출애굽과 새로운 출바벨론이 있게 될 것이라는 약속입니다. 이렇게 볼 때, "그 땅"은 '붙잡힌 땅'을 가리킵니다. 일차적으로는 포로에서 귀환하는 것입니다.

호세아는 자기 시대의 북이스라엘을 보고 있었습니다. 북이스라엘은 가까운 장래에 앗수르의 침공 때문에 민족적 정체성을 상실한 채 하나님의 백성이 되지 못할 것이었습니다. 그러나 호세아는 이러한 비극적 상황이 역전될 회복의 날이 올 것을 예언자의 눈으로 바라보았습니다. '그 땅에서부터 올라온다'는 말은 더이상 구체적으로 설명하지 않았습니다. 그래서 우리는 이차적인 의미를 호세아 시대를 넘어 신약 시대에까지 연장해 봄으로써 본 예언의 의미를 더 넓게 이해할 수 있습니다.

우선 이스라엘은 더는 하나님의 언약 백성이 아니라는 선언을 받았습니다(1:9). 그렇다면 국가의 운명은 뻔한 것입니다. 하나님과의 언약 관계가 부인된 상황에서 무슨 장래가 있겠습니까? 그러므로 본문에서 언급된 놀라운 회복은 이스라엘의 힘으로는 불가능합니다. 그들의 처참한 형편을 역전시키려면 전격적이고 거대한 변화가 있어야 합니다.

어떻게 이 일이 가능할 수 있을까요? 오직 '살아 계신 하나님'(1:10)께서 출애굽과 같은 기적적인 능력을 보이셔야 합니다. 이것은 죽은 자를 다시 살리는 일과 같습니다. 포로에서 귀환하는 일은 일종의 부활 사건입니다. 애굽에서처럼 스스로 노예의 사슬을 풀 수 없는 앗수르나 바벨론 땅은 죽음의 땅입니다. 그래서 에스겔 선지자는 이스라엘이 무덤 속에 있는 마른 뼈들과 같으나 다시 살아서 고국으로 귀환할 것을 예언하였습니다.

"내 백성아 내가 너희 무덤을 열고 너희로 거기에서 나오
게 하고 이스라엘 땅으로 들어가게 하리라"(겔 37:12).

이러한 문맥에서 볼 때, 이스라엘이 죽음의 땅에서 올라오는 회복은 하나님의 백성이 자주 체험할 수 있는 영적 갱신과 성령

의 강력한 체험 속에서 반복되고 있습니다. 이러한 회복은 구속의 역사 속에서 단계적으로 발생하였습니다.

- 히스기야(729-687/6 BC) 시대에 북이스라엘 백성의 일부가 유다로 월남하였습니다(대하 30:11, 18).
- 요시야의 개혁은 이스라엘의 남북 전체를 포함했습니다(대하 34:6-7, 9). 그래서 일부 북이스라엘 백성은 남부 유다로 내려와 정착하기도 했습니다(대상 9:3).
- 신약 시대에 와서 예수님의 사역과 십자가와 부활로써 더 충만한 회복이 성취되었습니다. 사도행전은 사마리아인들에게 성령이 부어진 사실을 특기하였습니다. 성령의 부음으로 사마리아인들의 갱신이 가능하게 되었기 때문입니다(요 4:39). 사마리아는 북이스라엘의 별칭입니다(행 8:4-17). 사도들은 예수님으로부터 사마리아에 특별한 관심을 두라는 명령을 받았습니다(행 1:8).
- 바울은 이방인들의 개종을 호세아 예언의 한 연장으로 보고(롬 9:24-26; 호 1:10) 이를 이방인들에게 적용했습니다. 그는 이어서 이방인들의 충만한 수가 차면 온 이스라엘이 구원을 받는 때가 온다고 했습니다. 바울은 이것을 '부활'(롬 11:15)이며 '신비'(롬 11:25, 25)라고 표현했는데 앞으로 이스라엘이 복음으로 회복될 것을 가리킵니다.

"하나님께서 그들을 버리심이 세상과의 화해를 이루는 것이라면, 그들을 받아들이심은 죽은 사람들 가운데서 살아나는 삶을 주심이 아니고 무엇이겠습니까?"(롬 11:15, 새번역).

신약의 관점에서 보면, 가장 대표적인 실례는 사도행전에 기록된 오순절의 성령 강림입니다. 오순절 이후로 이스라엘의 남은 자들이 예수 그리스도를 대속주로 믿게 되었고, 이방인들도 같은 믿음으로 아브라함의 자손이 되었습니다. 이것은 그들이 속박의 땅에서 올라오는 체험이었습니다. 이렇게 '올라오는' 체험은 예수님의 승천 이후로 계속되는 성령의 활동으로 지금도 세계 각 곳에서 일어나고 있습니다. 예수님을 '그리스도'(메시아)로 믿는 우리도 호세아의 예언이 성취된 증거의 하나입니다.

이스라엘의 회복은 호세아 시대를 넘어갑니다. 이것은 온 세상에 복음이 전파되고 많은 사람이 영적으로 살아나는 때까지 연결되는 대수확의 출발점이었습니다.

예수님이 다시 재림하실 때는 또 한 번의 새로운 출애굽이나 제2의 출바벨론과 같은 이벤트가 발생할 것입니다. 이때 구속의 역사에서 반복된 모든 회복의 패턴이 극점에 이르고 호세아의 예언이 충만하게 성취될 것입니다. 예수님의 오심이 그를 믿는 자들에게 죽음에서 부활하는 체험을 하게 했다면, 예수님의 다시 오심은 죄 때문에 부패하고 타락한 이 세상으로부터 완전히 해방되는 최대의 '출애굽'을 체험하게 할 것입니다. 이것이야말로 진정한 의미에서 "그 땅에서부터 올라오는" 최상의 복이 될 것입니다. 이것은 죄로 인해 언약의 저주를 받고 약속의 땅에서 추방되어 국가적인 죽음을 체험했던 이스라엘의 회복을 넘어 그리스도 안에 있는 모든 신자에게 내리게 될 종말론적인 대구원입니다.

넷째, 재앙이 변하여 복이 됩니다.

'이스르엘의 날이 클 것임이로다'(11절).

'이스르엘'은 한때 예후의 끔찍한 살육과 관계된 곳이었습니다. 그럼 이스르엘의 날이 클 것이라는 의미는 무엇일까요? '이스르엘'은 '하나님이 흩으신다'는 뜻입니다. 1장 4절에서 '이스르엘'은 하나님이 이스라엘을 심판하신다는 부정적인 의미로 사용되었습니다. 그러나 호세아는 11절에서 '이스르엘'의 의미를 '하나님이 뿌리신다'는 긍정적인 의미로 사용했습니다. 그러니까 하나님께서 심판으로 흩으신 것을 다시 모아서 심고 가꾸신다는 뜻입니다. 이것은 앞으로 열매와 수확이 있을 것을 시사합니다. 그래서 호세아는 매우 고무적인 의미에서 "이스르엘의 날이 클 것임이로다"(1:11)라고 말하였습니다. 그런데 이 약속은 하나님께서 일찍이 모세를 통해 이스라엘 백성에게 주셨던 말씀이었습니다.

"네 하나님 여호와께서 마음을 돌이키시고 너를 긍휼히
여기사 포로에서 돌아오게 하시되 네 하나님 여호와께서
흩으신 그 모든 백성 중에서 너를 모으시리니"(신 30:3).

하나님께서는 이스라엘 백성이 어디에 흩어져 있든지 다시 모으고 인도하여 조상들보다 더 번성하게 하고 다시 복을 주시겠다고 약속하셨습니다(신 30:5, 10). 하나님께서 백성의 마음을 돌이키실 때 백성은 마음에 할례를 받고 하나님을 사랑하게 될 것입니다. 그러므로 그릇된 길로 간 백성은 하나님께로 돌아와야 하고 그분의 말씀을 청종해야 한다는 것이 신명기 30장의 권면입니다.

하나님께 속한 백성의 장래는 그저 밝은 정도가 아니고 찬란할 것입니다. 그 까닭은 예수님이 십자가에서 흘리신 피가 죄와 심판을 상징하는 이스르엘의 피보다 더 나은 피이기 때문입니다. 이스르엘의 피가 복수의 피였다면, 십자가의 피는 용서의 피입니다. 이스르엘의 피가 하나님의 뜻을 어긴 불순종과 오만의 피였다면, 십자가의 피는 하나님의 뜻에 대한 순종과 겸비의 피였습니다. 이스르엘에서 흘렸던 피가 왕권 쟁취를 위한 피였다면, 십자가의 피는 죄인들에게 의의 면류관을 씌워주는 희생의 피였습니다.

그런데 이스르엘에서 피를 흘리는 자가 누구입니까? 예후의 칼이 누구 손에 쥐어 있습니까? 하나님의 명령을 어기고 자신의 악한 뜻을 내세우는 자가 누구입니까? 우리 각자에게 이스르엘의 죄악이 흐르고 있지 않다고 장담할 자가 누구입니까? 우리도 하나님을 믿다가 배도와 탈선과 타락의 구렁텅이에 빠져들 수 있습니다. 우리는 '살아 계신 하나님의 자녀'라고 도저히 부를 수 없는 타락을 할 수 있습니다. 하나님께서 등을 돌리시고 염증을 내실 정도로 전락할 수 있습니다(사 1:11-15). "그런즉 선 줄로 생각하는 자는 넘어질까 조심하라"(고전 10:12)고 했습니다. 신자들이라고 해서 넘어지는 일이 없다면, 이런 교훈을 줄 필요가 없었을 것입니다. 아브라함도, 다윗도, 요나 선지자도, 베드로도 넘어졌습니다. 그래서 베드로는 교회를 향해 정신을 차리고 깨어 있으라고 권면했습니다(벧전 5:8). 영적으로 조는 일이 없다면, 이런 교훈은 불필요했을 것입니다. 누구도 사탄의 유혹과 자신의 숨겨진 죄악 된 욕망에서 면제될 자가 없습니다.

그런데 우리가 실족하면 어떻게 회복될 수 있습니까? 하나님의 전능한 개입이 필요합니다. 타락은 하나님의 전적인 은혜에 의해서만 회복됩니다. 신자들의 삶에서 이스르엘의 수치와 고통과 환난이 큰 변화로 일신되려면, 살아 계신 하나님의 전적인 은혜의 개입이 있어야 합니다. 이스라엘의 하나님은 은혜에 풍성하시기에 우리의 연약함을 동정하십니다. 그리고 저주가 변하여 복이 되게 하시고(신 23:5; 느 13:2; 삼하 16:12) 화가 복이 될 때까지 역사하십니다(렘 32:42).

그런데 우리가 기억할 것이 있습니다. 하나님은 이스라엘의 양적 성장을 약속하셨습니다. 전쟁과 포로로 줄어든 인구의 숫적 증가는 필요합니다. 그러나 이 축복이 오기 전에 언약의 저주로서 출산이 줄고 자녀들이 칼에 죽는 고통을 거쳐야 합니다(4:10; 9:11-14, 16; 13:16). 하나님은 남북의 통일을 약속하셨습니다. 그런데 이 축복은 극도로 부패한 왕들을 심판하실 때까지는 실현되지 않습니다(7:7; 10:7; 10:15; 13:11). 하나님은 이스르엘의 날이 클 것이라고 예고하셨습니다. 그러나 부활은 "그 땅에서부터"(11절) 올라오는 것입니다. '그 땅'은 속박과 죽음의 장소입니다. 이스라엘 백성은 심판의 체험을 거쳐 부활의 영광에 이르렀습니다. 하나님은 무분별한 사랑을 하시지 않습니다. 참사랑은 죄를 징계합니다. 그러나 매 맞은 자식에게 하나님은 뜨거운 부정(父情)의 사랑을 품고 달려오십니다. 이것이 십자가의 복음이며 이스르엘의 날이 크게 될 수 있는 까닭입니다.

새 이름으로 삽시다.

"너희 형제에게는 암미라 하고 너희 자매에게는 루하마라
하라"(2:1)

호세아의 자녀들이 서로 이름을 불렀을 것을 상상해 보십시
오. '복수로 망한다'(이스르엘), '긍휼히 여김을 받지 못하는 자'(로-
루하마), '내 백성이 아니다'(로-암미).

다른 아이들이 얼마나 놀렸겠습니까? 호세아의 자녀들은 아
빠에게 이름을 바꾸어 달라고 날마다 졸랐을 것입니다.

「아빠, 다른 애들은 우리 같은 이름이 없는데 우리 이름은 왜
이렇게 이상해요. 정말 우리 이름 싫어요.」

호세아는 아이들에게 그들의 이름을 갖게 된 이유를 설명해
주었을 것입니다. 다행히도 이제 호세아의 자녀들은 각자 새 이
름을 받았습니다. 첫아들의 이름이 복수와 패망을 의미하는 '이스
르엘'이었는데 "이스르엘의 날이 클 것이라'는 의미로 바뀌었습
니다(1:11). 딸의 이름은 로루하마였지만 이제는 '로'자를 빼고 '루
하마' 곧 '사랑을 받는 자'가 되었습니다. 막내 아들은 로암미였
는데 역시 앞에 '로'를 없애고 이제는 '암미' 곧 '내 백성'이라는
의미가 되었습니다(2:1). 아이들은 자기들이 새로 받은 이름을 무
척 좋아했을 것입니다.

호세아의 자녀들이 대표했던 이름들은 결국 우리와 하나님 사
이의 관계를 대변합니다. 우리는 한때 모두 이스르엘이었고, 로
루하마였으며, 로암미였습니다. 그러나 주 예수 그리스도의 속

죄를 믿는 자들은 비록 어두운 과거가 있을지라도 새로운 이름을 받고 다시 살아날 수 있습니다. 하나님의 긍휼과 자비는 영원합니다. 호세아는 고멜과의 결별을 원했어도 하나님은 그로 하여금 우상 신의 연인들에게 몸과 마음이 팔린 고멜을 다시 사오게 하셨습니다. 십자가를 믿고 예수님과 새 언약의 관계 속으로 들어간 자들을 하나님께서는 포기하시지 않습니다.

실족과 탈선은 우리를 부끄럽게 하고, 하나님의 징계는 우리를 두렵게 합니다. 하나님은 우리에게 내 아내가 아니라고 선언하시고 밖으로 내쫓으십니다. 하나님은 우리를 보복하시겠다고 무서운 음성으로 다짐하십니다. 하나님은 우리를 다시 용서하지 않으실 것이라고 단호히 말씀하십니다. 하나님은 우리가 그의 백성이 아니라고 선포하십니다. 우리는 이때 죽음을 체험합니다. 우리는 징계를 받고 마음이 슬퍼집니다. 우리는 부모를 잃은 고아나 남편의 배척을 받은 아내처럼, 사망의 골짜기에서 신음합니다.

교회사에서 우리는 하나님께서 교회로부터 얼굴을 돌리시고 자기 백성을 버리신 듯한 시대가 있었음을 읽을 수 있습니다. 그것은 교회의 암흑시대였습니다. 개별 신자의 삶에서도 하나님과의 관계에서 일시적인 죽음을 경험할 수 있습니다. 내 영혼이 우상 숭배로 죽은 자와 같이 될 수 있습니다. 육신의 정욕과 안목의 정욕과 이생의 자랑이 우리의 우상 신이 되어 하나님과 오랫동안 단절된 상태로 살 수 있습니다(요일 2:16). 그 기간은 우리의 영적 암흑기입니다.

그래도 우리에 대한 하나님의 사랑에는 변함이 없습니다. 우리에게 얼굴을 돌리신 하나님은 영원히 우리를 버리신 분이 아닙니다. 하나님은 때때로 우리에게 아무 말씀도 하시지 않습니다. 하나님의 침묵은 불안과 공포를 일으킵니다. 하나님은 때때로 우리로부터 자신의 임재를 거두십니다. 하나님은 자신의 얼굴을 가리시고 어디론가 숨어버리십니다. 하나님은 우리의 부르짖음에 응답하시지 않습니다. 그러나 하나님은 다시 오십니다. 하나님은 우리에게 제2의 기회를 주십니다.

하나님께서 우리에게 바라시는 것이 무엇이겠습니까? 우리가 속히 하나님께로 돌아오기를 원하십니다. 하나님은 우리에게 사랑을 베푸시고 회복시켜서 영원히 함께 행복하게 살기를 원하십니다. 우상병에 걸린 신부의 회복을 위해 하나님은 때때로 얼굴을 돌리시고 우리 곁을 떠나십니다. 그러나 하나님의 신부는 영원한 수치를 당하지 않습니다. 남편 되신 하나님께서 다시 찾아오실 날이 있기 때문입니다.

우리는 일시적으로 하나님의 임재를 잃습니다. 그러나 하나님은 다시 찾아오시기 위해서 잠시 숨으실 뿐입니다. 하나님은 다시 돌아오실 것을 굳게 결심하지 않고서 우리를 영영 떠나시는 일이 없습니다. 하나님은 반드시 다시 돌아오십니다. 내 자식이 아니라고 선포하시고 다시 함께 살지 않는다고 다짐하시며, 용서하지 않겠다고 얼굴을 굳히셔도 다시 돌아오십니다. 그 전보다 더욱더 불붙는 긍휼과 자비로 우리에게 돌아오십니다.

나는 다시 돌아오시는 하나님을 맞이할 준비가 되어 있습니까? 과거의 수치스러운 이름표를 떼고 새 이름표를 받을 준비가 되어 있습니까? 하나님께로 정말 돌아가기를 원하십니까? 고멜의 악하고 어리석은 길을 포기할 준비가 되어 있습니까? 나의 영원한 임이시며 남편 되신 주님을 속히 만나야 하지 않겠습니까? 내가 하나님을 새롭게 섬길 마음을 굳게 가질수록 하나님의 복귀의 걸음도 빨라지십니다.

실수하고 죄를 지었을지라도 새로 하나님을 잘 섬기면 됩니다. '두려워하지 말라'고 하셨습니다. 하나님이 우리를 다시 받아 주십니다. 그래서 우리는 새롭고 바른길로 다시 들어설 수 있습니다. 어제의 과오 때문에 오늘의 새 출발을 못 할 이유가 없습니다. 십자가의 피가 우리의 모든 죄악을 말끔히 씻겨줍니다. 하나님께서는 우리의 새로운 삶을 기다리십니다. 마음을 다하여 여호와를 다시 섬기라고 격려하십니다. 하나님께서는 십자가의 피로 구속한 백성을 절대 버리지 않으신다고 약속하셨습니다. 비록 우리의 죄 때문에 하나님께서 얼굴을 가리시고 침묵하시거나 절연을 선포하셔도 "잠시 버리는 것"(사 54:7)이라고 하였습니다. 그리스도와 언약을 맺은 자들을 하나님은 영영 버리시지 않습니다. 주 예수를 하나님이 보내신 메시아로 믿는 자들은 누구도 주님과 하늘 아버지의 손에서 빼앗아갈 수 없습니다(요 10:28-29).

"내가 잠시 너를 버렸으나 큰 긍휼로 너를 모을 것이요 내가 넘치는 진노로 내 얼굴을 네게서 잠시 가렸으나 영원한 자비로 너를 긍휼히 여기리라 네 구속자 여호와께서 말씀하셨느니라"(사 54:7-8).

7장
가시로 막는 사랑
호세아 2:2-7

"그는 내 아내가 아니요 나는 그의 남편이 아니라"(2:2).

호세아서는 관계에 대한 책입니다. 호세아라는 남편과 고멜이
라는 아내 사이에 대한 스토리가 호세아서의 내용입니다. 이들의
부부 관계는 여호와 하나님과 이스라엘 백성 사이의 관계를 대변
합니다.

호세아와 고멜 사이의 관계는 법적 이혼은 아니지만, 실제로
부부라고 말할 수 없습니다. 호세아는 고멜과 직접 말을 하는 사
이가 아닙니다. 그래서 호세아는 자녀들을 통해서 고멜이 행실을
바로잡아야 한다고 전합니다.

고멜은 옛날의 음란한 생활로 돌아갔습니다. "그의 얼굴에서
음란을 제하게 하고 그 유방 사이에서 음행을 제하게 하라"(2절)는
말은 고멜이 음행을 위해 얼굴을 꾸미고 가슴을 장식했기 때문입
니다(참조. 렘 4:30; 겔 23:40; 애 1:13). 고멜의 방탕은 이스라엘의 처

신을 상기시킵니다. 이스라엘은 바알과 방탕한 삶을 즐기기 위해서 여호와 하나님을 버리고 몸치장을 했습니다.

인간관계에서 사랑하는 자로부터 받는 상처가 가장 깊습니다. 예를 들면, 절친한 친구나 연인 혹은 부자지간이나 동업자 사이에서 받는 상처들입니다. 그런데 가장 오래가는 상처는 부부 관계에서 받는 상처라고 봅니다. 더구나 아이들까지 있으면 그 상처의 영향권이 넓어집니다. 그래서 구약에서는 하나님께서 자기 백성들 때문에 받는 큰 상처를 아내의 부정으로 인해서 받는 남편의 상처에 비교합니다(참조. 렘 2:2; 3:1-2, 8, 14, 20). 하나님께서 받은 상처가 얼마나 깊고 심각한 것인지는 이스라엘의 역사 속에서 자주 진술되었습니다. 호세아서가 그런 진술의 하나입니다.

신약에서는 하나님께서 받으신 상처가 가시 면류관을 쓰시고 십자가에 못 박히신 예수님의 참혹한 모습으로 드러납니다. 이것은 비유가 아니고 역사적인 사건입니다. 우리는 십자가에 매달린 예수님을 보고서 하나님께서 우리 죄 때문에 받으신 상처의 깊이가 어떤 것인지를 헤아릴 수 있습니다. 구약에서 선지자들의 입을 통해서 여러모로 진술된 하나님의 상처의 진실이 십자가에서 절정을 이루면서 완연히 밝혀졌습니다.

부부 관계의 부정

"너희 어머니와 논쟁하고 논쟁하라 그는 내 아내가 아니요 나는 그의 남편이 아니라" (2:2).

남편이 아내와의 관계를 부정합니다. 남편이 이 사실을 자식들에게 알립니다. 자식들까지 있는 부부 사이지만 대화가 끊어져서 자식들을 통해서 의사 전달을 하는 수밖에 없는 처지가 되었습니다. 같은 지붕 밑에서 살다 보니 자식들이 생겼을 뿐이지 실질적으로 보면 이혼한 것과 같습니다. 법적 절차를 밟지 않았을 따름이지 정상적인 부부의 삶이 없는 상태입니다. 이런 관계로 사는 부부 아닌 부부가 우리 주변에도 적지 않습니다.

교회도 하나님과 이 같은 관계에 빠질 수 있습니다. 외모로 보면 기독교지만 내면을 보면 반기독교적입니다. 중세기 때 가톨릭 교회가 미신과 거짓된 교리로 성경의 진리를 굴절시켰고, 끔찍한 종교재판으로 수만 명을 죽였습니다. 가톨릭은 지금까지도 성경의 가르침이 아닌 성물 숭배를 하고 마리아와 성자들의 중보 사역을 믿고 있습니다.

개신교도 고멜의 행실을 닮은 데가 적지 않다고 자인해야 합니다. 개신교는 로마의 성·베드로 성당이 신자들의 고혈을 짜서 화려하게 지었다고 비판해 왔습니다. 그러나 개신교도 막대한 헌금을 거두어 필요 이상의 대형 교회당을 건축해 왔습니다. 세상도 이런 교회들을 보고 비난합니다. 세상은 교회가 물질의 청지기 역할을 바르게 행하지 않고 자기들의 몸집만 키우는 이기적인 집단이라고 오랫동안 비판해 왔습니다.

가톨릭 교회든 개신 교회든 역사적으로 보면 회개해야 할 일이 많습니다. 지금도 여전히 이어지는 도덕적 부패와 비성경적인 가르침이 적지 않습니다. 그렇다고 해서 교회가 전혀 자기 일을 하지 않는 것은 아닙니다. 구교든 신교든 아직도 그리스도의 십자가 구원을 전하며 많은 선한 사업을 벌이고 있습니다. 그럴지라도 교회가 여러 면에서 물질적인 사상에 깊은 영향을 받고 있다는 것은 누구도 부인하지 못합니다. 상업 종교는 고멜의 장기였습니다(2:5).

개별 신자의 경우도 마찬가지입니다. 신실한 교인들도 있지만, 하나님의 이름과 그분의 나라를 위해 교회를 다니기보다는 종교적인 습관이나 체면 유지를 위해 다니는 분들도 있습니다. 마음은 하나님이 아닌, 세상 신을 따르면서 교회 생활을 하는 명칭만의 교인들도 적지 않습니다. 자세히 살핀다면, 우리의 마음과 사상과 행실에서 고멜의 냄새가 풍기는 부분들이 한두 군데가 아닐 것입니다.

고멜은 우상 숭배자였습니다. 고멜은 호세아를 두고 더 많은 시간과 정력을 바알과의 불륜한 관계에 사용했습니다. 고멜은 바알 경배자로서 빵과 포도주와 물과 양털과 삼을 원했습니다(호 2:5). 바알 경배자들의 관심은 언제나 육적입니다. 그들은 하나님과 올바른 관계를 유지하지 않으며 영적인 것들을 추구하지 않습니다. 그들은 성령의 음성을 듣고 자신들의 그릇된 성품을 고쳐나가거나, 주님을 위해 유용하게 쓰임을 받거나, '잘하였도다'라는 주님의 칭찬을 듣는 일들에는 관심이 없습니다.

우리는 여호와 하나님을 믿는 신자들입니다. 이스라엘 백성도 마찬가지였습니다. 그들의 남편은 엄연하게 여호와 하나님이었습니다. 그들은 여호와와 언약을 맺었지 바알과 언약을 맺지 않았습니다. 그러나 그들은 하나님이 아닌, 바알을 쫓아다녔고 바알을 의존하며 살았습니다. 오늘날의 교회와 개별 신자들도 예수님과 새 언약을 맺었지 다른 이방신과 언약을 맺지 않았습니다. 그럼 우리에게는 바알이 없단 말일까요? 요즘 같은 시대에 우상 단지 앞에 잿밥을 올릴 교인이 어디 있겠습니까? 우리에게는 그런 우상이 없습니다. 그러나 바알은 아직도 살아 있습니다.

현대 기독교 안에는 세속적 성공주의가 하나님에게서 오는 복으로 선전되기도 하고, 엔터테인먼트 프로그램으로 회중의 인기를 끄는 교회들을 현대 교회의 이상적인 지표처럼 간주하기도 합니다. 개인적으로 보아도 바알 숭배는 여전합니다. 자식이 바알이 되고, 돈이 바알이 되고, 섹스가 바알이 되고, 스포츠와 컴퓨터 게임이 바알이 됩니다. 고멜은 바알이 주는 물질에 현혹되었습니다. 바알이 주는 떡과 물과 양털과 삼과 기름과 술들에 마음이 팔려 얼굴을 꾸미고 가슴을 장식하며 보라는 듯이 바알을 따라 다녔습니다.

말할 나위 없이, 교인들은 하나님의 이름과 복음을 자랑거리로 삼고 주님을 신실하게 섬기며 사는 것을 인생의 보람으로 여겨야 합니다. 그런데도 세상에 속한 것들을 자랑거리로 삼고, 돈과 세상 재미에 더 큰 보람을 느끼는 신자들이 적지 않습니다. 그들은 세상의 여러 잡다한 일들에 몸과 마음과 시간을 허비하고 세상 사람들이 가는 길을 아무런 생각 없이 따라갑니다.

그런데 죽을 때까지 그런 식의 생활 방식을 고치지 못하는 경우도 있습니다. 나이를 먹고 은퇴하여 앞으로 살날이 많지 않음에도 하나님 나라와 그분의 뜻을 위해 진지하게 살 생각을 하지 않고 습관대로 나날을 보냅니다. 적지 않은 신자들이 무익한 시간을 보내다가 죽음에 대한 아무런 준비가 없이 어느 날 갑자기 주님의 심판대 앞에 서게 됩니다. 얼마나 많은 사람이 바알에게 속고 사는지 모릅니다. 바알과 동침하면 음란한 자식을 낳는 법입니다(4절). 고멜의 악습은 하나님의 백성에게 영적 무기력증을 전염시키고 거룩한 자녀로서 주님을 맞이할 준비를 등한시하게 합니다.

물론 이것은 일반적인 진술입니다. 아무리 썩은 시대에도 건전한 교회와 신실한 교인들이 있습니다. 하나님께서 이스라엘을 향해 "그는 내 아내가 아니요 나는 그의 남편이 아니라"라고 하셨을 때도 이스라엘 백성이 예외 없이 모두 우상 숭배자였다는 뜻은 아니었습니다. 호세아와 같은 선지자도 있었으니까요. 그러나 현대 교회가 지닌 보편적인 영적 상태를 진단한다면, 고멜을 향해 내 아내가 아니라고 하신 하나님의 선언이 우리 각자에게 커다란 경종이 되어야 합니다. 우리나라 교회 현실이 호세아보다는 고멜을 더 닮았다고 보지 않을 수 없기 때문입니다.

부부 관계를 부인하는 하나님의 의도와 목적은 무엇일까요?

"그는 내 아내가 아니요 나는 그의 남편이 아니라"(2:2).

이제 호세아와 고멜의 사이는 완전히 끝난 듯합니다. 하나님과 이스라엘의 관계가 이혼으로 종식되는 것처럼 들립니다. 이것은 과연 마지막 선언일까요? 그렇지 않습니다. 이 선언은 두 가지 목적을 가졌습니다.

첫째, 조건부 경고입니다. 이것은 현재의 상태가 정상적인 부부 관계가 아니므로 바로잡으라는 말입니다. 잘못은 전적으로 아내 편에 있습니다. 이스라엘의 음행이 원인입니다. 자기 백성의 우상 숭배로 이혼을 선포하고 완전히 남남이 되시려는 것이 하나님의 본 의도가 아닙니다. 이것은 아내에게 음행을 중단하지 않으면 부부 관계가 끊어진다는 위협이었습니다.

둘째, 회개의 기회를 주신 것입니다(3절). 경고하는 것은 아직도 회복의 기회가 있다는 뜻입니다. 이스라엘은 우상을 따라가고 있지만 여호와 하나님께로 돌아올 기회가 남아 있었습니다. 남편의 집 대문은 잠긴 것이 아니고 열려 있습니다. 하나님께서는 이스라엘이 회개할 수 있도록 돕겠다고까지 말씀하셨습니다(6절). 혼자서 돌아서려면 쉽지 않을 테니까 도움을 받으라는 것입니다. 그런데 하나님께서 이럴 때 주시는 도움은 세상의 어떤 신들과도 다른 것입니다. 바알은 다산의 물질과 육적 쾌락으로 신도들을 유인하지만, 여호와 하나님은 가시와 담으로 자기 백성의 그릇된 걸음을 돌이키십니다.

> "내가 가시로 그 길을 막으며 담을 쌓아 그로 그 길을 찾
> 지 못하게 하리니"(6절).

이 말씀은 하나님의 성품이 좋지 않은 분처럼 들립니다. 정말 사랑한다면 왜 구태여 가시로 길을 막고 담을 쌓아 못 가게 해야 할까요? 고멜은 호세아에게 아리랑의 가사처럼 "나를 버리고 가시는 임은 십 리도 못 가서 발병이 난다"고 노래하지 말고, 바알을 따라가는 님의 길 위에 김소월의 진달래꽃을 뿌려보라고 말했을지 모릅니다.

> "나 보기가 역겨워 가실 때에는 말없이 고이 보내 드리오리다
> 영변에 약산 진달래꽃 아름 따다 가실 길에 뿌리오리다
> 가시는 걸음걸음 놓인 그 꽃을 가뿐히 즈려 밟고 가시옵소서
> 나 보기가 역겨워 가실 때에는 죽어도 아니 눈물 흘리오리다"

이런 것이 훨씬 더 고상한 사랑이 아닐까요? 그런데 떠나는 임의 길을 오히려 더 아름답게 꾸며주는 까닭은 무엇입니까? 임이 마음에 감동을 받고 돌아서기를 기대하는 것일까요? 슬퍼도 울지 않겠다는 결심은 무엇을 말합니까? 슬픔을 참고 드러내지 않음으로써 가시는 임의 마음을 언짢게 하지 않겠다는 배려일까

요? 혹은 이별의 슬픔을 자학적인 체념의 아픔으로 승화시켜 보려는 안타까운 몸부림일까요?

하나님의 사랑은 임의 배신을 체념으로 극복하거나 쓰라린 가슴을 임에 대한 애처로운 마지막 호의로 자위할 필요가 없습니다. 하나님의 사랑은 진달래꽃으로 무마될 수 없습니다. 그릇된 길을 걷는 임의 걸음을 괴로워하면서도 영원히 체념하는 것은 자신의 사랑을 붙잡을 수 있는 능력이 없기 때문입니다. 하나님의 사랑은 무력한 사랑이 아닙니다. 하나님의 사랑은 진리의 불꽃으로 타오릅니다. 하나님의 사랑은 어둠의 손에서 임을 구출하는 강력한 능력의 열정입니다. 죽음의 길로 가는 임을 돌이킬 수 없는 사랑은 무능한 사랑입니다. 우리에게 필요한 사랑은 인간적인 유약한 사랑이 아니고, 죽은 자를 다시 살리는 하나님의 재창조의 사랑입니다.

하나님의 사랑은 전능한 사랑입니다. 그래서 하나님께서는 등을 돌리고 바알을 쫓아가는 임에게 잘 가라고 진달래꽃을 뿌려 주지 않습니다. 오히려 임이 가는 길 위에 가시덩굴을 놓아서 배신의 길을 못 가게 막습니다. 아마 우리는 이런 하나님의 사랑은 고약하다고 말할지 모릅니다. 그러나 내가 우상을 따르고 싶을 때는 하나님의 사랑은 항상 고약하게 느껴집니다. 하지만 내가 우상이 나쁜 것임을 뒤늦게라도 알고 나면, 가시로 막는 하나님의 '고약한 사랑'이 '참사랑'임을 깨닫습니다.

고멜은 호세아에게 나를 정말 사랑한다면 가고 싶은 길을 막지 말고 그냥 내버려 두라고 앙탈을 부렸을지 모릅니다.

「세상 사람들이 다 좋아하는 바알인데 나라고 왜 못 만난단 말예요? 왜 당신 곁에만 있어야 해요. 당신은 너무 경건해서 같이 살지 못하겠어요. 날마다 기도만 하고 성경만 드려다 보는 당신은 저에겐 너무 거룩해요. 당신은 나더러 연속극 그만 보고 함께 찬송가를 부르자고 조르지만, 하루 이틀이지 그런 식으로는 정말 살고 싶지 않아요.

당신은 내 기분을 몰라 준다니까요. 난 집에 있을 때는 연속극 드라마를 한 번이라도 놓치면 그 뒤가 궁금해서 잠을 잘 수 없어요. 그리고 밖에 나가서 당신이 금하는 일들을 한 번씩 해야 사는 맛이 나는 여자예요.

제발 나를 그냥 내버려 두세요. 내가 알아서 재미 볼 만큼 보다가 당신 생각나면 돌아올 테니까요. 남자가 무슨 겁이 그렇게 많아요. 내가 뭐 바람날까 봐 그러세요? 좀 대범하게 저를 대해 주세요. 날마다 믿음, 믿음 하시는 분이 왜 자기 아내는 믿지 못해요? 당신은 아이들이나 보면서 그 거룩한 모습으로 기도나 하시구려. 그래도 밥이 입에 들어오는 것은 다 바알 덕분인 줄 아세요.」

호세아는 고멜을 막았습니다. 하나님도 이스라엘의 가는 길을 막았습니다. 그 까닭이 무엇입니까? 하나님께서 소견이 좁고 쩨쩨해서일까요? 자기 백성을 옥죄고 자유를 주지 않고 엄격한 계율로 다스리는 분이기 때문일까요? 왜 고멜의 길을 막아야 한단 말입니까?

첫째, 고멜이 가는 길이 죽음의 길이기 때문입니다.

"그러므로 내가 가시로 그 길을 막으며 담을 쌓아 그로 그
길을 찾지 못하게 하리니"(6절).

여기서 '그 길'이란 어떤 길입니까? 그 길이 유익하고 곧은 길
이라면 왜 막겠습니까? 고멜이 나선 길은 바알이라는 세상 신이
죽음의 그물을 치고 기다리는 멸망의 길입니다. 하나님께서는 자
기 백성이 속아서 죽임을 당하는 것을 원치 않으십니다. 자식이
낭떠러지인 줄 모르고 달려간다면 어떤 부모인들 말리지 않겠습니까?
가시 담을 쌓아서라도 막지 않겠습니까? 그것이 부모가 자식을
단순히 방해하려는 것이겠습니까? 부모의 속이 좁아서겠습니까?
참사랑은 죽음의 길로 가는 자녀를 방관하지 않습니다. 그것이
가시로 막는 사랑이며 담을 쌓는 사랑입니다.

바알을 따르던 이스라엘은 하나님이 놓으신 가시에 찔릴 때마
다 화를 내고, 담벼락에 부딪힐 때마다 하늘을 향해 두 주먹을 불
끈 쥐었습니다. 아이들을 길러보면 처음에는 기어 다니다가 나중
에는 혼자 걷습니다. 자기가 걸어 다닐 수 있을 때 제일 먼저 원
하는 것이 부모의 손을 떼는 것입니다. 부모 손을 한동안 잡고 다
니다가도 금방 세상 땅을 혼자 다 걸어 다닐 수 있을 듯이 마음대
로 가려고 합니다. 독립성은 좋은 것일지라도 아직 몸이 제대로

자라지 않았을 때는 위험합니다. 더구나 안전한 길을 선택할 능력이 없으면서 부모 손을 떼려는 것은 화를 자초합니다. 그런 위기를 당하여 부모로서 아이 손을 급히 잡았던 적이 얼마나 자주 있었습니까? 그래도 아이는 고집을 부리고 찻길로 들어섭니다.

준비되지 않은 독립심은 십 대가 되면 더욱 강하게 드러납니다. 십 대들이 가장 싫어하는 것이 부모의 간섭입니다. 십 대의 귀에는 부모의 조언과 교훈이 모두 잔소리로 들립니다. 그래서 언제나 자기들을 그냥 좀 두라고 호소합니다. 영적 십 대들의 반응도 같습니다. 우리의 그릇된 길을 하나님께서 막으실 때면 으레 불평불만이 터져 나옵니다.

「하나님, 좀 봐 주세요. 이 정도가 어때서 그러세요? 제가 알아서 사는 데 왜 그리 간섭하세요? 정말 예수 믿기 힘들군요.」

「하나님께서 진정 저를 사랑하신다면 제게 이 정도의 자유는 주셔야 하지 않아요? 교회도 잘 나가고 봉사도 잘하고 헌금도 잘하는데 왜 그러세요.」

그러나 하나님께서는 진리와 거짓을 분별하십니다. 우리가 걷는 거짓된 길은 우리 눈에는 좋게 보일지 모릅니다. "어떤 길은 사람이 보기에 바르나 필경은 사망의 길"(잠 14:12)입니다. 참사랑은 죽음의 길로 걷는 임을 갖은 방법으로 끝까지 막으려고 애씁니다. 하나님께서 이럴 때 사용하시는 방법은 가시와 담입니다. 이것은 하나님의 자비와 긍휼의 표식입니다. 우리가 잘못 갈 때 가시나 담을 만나면 감사해야 합니다. 하나님께서 우리를 그만큼 사랑하신다는 증거이기 때문입니다.

둘째, 하나님께서는 이스라엘의 미래의 모습에 소망을 거시기 때문입니다.

고멜은 호세아에게 정말 자기를 사랑한다면 자기가 하고 싶은 일을 하도록 좀 내버려 두라고 말했을 것입니다. 고멜이 남친들에 미쳐서 살림을 살지 않고 바람만 피우면서 오히려 뻔뻔스럽게 이런 말을 할 때 호세아는 어이가 없었을 것입니다. 호세아가 당장 이혼을 한들 누가 호세아를 나무라겠습니까? 고멜은 누가 보아도 이미 갈대로 간 여자였습니다.

이스라엘은 바알 신에게 몸과 마음을 기꺼이 내주었습니다. 그래서 여호와 하나님의 아내로서의 자격을 상실하였습니다. 그들은 여호와를 남편이라고 부를 수 없었습니다. 그럼에도 하나님께서는 미래의 이스라엘의 입에서 다음과 같은 고백이 나올 것을 기대하셨습니다.

"…그제야 그가 이르기를 내가 본 남편에게로 돌아가리니
그 때의 내 형편이 지금보다 나았음이라 하리라" (7절).

하나님께서는 언젠가 이스라엘이 정신을 차리고 돌아올 때를 바라보시고 현재의 모든 고통을 참으셨습니다. 왜 가시로 아내의 길을 막습니까? 가시의 아픔을 통해서 남편의 사랑을 깨닫게 하기 위함입니다. 왜 담을 쌓고 가는 길을 막아야 합니까? 남편의

보호가 가장 안전하다는 것을 깨닫게 하려는 것입니다. 하나님께서 길을 막으실 때는 단순한 질투나 심술이 아니고 우리를 위험한 길에서 돌이키게 하려는 것입니다.

내가 죄의 길을 갈 때 방해가 생기는 것은 하나님의 사랑의 표현입니다. 가시와 담은 은혜의 도구들입니다. 그것들은 죽음으로 향하는 나의 그릇된 걸음을 정로의 방향으로 돌이키게 하는 수단입니다. 가시와 담은 참사랑의 능력입니다. 참사랑은 사랑하는 임의 그릇된 길을 가로막습니다. 참사랑은 비록 가시를 놓고 담을 쌓아서라도 임의 걸음을 돌이키려고 합니다.

하나님께서는 외도의 길을 걷는 방탕한 자녀들의 미래를 긍정적으로 보기를 원하십니다. 만약 탕자의 아버지가 집을 나간 아들에 대해 악감을 품고 포기했다면, 날마다 문 앞에서 자식의 귀가를 기다리지 않았을 것입니다. 이스라엘은 이방 신들의 품을 향해 떠났을지라도, 여호와 하나님은 그들을 포기하지 않고 가시와 담을 준비하셨습니다.

"그 때의 내 형편이 지금보다 나았음이라 하리라"(2:7).

이 말씀은 매우 큰 격려가 됩니다. 이런 차후의 고백이 어떻게 해서 나오게 됩니까? 가시와 담이 있기 때문입니다. 처음에는 가시를 원망하고 담벼락을 불평합니다. 그러나 이것은 축복의 길이었습니다. 하나님께서는 때때로 가시를 사용하시고 담을 이용하십니다. 우리의 그릇된 걸음을 돌이키기 위해서 살을 찌르는 아픔을 겪게 하시고 담벼락처럼 답답하고 울화가 치미는 일을 당하게 하십니다. 그러나 하나님께서는 그 결과를 낙관하십니다.

이스라엘은 드디어 여호와 하나님과 함께 살던 과거의 때가 바알을 섬기는 현재보다 더 나은 것임을 깨닫게 될 것이었습니다. 그리고 그들은 주께로 돌아올 것입니다. 여호와께서 가시로 임의 길을 막고 담벼락을 쌓는 이유가 무엇입니까? 세속의 연인을 따라간 임의 걸음이 마침내 돌이켜질 날을 소망하시기 때문입니다.

가시를 만지면 찔리기 마련입니다. 하나님께서는 이스라엘이 가시에 찔리기 전에, 배신의 아픔이 가시처럼 찌르는 것을 먼저 체험하셨습니다. 담에 부딪히면 좌절합니다. 그러나 하나님께서는 이스라엘이 담벼락의 좌절을 당하기 전에, 고집대로 집을 나간 언약 백성의 영적 가출로 인해 깊은 좌절을 먼저 맛보셨습니다.

그런데도 하나님께서는 자기 백성을 포기하시지 않습니다. 비록 사랑의 가슴에 가시의 상처를 받을지라도, 자기 자녀들의 헛된 길을 막으십니다. 이것이 우리를 향한 하나님의 참사랑의 모습입니다. 가시를 손에 쥐고 오시는 하나님은 우리를 진실로 사랑하시는 분입니다. 손이 부르트도록 담을 쌓는 하나님은 우리를 아끼시는 분입니다. 우리에게 가시의 찌름과 담벼락의 좌절이 없다면, 하나님께서 얼마나 우리를 사랑하시는지를 깨닫지 못합니다.

우리는 주님을 신실하게 따랐던 과거의 모습과 바알을 따르는 현재의 모습을 비교할 수 있어야 합니다. 어떻게 그때의 내 형편과 지금의 내 형편을 바르게 판단할 수 있을까요? 우리는 나를 찌르는 가시의 아픔과 내 몸을 가로막는 담벼락의 좌절을 통해서 "그 때의 내 형편이 지금보다 나았음이라"(2:7)고 고백하게 됩니다. 가시와 담은 나의 그릇된 길을 주님의 품으로 돌이키게 하는 은혜의 수단입니다.

8장

나를 사랑하는 자들
호세아 2:8-13

1장에서 하나님께서는 호세아의 자녀들에게 지어주신 이름들을 통해서 불륜한 이스라엘에 대한 징계를 예고하셨습니다. 한마디로 이스라엘은 하나님의 백성이 아니며 용서의 대상이 아니라는 것이었습니다(1:6, 9).

이제 본 항목에서는 호세아가 고멜에게 부부 관계를 부정하는 것으로서 하나님과 이스라엘의 관계가 설명됩니다. 고멜의 죄가 지적되고 호세아는 아내를 징계할 것을 예고합니다. 여기서 고멜과 이스라엘에 대한 진술이 상호 교체적으로 나옵니다. 고멜을 가리키는 "그"(2:2-7)가 "그들"(2:8-9)이라는 복수로 바뀌면서 이스라엘로 대치됩니다. 이제 본 항목의 주제들은 고멜보다는 이스라엘 백성에게 초점이 맞추어집니다.

"이는 그가 이르기를 나는 나를 사랑하는 자들을 따르리니"(5절).

본문에서 가장 뚜렷하게 부각한 대목이 있다면 "나를 사랑하는 자들"(2:5, 7, 10, 12, 13)입니다.

가끔 언론에서 사랑을 파는 카사노바(Casanova)의 피해자들이 보도됩니다. 이야기의 패턴은 동일합니다. 이들은 어느 날 한 남성을 만납니다. 그 남자는 옷을 최신 스타일로 입고 감미로운 말을 구사하며 친절하고 예의가 바른 신사입니다. 그리고 고급 승용차로 유명 레스토랑으로 데리고 가고 비싼 선물들을 안겨줍니다. 자신의 신분을 잘나가는 기업가나 고소득의 직업을 가진 자로 소개합니다. 날마다 꽃다발을 보내고 사랑을 속삭입니다. 상대 여성의 자존심을 높여주고 전적으로 위해 주는 것처럼 행동합니다. 그래서 카사노바의 연인들은 공주 대접을 받으면서 꿈에 그리던 이상적인 남성을 만났다고 확신합니다. 그러나 결과는 뻔합니다. 알고 보니 사기꾼이었다는 것입니다. 그 남자는 다른 여자에게도 같은 수법으로 등을 치는 제비족입니다. 놀랍게도 그런 거짓된 사랑에 넘어가서 고스란히 모든 것을 다 바치고 평생을 가도 지워지지 않는 큰 피해를 보는 여성들이 많습니다. 이들을 속이는 제비족들은 여자들이 무슨 말을 하면 듣기 좋아하고 무슨 프로그램을 짜면 잘 먹혀들고 또 무슨 방법을 쓰면 넘어간다는 것을 훤히 다 꿰고 있습니다.

고멜도 그런 카사노바들과 놀아난 여자였습니다. 그러나 고멜의 이야기는 순진한 피해자가 아니고 유부녀로서 자신의 육욕을 채우기 위해 고의로 카사노바들과의 방탕의 길을 택하였습니다.

고멜의 문제는 무엇입니까?

첫째, 자기를 사랑한다는 자를 잘못 본 것입니다.

고멜은 자기를 사랑한다고 고백하는 자들의 정체를 몰랐습니다. 그녀는 당장 받는 떡과 물과 양털과 삼과 기름과 술들을 참사랑의 증거라고 믿었습니다. 고멜처럼 이스라엘 백성에게도 자기를 사랑하는 자들이라고 믿은 우상들이 있었습니다. 왜 그들을 사랑의 대상으로 보았을까요? 자기에게 좋은 것을 준다고 믿었기 때문입니다(5절). 고멜에게 물질은 곧 사랑이었습니다. 고멜은 연인들을 진정으로 사랑해서라기보다는 떡과 기름과 양털과 술을 위해서 그들의 품에 안겼습니다. 마찬가지로 이스라엘이 바알을 섬긴 것은 바알로부터 무엇을 얻어내기 위해서였습니다.

바알은 매우 그럴듯한 약속을 하였습니다. 바알은 신전 축제의 섹스 파티와 풍작을 보장하였습니다. 현대판 바알인 카사노바들도 같은 수법을 씁니다. 카사노바는 인류의 시작과 함께 나타났습니다. 에덴동산에서 하와를 유혹했던 카사노바는 사탄이었습니다. 하와는 사탄의 부드러운 말과 멋진 제안에 넘어갔습니다. 사탄의 말은 하와를 위한 제안처럼 들렸고 하와의 장래를 보장해 주는 듯하였습니다. 하와는 하나님의 경고를 무시하고 선악과를 따먹고 말았습니다. 하와는 자신의 카사노바를 따라갔고 하나님을 잊어버렸습니다. 이스라엘도 같은 실수를 범하였습니다 (2:13).

둘째, 하나님이 주시는 것을 우상이 주는 것으로 믿은 것입니다.

이스라엘은 바알로부터 덕을 본다고 믿었습니다. 여러 가지 좋은 선물을 받았기 때문입니다. 그럼 왜 하나님께서는 그들의 길을 가시와 담으로 막으십니까? 하나님께서 만약 그런 것들을 먼저 제공했다면 이스라엘이 처음부터 바알 신에게 가지 않았을 것이 아니겠습니까? (8절). 왜 하나님은 이런 필요하고 좋은 것들을 주시지 않으면서 백성만 나무라십니까? 떡과 물과 양털과 삼과 기름과 술은 살기 위한 필수품이 아닙니까? 일용할 양식들을 구했는데 무엇이 잘못이란 말일까요?

그 이유는 간단합니다. "곡식과 새 포도주와 기름은 내가 그에게 준 것"(2:8)이라고 했습니다. 여호와 하나님께서 모든 양식을 공급하시는데 이스라엘은 바알 덕분에 받는 것이라고 믿었습니다. 그들이 바알에게 바친 은과 금도 하나님이 주신 것입니다. 이스라엘의 문제가 무엇입니까? 한 마디로 고의적인 무지입니다.

이스라엘은 여호와가 창조주며 세상 만물의 주인이라는 것을 조상 적부터 들었습니다. 그런데도 이들은 여호와께서 생필품을 비롯하여 금은까지 공급하셨다는 사실을 인정하지 않았습니다. 이들은 주변의 이방 나라들이 섬기는 종교 사상에 물들었습니다. 이방 신들마다 자기 지역에서 장기 자랑을 하였습니다. 그래서 병이 나면 치유의 신에게 가야 하고, 바다에서 고기를 잡으려면 바다 신에게 가야 했습니다. 또 농사가 잘되기를 원하면 바알에게 가야 한다는 식이었습니다. 그러나 원래 하나님께서 이스라엘과 언약을 맺으실 때 다산의 풍작도 약속하셨습니다(신 7:13; 11:13-15; 26:1-110). 여호와 하나님은 모든 생산을 관장하는 분입니다. 그러나 이스라엘 백성은 이러한 가르침을 잊었습니다. 이들은 바알 신을 농경 신으로 믿었기에 풍작을 바알 덕분으로 여겼습니다. 이들은 여호와 하나님을 크게 오해하였습니다. 하나님은 출애굽 때와 가나안 정복 때는 능력이 있었지만 일단 가나안에 정착한 후로는 능력이 없는 분으로 보였습니다. 가나안 땅의 농사는 바알 신이 옛날부터 터를 잡고 통제한다고 믿었습니다.

왜 이런 오해가 일어날까요? 세상 사람들은 하나님을 아주 많이 오해합니다. 그릇된 신관은 신자들의 고질적인 문제이기도 합니다. 이스라엘은 조상 때부터 여호와 하나님을 경배한 민족이었지만, 가나안에 들어와 살면서 바알 신의 문화에 깊이 젖었습니다. 재래 종교와 세속 사상은 어둠의 세력입니다. 썩은 것에 닿으면 신선한 것도 썩습니다. 그래서 하나님은 이스라엘 백성이 가나안에 들어가기 전부터 모세를 통하여 가나안의 우상 신을 따르지 말고 그들의 부패한 문화를 닮지 말라고 경고하셨습니다(신 6:10-15; 7:1-4).

그리스도인들에게도 동일한 경고가 내렸습니다. 요한일서 마지막 절에서 "자녀들아 너희 자신을 지켜 우상에게서 멀리하라"(요일 5:21)고 하였고 바울도 로마서에서 "너희는 이 세대를 본받지 말라"(롬 12:2)고 했습니다. 세상을 사랑하지 말라(요일 2:15)는 것이 신구약의 일관된 명령입니다.

세상을 따르는 것은 근본적으로 두 가지 원인에서 나옵니다. 하나는 하나님에 대한 무지입니다. 다른 하나는 자신의 욕심에 끌리는 것입니다. 교회를 다녀도 성경을 잘 배우지 않으면 하나님을 자기 생각대로 이해합니다. 자기 생각이란 결국 인간적인 사상과 감정에 근거한 것입니다. 하나님에 대한 지식이 천박하면 세속적 가치관에 대한 분별력이 생기지 않습니다. 그래서 세속 사상과 행습을 그대로 따라가면서도 별다른 문제를 느끼지 않습니다. 결국 진정으로 '나를 사랑하는 자'가 누구인지를 잘못 볼 수밖에 없습니다. 또한 하나님을 알아도 자기 욕심에 끌려 세상의 유혹에 넘어갑니다. 그래서 하나님이 아닌 것들을 사랑의 대상으로 삼고 좋아합니다. 하나님에 대한 무지와 자기 욕심에서 벗어나는 것이 성숙의 길입니다.

셋째, 하나님의 선물들을 오용한 것입니다.

이스라엘은 번영을 상징하는 은과 금을 우상 제조에 사용하였습니다. 은과 금은 하나님께서 양식 위에 더 얹어서 주신 호의의 선물인데 바알에게 바쳤습니다. 하나님으로부터 등을 돌리면 하나님께서 주시는 선물들이 오용됩니다. 에스겔 선지자도 하나님의 백성이 어떻게 하나님의 선물을 악용했는지를 증언합니다.

"네가 네 의복을 가지고 너를 위하여 각색으로 산당을 꾸미고 거기에서 행음하였나니 이런 일은 전무후무하니라 네가 또 내가 준 금, 은 장식품으로 너를 위하여 남자 우

상을 만들어 행음하며 또 네 수 놓은 옷을 그 우상에게 입
히고 나의 기름과 향을 그 앞에 베풀며 또 내가 네게 주어
먹게 한 내 음식물 곧 고운 밀가루와 기름과 꿀을 네가 그
앞에 베풀어 향기를 삼았나니 과연 그렇게 하였느니라 주
여호와의 말씀이니라"(겔 16:16-19).

하나님으로부터 받은 물질의 복은 불경한 삶을 위한 소비품
으로 오용되기 쉽습니다. 바알을 쫓으면 처음에야 신나고 살맛
이 납니다. 그래서 바알에게 자꾸 갖다 바칩니다. 바알과의 사랑
을 위해서 은도 주고 금도 줍니다. 세상 따라가기 위해서 나의 귀
한 것들을 투자합니다. 그런 것은 아깝지 않습니다. 그런데 나의
은금이 원래 어디서 난 것인지를 잊습니다. 그것들은 내가 평소
에 잘 섬기지 않고 무시하는 여호와 하나님께서 주신 선물입니다
(8절).

나는 바알 숭배자가 아니라고 생각할지 모릅니다. 그러나 내
몸과 내 시간과 내 마음과 내 물질을 어디에다 쓰면서 사는지 때
때로 반성해 보아야 합니다. 받은 자에게는 청지기의 책임이 있
습니다. 신자들이 물질과 은사와 시간을 하나님의 뜻대로 바르
게 사용하지 않으면서 자기는 바알 숭배자가 아니라고 생각한다
면 착각입니다. 나는 내가 좋아하는 여러 형태의 바알 앞에서는
은도 주고 금도 내놓으며 온갖 희생을 하면서도 하나님을 기쁘게
해 드리는 일에는 인색하거나 관심이 없지 않습니까?

우리는 하나님에게 많은 것을 요청합니다. 직장을 주세요. 배
우자를 주세요. 자식들 잘 되게 해 주세요. 돈 잘 벌게 해 주세요.

병낫게 해 주세요. 아파트를 주세요 등등 무수히 많은 부탁을 올립니다. 그런데 받으면 어떻게 해야 합니까? 잠시 반짝 감사하고 끝나면 될까요? 청지기의 책임을 지속적으로 잘 감당해야 합니다. 그렇지 못할 때 하나님께서 주신 온갖 좋은 선물들은 우리의 손에서 바알의 제단으로 넘어갑니다.

바알로부터의 해방

누가 우리를 바알의 속임수에서 구할 수 있겠습니까? 해결 방법이 무엇일까요? 그것은 하나님께서 사용하시는 회복의 도구들입니다. 하나님은 가시와 담으로 죽음의 길을 따르는 백성의 길을 막습니다. 그래서 마침내 배도와 탈선의 길에서 "그 때의 내 형편이 지금보다 나았음이라"는 고백이 나오도록 인도하십니다. 그런데 이런 고백을 한다고 해서 금방 마음을 잡고 발길을 돌이킬까요? 자신의 처지를 바르게 깨닫고 이를 인정하는 것과 실제로 회개하고 발길을 하나님께로 돌이키는 것은 별개의 행위일 수 있습니다. 많은 사람이 자신이 현재 가고 있는 길이 옳지 않다는 것을 압니다. 그리고 바로잡아야 한다고 생각합니다. 그런데 돌아서야지 하면서도 세월만 흘려보냅니다. 진정으로 돌아갈 마음이 없고 용기도 나지 않고 결단을 할 의지가 없습니다. 바알에게 중독되면 마약처럼 빠져나오기가 매우 어렵습니다.

그래서 하나님께서 오래 참으시다가 강력한 최후의 처방을 내리십니다. 그것이 가시와 담입니다. 이것은 적당히 넘어갈 수 없습니다.

다산의 주인은 누구입니까? (2:8-9).

8절에서 "그가 알지 못하도다"라고 했습니다. 무엇을 모른다는 것입니까? 곡식과 새 포도주와 기름이 바알의 선물이 아니고, 여호와 하나님의 선물이라는 것을 모른다는 말입니다. 이스라엘 백성이 바알에게 바친 은금도 모두 여호와 하나님께서 주신 것입니다. 이런 것이 좋아서 바알을 섬겼다면 당연히 여호와 하나님을 섬겨야 했을 것입니다. 이스라엘이 좋아했던 온갖 물품들은 원래부터 여호와 하나님의 것이었기 때문입니다.

하나님께서는 이 문제를 확실히 밝히기를 원하셨습니다. 그래서 농경의 축복이 누구에게서 오는 것인지를 알려 주려고 실과가 익기 전에 미리 거두어 버렸습니다. 그 결과 먹을 양식과 입을 옷이 없게 되고 바알이 준 것으로 알았던 과수원들도 황무하게 될 것이었습니다. 하나님은 젖과 꿀이 흐르는 땅을 황폐한 땅이 되게 하십니다. 거짓 신들의 장기라고 주장하는 것들을 모두 뒤엎으십니다. 바알은 다산을 공급한다고 하였지만, 하나님은 가뭄과 흉년을 일으키셨습니다. 바알은 이스라엘의 땅이 황무지가 되어도 속수무책이었습니다(레 26:14-21).

망국의 수치를 당합니다(2:10, 13).

하나님께서는 애굽에서 노예살이를 하던 이스라엘 백성을 크신 능력으로 구원하시고 그들을 시내 산으로 인도하신 후 이상적인 국가의 기틀을 마련해 주셨습니다. 하나님께서는 그들에게 여호와 경배와 시민 생활에 대한 율법을 주시고 가나안 복지에서 정착하게 하셨습니다(참조. 암 2:9-11). 이들은 가나안에서 복을 받았고 한때는 열국이 흠모하는 나라로 명성을 떨쳤습니다. 솔로몬 왕 때는 시바의 여왕이 장거리 여행을 해서라도 직접 가 보기를 원할 만큼 이스라엘은 국제적인 평판이 자자했던 나라였습니다(왕상 10:7-9). 그러나 이들은 우상 숭배로 인해 하나님의 진노를 받고 이방 나라의 침략으로 멸망할 것이었습니다.

하나님께서 이스라엘을 가시와 담으로 막으신 것은 더는 이스라엘이 우상 숭배의 길을 가지 못하도록 철저하게 조치하신 것이었습니다. 이제 가시와 담이 어떤 것인지가 드러납니다.

첫째, 하나님께서는 이스라엘의 우상 숭배 죄를 벌하시는 방법으로 다산 신인 바알로부터 아무런 수확을 얻지 못하게 하셨습니다.

둘째, 앗수르의 이방 신들을 섬기는 백성을 벌하기 위해서 아예 앗수르로 잡혀가서 자기들이 좋아하는 신을 실컷 섬기게 하였습니다. 그들은 벌거벗긴 채 수치를 당하며 끌려갈 것이었습니다. 부정한 아내인 고멜이 정부(情夫)들 앞에서 옷 벗김을 당하고 사람들이 보는 앞에서 수치를 당하여도 그녀의 정부들은 어찌할 방책이 없었습니다. 이처럼 이스라엘도 수치를 당할 때 바알 신은 아무 도움을 주지 못할 것이었습니다.

우상 종교도 무너집니다(2:11).

이스라엘은 매우 종교적인 나라였습니다. 국민 생활이 종교 축제를 축으로 삼았습니다. 그러나 그들의 종교는 우상 종교와 혼합되었고 백성의 삶은 모세법을 무시하는 불경한 생활이었습니다. 안식일을 비롯한 여러 절기는 하나님께서 이스라엘에 주신 은혜의 통로였습니다. 그러나 수확이 없으면 절기는 즐거운 행사가 되지 못할 것이었습니다. 더구나 앗수르로 잡혀가면 이스라엘의 종교 축제는 지킬 수 없을 것입니다. 앗수르가 공격하면 다산 의식으로 가득한 그들의 부패한 종교는 무익할 것이었습니다. 앗수르가 침략하면 가나안의 바알 신이 백성에게 먹을 것을 대어줄 수 없습니다. 바알은 속임수로 풍작을 약속했기 때문입니다.

자연환경도 수난을 당합니다(2:12).

"그가 전에 이르기를 이것은 나를 사랑하는 자들이 내게
준 값이라 하던 그 포도나무와 무화과나무를 거칠게 하여
수풀이 되게 하며 들짐승들에게 먹게 하리라"(2:12).

생태계나 환경 문제는 현대 사회의 중요한 이슈입니다. 그런데 성경에서는 창조 때부터 인간의 자연환경에 대한 언급이 나옵니다. 하나님께서는 온갖 동식물이 있는 아름다운 에덴동산에서 인간들이 살게 하셨습니다. 그리고 그들에게 자연을 보살피는 일을 맡겼습니다. 인간은 처음부터 자연계의 청지기 직분을 받았습

니다. 유감스럽게도 인간은 죄로 인해서 탐욕과 이기심으로 자연을 오용하고 훼파해 왔습니다.

인간은 흙에서 나서 흙으로 돌아가는 존재입니다. 인간과 자연은 공존하면서 서로 영향을 주고받습니다. 그래서 인간이 타락하자 자연계에 즉각적인 영향이 왔습니다. 성경은 땅이 인간의 죄로 말미암아 저주를 받았다고 말합니다(창 3:17). 하나님에 대한 불순종은 가시덤불과 엉겅퀴를 내었고 인간은 얼굴에 땀을 흘려야 먹을 것을 구할 수 있게 되었습니다(창 3:17-19). 이스라엘 백성이 우상 숭배에 빠져 하나님을 잊었을 때, 포도나무와 무화과나무가 거친 숲과 잡초밭으로 변하였고 들짐승의 거처가 되었습니다.

현대 사회의 생태계 타격은 극심합니다. 다우림(rain forest)의 급격한 감소, 멸종 위기의 동식물, 공해로 인한 오존층의 파괴, 북극 빙산의 신속한 해빙 등은 대부분 인간의 탐욕이 가져온 결과입니다. 야생 동물을 몸에 좋다고 닥치는 대로 잡아먹는다든지 산업 폐기물을 아무 데나 버려 땅과 바다를 오염시킨다든지 하는 헤아릴 수 없이 많은 인간의 죄악은 생태계에 무서운 재앙이 되고 있습니다. 이대로 간다면 이 세상이 얼마 가지 못한다고 세계 환경 전문가들이 이구동성으로 경고합니다.

우리가 받아야 할 교훈은 무엇입니까?

믿음 생활에 가시와 담이 있으면 하나님의 길로 돌아오라는 부름으로 여겨야 합니다. 고통스러운 체험을 한 후에 비로소 "그

때의 내 형편이 나았음이라"(2:7)고 말할 필요가 없습니다. 이스라엘은 돌아오라는 여호와의 거듭된 경고에도 불구하고 자기 길을 고집하다가 큰 징계를 당하였습니다. 여호와는 부득불 그들을 완전히 망하게 하시고 나라를 없애버렸습니다. 이스라엘 백성은 앗수르로 잡혀가서 귀국하지 못하고 이방 신의 나라에서 죄 많은 삶을 마감하였습니다(왕하 17:14, 18).

호세아는 고멜에게 매춘행위를 버리고 귀가하라고 종용하였습니다. 그렇지 않으면 처벌을 받는다고 경고했습니다(2:3-4). 이스라엘은 하나님을 신령한 남편으로 존중하지 않았습니다. 혼합종교는 하나님의 심판을 받습니다. 순수하지 못한 교회나 개별 신자도 돌아오라는 하나님의 경고를 거듭 물리치면 징계를 받습니다. 구태여 이스라엘처럼 수치스럽고 고통스러운 포로살이를 할 필요가 없습니다. 지금이라도 늦지 않았습니다. 주께로 돌아가면 너그러우신 하나님의 용서를 받고 새 삶을 살 수 있습니다. 우리나라 교회는 순수한 기독교의 특성이 퇴색되고 혼합종교의 색채가 날로 두드러지고 있습니다. 그러나 속히 회개한다면 자비하신 주께서 우리 모두에게 살길을 여실 것입니다.

하나님께서는 그릇된 길은 가시와 담으로 막아서 일이 좋게 끝나지 않고 재앙을 맞게 하십니다. 바알 종교를 따르던 이스라엘은 국가적인 재앙을 당하였습니다. 출애굽을 하고 가나안 복지로 들어갔던 이스라엘이 타국으로 모두 붙잡혀가는 망국의 수치로 끝났습니다. 출발은 잘하였지만, 끝이 안 좋은 나라가 되고 말았습니다. 출애굽과 시내 산의 언약과 가나안 정복이라는 화려하고 자랑스러운 선조들의 역사에 비교하면 매우 허망한 결과를 초래하였습니다.

나중에 회복을 받으면 된다고 낙관하지 말아야 합니다. 지금은 바알이랑 재미를 좀 보다가 나중에 주께로 돌아가서 신실하게 살면 된다고 생각하지 마십시오. 젊었을 때는 자유롭게 살고 나이가 좀 들면 교회에 열심히 다니고 성경도 많이 보겠다고 생각하지 마십시오. 뿌린 것은 거두게 됩니다. "사람이 무엇으로 심든지 그대로 거두리라"(갈 6:7)고 하였습니다. 젊었을 때 잘못 뿌리면 반드시 거둘 날이 옵니다. 그릇된 사상에 뿌리거나 그릇된 마음가짐에 뿌리거나 못된 성격에 뿌리거나 교만이나 악습에 뿌리면 모두 어김없이 거둡니다.

"자기의 육체를 위하여 심는 자는 육체로부터 썩어질 것을 거두고 성령을 위하여 심는 자는 성령으로부터 영생을 거두리라."(갈 6:8).

물론 회개하면, 하나님의 용서를 받고 회복되어 새 삶을 살 수 있습니다. 그러나 엄밀한 의미에서 모든 것이 다 그대로 회복되는 것은 아닙니다. 하나님은 자비하셔서 우리가 잃은 것들을 다시 회복시킬 기회를 주시기도 합니다. 그러나 과거에 하나님을 제대로 따르지 않았을 때 잃었던 것들은 그대로 돌려받지 못합니다. 우리는 시간 선상에 사는 존재들입니다. 우리의 시간은 직선입니다. 출발이 있고 끝이 있습니다. 한 번 지나간 곳은 다시 들릴 수 없습니다. 내가 한 번 지나간 삶의 시간은 일분, 일초도 반복되지 않습니다. 시간은 타버린 재와 같습니다. 잃어버린 시간은 다시 점화시킬 수 없습니다.

하나님께서 인간의 수명을 제한하셨다는 것은 심각한 경종입니다. 바울은 세월을 아끼라고 했습니다(엡 5:15). 이 말은 세상 사람들이 격언처럼 말하는 '시간은 돈이다'라는 뜻이 아닙니다. 신자들이 세월을 아껴야 하는 까닭은 때가 악하기 때문입니다(엡 5:16). 호세아 본문에 맞추어 보면, 세상이 바알을 섬긴다는 말입니다. 세상은 21세기만 악한 것이 아니고 항상 악했습니다. 인간들이 항상 바알을 섬겼기 때문입니다. 세월을 바알 숭배에 쓰면 안 된다는 의미에서 세월을 아끼라고 한 것입니다. 에베소서 5장 15절부터 18절까지 읽어 보십시오. 방탕하지 말고 주의 뜻을 따라 성령 생활을 하라고 했습니다. 지금이 그렇게 하고 살아야 할 때입니다. 바알이 하나님의 자녀들을 잡아당깁니다. 바알이 가자고 하는 곳은 앗수르의 포로수용소입니다. 그곳에 잡혀 있는 세월은 악한 세월이며 허송세월이며 허무한 나날입니다.

한 번 잃어버리면 다시 찾지 못하는 것들이 있습니다. 고멜은 호세아를 멀리하고 진리를 떠났습니다. 마찬가지로 이스라엘은 하나님의 선의를 밀어냄으로써 하나님의 축복을 잃었습니다. 바알을 따라다니는 동안 영원히 잃어버리는 복들이 많습니다. 우선, 하나님의 사랑을 느끼지 못합니다. 내 마음이 바알에게 빠져 있으면 하나님께서 나를 얼마나 사랑하시는지 전혀 느껴지지 않습니다. 바알에게 마음을 주고 있는 한, 나는 하나님의 임재를 체험하지 못합니다. 하나님께서 나와 동행하신다는 것을 느끼지 못하면, 하나님과의 친밀한 교제에서 오는 위로나 안정감이 없습니다. 바알에게 몸과 마음이 팔리면, 마음이 들뜨고 성령의 음성을 차분히 들을 수 없습니다. 바알이 나의 임으로 둔갑하고 있는 한, 나는 하나님의 능력을 알 수 없습니다. 하나님께서 성령을 통하여 나의 품성을 연마시키고 고난 속에서 주를 섬기게 하는 능력은 바알을 품고서는 체험할 수 없습니다.

고멜은 음행의 길로 치닫는 동안 호세아의 애정을 체험하지 못하였습니다. 이것이 뿌린 대로 거둔 것입니다. 이렇게 상실된 것들은 나중에 회복이 되어도 바알에게 미쳐서 하나님의 참사랑을 저버렸던 일들을 기억하고 고통을 받습니다. 그리스도께 속한 신자라면 명백한 주의 명령을 어기고 죄에 빠진 때가 있었음을 인정할 것입니다. 하나님께서는 너무도 자비하셔서 회개하며 눈물을 뿌리면서 돌아오는 자녀들을 사랑의 품으로 보듬어 주십니다. 주님은 죄로 더럽혀진 과거를 말끔히 씻으시고 재론하시지 않습니다. 그래도 우리는 때때로 과거의 죄가 떠올라서 고통을 받습니다.

> "그러므로 땅에 있는 지체를 죽이라 곧 음란과 부정과 사욕과 악한 정욕과 탐심이니 탐심은 우상숭배니라"(골 3:5).

우상숭배를 탐심이라고 정의하였습니다. 음란을 탐하고 부정을 탐하고 사욕을 탐하고 악한 정욕을 탐하고 향락을 탐하고 분을 탐하고 비방을 탐하는 것들이 모두 우상 숭배입니다. 나의 삶 속에 이런 것들이 있습니까? 있으면 나는 우상 숭배자입니다. 이 것들을 내가 죽여야 한다고 했습니다. 본 절에 '그러므로'라고 했 는데 그 윗 절들을 보면 그 이유를 알 수 있습니다(골 3:1-4).

첫째, 그리스도와 함께 다시 살리심을 받았기 때문입니다. 죄 로 인해서 영적으로 완전히 죽었던 우리가 그리스도의 부활로 다 시 살아나서 간 곳이 어디입니까? 주님이 승천하신 곳입니다. 승 천하신 곳이 어디입니까? 그리스도께서 하나님 우편에 앉아 계 신 곳입니다(골 3:1; 엡 2:6). 신분적으로 보면, 하나님 우편 보좌에 그리스도와 함께 앉아 있습니다. 그리스도를 믿어 하나님의 자녀 가 되면 즉시 예수 그리스도와 연합됩니다. 그래서 주님 안으로 들어가 주님 계신 영광의 자리에 좌정하고 있습니다. 그곳은 하 늘입니다. 하늘에 있는 자로 신분이 바뀌었으므로 위의 것을 생 각해야 한다는 것입니다. 땅의 것, 곧 바알에 속한 것들을 따르지 말아야 한다는 말입니다. 우리는 바알의 손짓을 볼 때마다 자신 에게 이러한 신령한 하늘의 신분을 주지시켜야 합니다.

둘째, 바알을 퇴치할 능력이 있기 때문입니다. 우리에게 바알 숭배를 하지 않을 자원이 있습니까? 골로새서 3:3-4절의 말씀이 무엇입니까? 그리스도가 우리의 생명이라고 했습니다. 그리스도 와 믿음으로 연합된 자에게는 그리스도의 생명이 들어갑니다. 이 생명을 우리가 받았습니다. 그래서 이 생명으로 살면, 바알을 넉 넉히 물리칠 수 있습니다. 고멜은 자기 남편인 호세아의 힘으로 살아야 했습니다. 이스라엘은 여호와 하나님이 주시는 생명의 힘으로 살아야 했습니다. 우리도 그리스도의 부활 생명으로 살아야 합니다. 그러면, 우리의 대적인 바알을 넉넉히 이길 수 있습니다.

셋째, 우리가 바알 숭배에서 벗어날 수 있는 동기부여가 있기 때문입니다. "우리 생명이신 그리스도께서 나타나실 그 때에 너희도 그와 함께 영광 중에 나타나리라"(골 3:4)고 했습니다. 온 세상이 우리의 미래를 찬탄하고 부러워할 것입니다. 주님의 재림 때 우리도 주님의 영광을 입게 된다고 했습니다. 우리가 그렇게 될 존재들이라면, 어찌 바알을 품고 살 수 있겠습니까? 우리가 새 생명이신 주님을 의지하고 그 생명으로 살며 주의 영광스러운 재림에 함께 할 우리의 빛나는 미래를 생각한다면, 바알이 우리와 무슨 상관이 있단 말입니까?

성경은 죄인들의 문제를 지적합니다. 그러나 동시에 해결책도 제시합니다. 우리가 우상을 퇴치하려면 성경의 해결 제안을 받아들여야 합니다. 그것은 곧 복음의 핵심을 숙지하는 것입니다. 우리는 하늘 신분을 가진 자들입니다. 그리스도의 속죄 피를 믿고 정결케 되어 의인이라는 선언을 받았습니다. 그래서 하늘에 속한 자들이 되었습니다. 우상은 우리의 이 같은 새로운 신분에 비추어 볼 때, 우리와 공존할 수 없는 존재입니다.

위의 것을 생각하라는 말씀은 그리스도 안에서 받아 누리는 영광스러운 신분과 특권들을 생각해 보라는 뜻입니다. 우리는 그리스도를 믿을 때 받는 영생의 능력이 우리 속에 있다는 사실을 잊지 말아야 합니다. 그리고 주의 재림 때 참여하게 될 영광의 미래가 어떤 것인지를 생각해 보면서 악한 바알을 물리쳐야 합니다. 이것은 달리 말하면, 우리의 대속주이시며 대제사장이신 예수님을 생각하는 것입니다. 그런데 그냥 건성으로 생각하는 것이 아닙니다. "예수를 깊이 생각하라"(히 3:1)고 했습니다. 날마다 주님이 어떤 분이시며 나를 위해 무슨 일을 행하셨는지를 '깊이' 생각하는 것이 우상을 멀리하고 주님과 가까이 사는 비결입니다(요일 5:20-21).

　고멜과 이스라엘의 문제는 현대 교회와 우리 자신들에게도 해당됩니다. 고멜이 자신의 남편을 두고 음행했듯이, 이스라엘도 하나님 대신 우상들과 놀아났습니다. 그들은 불륜의 관계를 맺으면서 즐거워했습니다. 그러나 죄의 결과는 항상 불행을 초래합니다. 참 하나님의 사랑을 믿지 못하고 거짓된 사랑으로 자신의 욕구를 채우려고 하면 피해를 자초합니다. 이스라엘이 참사랑의 하나님을 외면하고 불의한 길을 택했을 때 받은 대가는 우리에게 큰 경종이 되어야 합니다. 교회가 탈선하고 신자가 배도의 길을 걸으면 반드시 쓴 열매를 수확합니다. 호세아 시대에 이스라엘은 하나님의 심판을 받아 이방 나라에 포로로 잡혀갔습니다. 나라는 망하였고 그들이 섬겼던 우상 신들은 그들을 이용만 하고 버렸습니다. 이스라엘은 이방 나라에서 자신의 존재가치를 부인당하고 혹독한 세월을 보냈습니다. 값이 붙어 있지 않은 죄는 없습니다. 죄가 고통을 가져오는 까닭은 죄값을 청구하기 때문입니다. 외상으로 죄를 지을 수 없습니다. 죄는 반드시 외상값을 받아냅니다.

내게 갚을 능력이 없으면 목숨이라도 내놓아야 합니다. 사실 궁극적으로 죄의 값은 사망입니다(롬 6:23).

이스라엘은 우상을 쫓다가 많은 것을 잃었습니다. 우리가 주 예수의 십자가 은혜를 배신하고 세속의 임을 쫓을 때 어떤 일이 초래되는지 반성해 보아야 합니다. 오늘날 우리가 보고 있는 교회의 죄악들은 참 하나님을 의도적으로 무시하고 명백한 성경 말씀을 역행하기 때문에 생긴 것입니다. 목회자들이나 일반 신자들의 숨은 죄악들은 하나님이 밝히시는 대로 세상에 알려지고 있습니다. 그들의 죗값은 오래 치르게 될 것입니다. 교회가 타락했을 때 오는 직접적인 결과는 교회에 대한 사회의 불신이며 복음에 대한 거부 반응입니다. 그 책임은 교회 지도자들과 우상 숭배에 빠진 그릇된 교인들에게 있습니다. 교회의 타락을 부인할 수 없다면, 교회는 하나님 앞에서 가슴을 찢는 회개를 해야 합니다. 회개하는 것은 하나님의 용서가 있음을 믿기 때문입니다. 하나님은 용서에 후하십니다. 회개하면 모든 죄가 용서되고 새출발의 길이 열립니다. 이스라엘은 회개하지 않았기 때문에 망하였고 이방 나라에 잡혀갔습니다. 그러나 하나님께서는 호세아 선지자를 통해 그들의 참 구주가 되시는 그리스도의 오심을 약속하시고 새로운 언약 백성이 될 수 있는 길을 보이셨습니다.

이제 우리는 과거의 이스라엘 백성이 저질렀던 우상 숭배의 죄에서 돌이키고 다시 빠져들어가지 않도록 교훈을 받았습니다. 우리 각자가 하나님 앞에서 반성하며 새롭게 주님을 섬기는 계기가 되어야 하겠습니다.

9장

돌아오는 사랑

호세아 2:14-17

지금까지의 준엄했던 메시지에 비교하면 본문은 부드럽고 정 겨운 어조로 시작됩니다. 무서운 형벌의 판결문이 읽혀진 후에 이스라엘이 하나님으로부터 큰 축복을 받을 때를 내다보는 내용 이기에 분위기가 사뭇 밝습니다.

2장에서 '그러므로'라는 말이 지금까지 두 번 사용되었습니다. 2장 6절과 9절을 보십시오. 두 번 다 징계와 관련된 것입니다. 이 제 세 번째 '그러므로'가 14절에서 나옵니다. 그다음에 '보라'는 말이 붙어 있습니다. 이것은 중요한 시점에서 붙이는 말입니다(참 조. 고전 15:5; 고후 6:2; 7:11; 12:4; 갈 5:2). 놓치지 말고 잘 들으라는 뜻입니다. 이것은 형벌의 메시지에 따르는 축복의 선언이 있다는 암시입니다. 즉, '화가 복이' 되는 시점입니다.

그럼 왜 이렇게 달라지는 것일까요? 여호와께서 탈선한 아내 인 이스라엘에게 새 출발을 위해 새로운 호소를 하기로 결심하셨기 때문이다. 이것은 일방적인 것이 아닙니다. 사랑이란 억지로 끌어당긴다고 되지 않습니다. 사랑에는 강제성이 없어야 합니다. 강제성이 있으면 성폭력이 됩니다. 하나님께서는 이스라엘이 회개하며 돌아올 마음이 있을 때까지 기다리셨습니다. 7절에서 이스라엘이 무엇이라고 말했습니까?

"그제야 그가 이르기를 내가 본 남편에게로 돌아가리니
그 때의 내 형편이 지금보다 나았음이라 하리라"(2:7).

고멜은 자신의 현재의 형편이 얼마나 비참한 것인지를 깨달았습니다. 그녀는 본 남편과 살 때가 그래도 지금보다 훨씬 나았다고 고백하였습니다. 고멜은 바알에게 당해본 후에야 이방 신의 정체를 알았습니다. 그리고 본 남편에게로 돌아가겠다고 결심했습니다. 그런데 고멜이 이 말을 누구에게 한 것입니까? 자기 자신에게 한 말입니다. 그런데 누가 들었습니까? 하나님께서 들으셨습니다. 우리가 진심으로 돌이켜 주께로 돌아가려고 마음을 먹으면 하나님께서 즉시 응답하십니다. 참사랑은 임의 움직임에 민감합니다. 내가 주께로 돌아서는 첫 발걸음 소리를 세상은 듣지 못해도 하나님께서는 민감하게 들으십니다. 귀향을 위해 일어서는 임의 작은 몸짓에도 참사랑의 가슴은 벅차오릅니다. 하나님께서는 이스라엘의 회심을 제일 먼저 알아보셨습니다. 그래서 "그러므로 보라!"(2:14)고 크게 외쳤습니다. 사실상 하나님께서는 이스라엘이 바알을 쫓아가는 길을 가시와 담으로 막으셨으므로 그들이 주께로 돌아올 날을 기대하셨습니다.

하나님의 사랑은 맹목적인 것도 아니고 감상적인 것도 아닙니다. 하나님의 사랑은 언약적입니다. 언약의 사랑은 원칙을 지키고 약속을 이행합니다. 하나님께서는 이스라엘과 언약을 세우실 때 한 가지 분명하게 경고하신 말씀이 있었습니다. 그것은 이스라엘이 여호와를 버리고 다른 신을 섬기면 복을 받지 못하고 망한다는 것이었습니다(신 4:23-28; 29:18-28; 30:17-18). 그런데 하나님의 언약은 여기서 끝나지 않습니다. 이스라엘이 다른 신을 섬기다가 저주를 받고 다른 나라로 쫓겨나도 그들에게 희망이 있음을 알리셨습니다. 즉, 그들이 하나님께로 마음을 돌이키면 세상 어디에서도 다시 불러 주시고 다시 반기시며 복을 내리신다는 것이었습니다(신 3:29-31; 30:9-10). 하나님께서는 이 약속을 지키셨습니다. 어떻게 지키셨을까요?

새로운 구애의 약속 (2:14-15).

하나님께서는 이스라엘을 타일러 거친 들로 데리고 가신다고 했습니다(2:14). 여기서 '거친 들'은 징계의 장소가 아닙니다. '거친 들'을 포로 시기의 징계로 보고 본문을 해석하는 경우가 있으나 이것은 문맥에 맞지 않습니다. 이스라엘은 앗수르로 잡혀갔습니다. 그러나 이스라엘이 이제 자신의 잘못을 깨닫고 본 남편에게로 돌아오려고 하므로 더 이상 징계를 받을 필요가 없습니다. 이스라엘의 회심은 하나의 희망 사항이 아니고 하나님께서 앞으로 될 일을 내다보시고 주신 예언이었습니다(2:7). 본 항목에서 하나님께서 이스라엘에 다시 구애하시는 것은 그들이 돌아올 때가 되었기 때문입니다. 만약 징계하기 위해 거친 들로 데리고 간다면 구태여 타이르거나 설득할 필요가 없을 것입니다.

14절의 "타일러"라는 말은 강하게 이끈다는 뜻입니다. 그래서 나쁜 의미로 '꾀어서'라고 번역하기도 합니다(참조. 출 22:16. 새번역, 한글 킹제임스). "위로하고"라는 말도 주로 구애에 사용되는 부드러운 표현입니다(참조. 창 34:3; 삿 19:3). "거친 들"은 광야의 이미지를 담은 말로서 출애굽과 관련된 역사적인 사건의 회상입니다. 예레미야는 이스라엘의 초기 광야 시대에 대한 하나님의 추억을 이렇게 되돌아보았습니다.

> "내가 너를 위하여 네 청년 때의 인애와 네 신혼 때의 사랑을 기억하노니 곧 씨 뿌리지 못하는 땅, 그 광야에서 나를 따랐음이니라"(렘 2:2).

우리는 이스라엘의 광야 40년을 온통 불순종과 패역의 시기로 줄잡아 간주해 버립니다. 물론 금 송아지 사건도 있었고(출 32:1-6) 이스라엘 백성이 여러 번 하나님을 시험하고 근심케 하였습니다(시 95:8, 10). 그러나 이스라엘의 초기 광야 시대는 예레미야가 증언하듯이 대체로 순종의 시대였습니다. 이스라엘이 100% 순결했다기보다는 나라 전체가 출애굽의 여호와 하나님을 따라 믿음의 응답을 한 시대였습니다. 적어도 당시의 이스라엘 백성에게는 여호와 하나님과 라이벌이 되는 우상 신이 없었습니다.

호세아서 2장 15절에서 "그가 거기서 응대하기를 어렸을 때와

애굽 땅에서 올라오던 날과 같이 하리라"고 했습니다. 특별히 초기 광야 시대는 하나님의 가슴에 아름답고 달콤한 신혼의 추억으로 깊이 새겨져 있었습니다. 그래서 하나님은 이스라엘에게 다시 밀월의 꿈이 무르익던 광야 시대로 돌아갈 것을 약속하셨습니다. 그러기에 14절의 언어는 모두 구애와 신혼 분위기입니다. 지금까지는 하나님께서 바알을 따르는 고멜에게 가시로 담을 쌓고 수확할 것이 없게 하며 먼 나라로 잡혀가게 한다는 무서운 진노의 음성이었습니다(2:6-13).

그러나 이제는 온유한 음성으로 달래주고 위로한다고 했습니다. 이것은 애정 어린 정다운 사랑의 호소입니다. 사랑을 다시 얻으려는 로맨틱한 목소리로 임의 귀에 부드럽게 일러주는 말입니다. 이것은 징계를 위해서가 아니고 제2의 밀월을 위해서 거친 들의 낭만이 서렸던 초기 광야 시대처럼 정애와 정담의 밤을 보내기를 제안하며 약속하는 것입니다.

본 항목의 "거친 들"이 징계에 대한 것이 아님은 문장적인 패턴에서도 분명합니다. 1장 4절에서 9절까지는 하나님의 무서운 징계였습니다. 그러나 곧이어 1장 10절부터 2장 1절까지는 이스라엘의 회복에 대한 긍정적인 메시지로 전환됩니다. 이와 동일한 패턴에 따라 2장 2절에서 13절까지는 이스라엘이 받을 징계지만, 곧이어 나오는 2장 14절부터 23절까지는 회복의 약속들로 이어집니다. 즉, 본 항목이 징계의 메시지 끝에서 다시 약속으로 방향을 바꾸고(2:14-23), 근접한 미래에서 먼 미래로 옮겨지는 것은 1장에서 위협이(1:4-9) 구속의 약속으로(1:10-2:1) 전환된 패턴과 같습니다. 따라서 본 항목에서는 다시 경고나 징계가 나오는 것이 아니고 회복과 새로운 약속으로 심판의 고성(高聲)이 부드러운 사랑의 낮은 속삭임으로 바뀌고 있습니다.

또한, 본 항목이 시작되는 2장 14절부터 메시지가 끝나는 23절까지는 "그 날"(2:16, 18, 21)에 있을 이스라엘 백성의 회복에 대한 것이므로 부정적인 언급이 하나도 없습니다. 그래서 14절의 "거친 들"은 "그 날"에 대한 긍정적인 의미로 이해하는 것이 옳습니다.

포도원과 소망

하나님께서는 이스라엘이 징계를 받는 동안에 빼앗겼던 포도원을 다시 돌려주십니다. 포도원은 이스라엘 백성에게는 생존 자산이었습니다. 사랑하는 남편은 빈손으로 귀가하는 회개하는 아내에게 새 생활을 위해 필요한 것들을 공급합니다. 그런데 하나님과 이스라엘 사이는 이것으로 다 되는 것이 아니었습니다. 하나님께서는 이스라엘의 수치를 씻겨 주셔야 하고, 이스라엘은 새 마음과 새 소망을 품고 살 수 있어야 했습니다. 그럼 이스라엘이 해결해야 할 문제가 무엇입니까? 이스라엘에는 악몽 같은 과거의 한 사건이 있었습니다. 이 사건은 '아골 골짜기'라는 곳에서 일어났습니다.

이스라엘이 여리고 성을 정복할 때 아간이라는 사람이 있었습니다. 그는 여리고 성의 모든 것을 파괴해야 한다는 하나님의 명령을 어기고 우상 숭배자들의 물품을 훔쳤다가 아골 골짜기에서 처형되었습니다(수 7:24, 26). 이것은 여호와의 이름을 걸고 싸웠던 가나안 정복에 커다란 오점을 찍었습니다. 사랑하는 이들 사이에서 어떤 심각한 배신이 생기면 두 사람의 관계에 잊히지 않는 악몽의 후유증이 따라옵니다. 하나님과 이스라엘 사이에서는 아골 골짜기가 하나의 지울 수 없는 역사적인 악몽이었습니다. 아골 골짜기는 생각만 해도 창피하고 후회스러운 곳이었습니다. 아골 골짜기는 이스라엘의 실패를 대변하는 불순종과 징계의 대명사였습니다. 여리고 성을 거뜬히 정복했던 이스라엘은 작은 아이 성을 점령하려다가 아간의 죄 때문에 철저히 패배하였습니다.

어떤 일은 생각만 해도 양팔에 힘이 빠지게 합니다. 떠오르기만 해도 머리를 감싸고 숨고 싶은 일들이 있습니다. 누구에게나 한두 개의 아골 골짜기가 있을 것입니다. 아간의 불순종과 아간이 받았던 유혹의 덫에 걸리는 것은 그리 어려운 일이 아닙니다. 아간이 훔쳤던 시날 산의 외투는 항상 우리 주변에 있습니다.

아간의 범죄는 여호수아를 크게 좌절시켰습니다(7: 6; 비교. 수 1:18). 이것은 작은 일이 아닙니다. 지도자를 주저앉게 하는 것은 공동체의 운명에 적신호가 됩니다. 여호수아는 아이 성의 패배로 큰 두려움과 좌절감에 잠겼습니다. 그는 차라리 요단강을 건너지 않고 동쪽에서 만족하고 정착했으면 좋을 뻔했었다고 후회할 정도였습니다(수 7:7). 이런 패배와 침체의 원인이 무엇입니까? 아간의 악몽에서 깨어나지 못했기 때문입니다. 아간을 완전히 제거하지 않으면 하나님의 백성으로서 성공하지 못합니다. 하나님과의 정상적인 관계가 되려면 아간을 처단해야 하고 아골의 골짜기에 대한 악몽에서 벗어나야 합니다.

우리 모두에게 실패의 경험이 있습니다. 아간의 시날 산 외투처럼 각자 무엇인가 붙잡고 놓지 않으려는 것이 있습니다. 고멜처럼 바알을 붙잡고 있으면 소망이 없습니다. 그러나 배신의 걸음을 돌이키면 아골 골짜기가 새로운 출발을 위한 소망의 문이 됩니다.

하나님께서는 이 모든 것을 역전시킬 것이라고 약속하셨습니다. 이스라엘의 한심한 배역에도 불구하고 포기하지 않는 줄기찬 사랑의 능력으로 그들의 발걸음을 돌이키도록 하나님께서 역사하실 것이었습니다. 하나님께서는 이스라엘이 하나님의 징계를 받은 후에 참사랑의 진실을 깨닫고 주께로 돌아서는 것을 출애굽 때의 모습으로 연상시켰습니다. 이것은 매우 놀라운 일입니다. 구원의 하나님을 등지고 미친 듯이 바알을 쫓았던 이스라엘이 어떻게 출애굽 때처럼 여호와 하나님의 음성을 듣고 미련 없이 해묵은 속박의 삶을 청산할 수 있단 말입니까? 우리가 고멜의 행실을 생각한다면 있을 수 없는 일입니다. 그러나 출애굽의 하나님을 생각한다면 얼마든지 가능한 일입니다.

하나님께서는 방탕한 고멜들을 위해서 제2의 출애굽을 계획하고 계십니다. 하나님의 가슴은 고멜의 외도와 불신실로 멍들었을지라도, 고멜과의 제2의 밀월을 꿈꾸시며 상한 마음을 달래십니다. 하나님께서는 이루어질 수 없는 헛꿈을 꾸시지 않습니다. 하나님의 꿈은 주권적인 사랑의 꿈입니다. 하나님의 가슴은 언제나 임을 향한 소망으로 채워져 있습니다. 하나님께서는 자신의 사랑의 능력을 확신하십니다. 이 세상에서 그 어떤 것도 하나님의 사랑을 꺾지 못합니다. 예수 그리스도의 십자가를 믿고 하나님의 자녀가 된 자들은 아무리 큰 죄에 빠져 고멜처럼 타락하여도 하나님의 사랑 앞에 무릎 꿇고 회개할 수 있습니다. 애굽의 사슬에 묶여 있던 이스라엘 백성은 한 명도 빠짐없이 여호와 하나님의 부르심에 응답하여 양의 피로써 해방되었습니다. 그들은 처음에는 모세의 말을 듣지 않았습니다. 그러나 마침내 하나님의 불절의 사랑과 능력 앞에 애굽을 등지고 "거친 들"로 나왔습니다. 그들은 우상이 없는 곳에서 여호와를 하나님이라 부르며 신혼의 단꿈에 젖었습니다. 하나님께서는 다시 한번 이스라엘을 광야로 데리고 가실 것이었습니다. 그때 이스라엘의 모든 죄악의 수치가 달아나고 바알 대신 하나님을 "내 남편"(2:16)이라고 부를 것이었습니다.

하나님께서는 우리 각자를 이 같은 사랑의 능력으로 인도하십니다. 아골 골짜기를 메워 소망의 출발점이 되게 하시는 하나님께서는 실패와 수치의 과거가 새 삶을 위한 도약의 발판이 되게 하십니다. 사랑하는 이와의 온전한 회복을 위해서는 아골 골짜기가 소망의 출발점으로 변환되어야 합니다. 제2의 밀월여행이 가능하려면 아골의 악몽이 망령처럼 따라다녀서는 안 됩니다. 이것은 새 삶의 길에 커다란 걸림돌이 됩니다. 아골의 골짜기가 내 몸에 파여 있을 때는 걸핏하면 좌절감이 고개를 쳐들고 수치심이 얼굴을 붉게 합니다. 아골의 악몽은 신앙생활에 생기를 빼앗고 심령의 안식을 뒤흔들며 자존감을 떨어트립니다.

그럼 해결책이 무엇입니까? 하나님께서 준비하신 거친 들로 나가면 됩니다. 거기서 하나님의 온유한 회복의 메시지를 들으십시오. 그러면 나의 아골 골짜기가 평지로 메워지고 소망의 입구가 될 것입니다. 이스라엘 백성이 애굽을 나올 때처럼, 여호와의 구원의 손길을 믿고 걸음을 돌이키면 악몽이 사라지는 새 삶의 문이 열립니다.

새로운 믿음의 약속 (2:16-17)

현대인들은 "모든 종교는 다 같다. 형태만 다를 뿐이지 같은 신을 섬기는 것이다"라고 말하기를 좋아합니다. 그래서 죽으면 모두 같은 하나님께로 간다고 생각합니다. 신에게로 가는 길은 구태여 기독교가 아니라도 된다는 것입니다. 다원주의 종교를 믿는 사람들이 제일 싫어하는 말은 예수님을 믿어야만 구원을 받는다는 주장입니다.

"예수께서 이르시되 내가 곧 길이요 진리요 생명이니 나로 말미암지 않고는 아버지께로 올 자가 없느니라"(요 14:6).

왜 이 말씀에 거부 반응을 일으킬까요? 사람들은 혼자 옳다고 주장하는 유아독존을 본능적으로 싫어합니다. 그런데 세상에 정말 진리와 구원의 다른 신들이 있다면 별개의 문제입니다. 그렇지 않다면, 유일신이 자신의 유일성을 주장하는 것은 당연한 일입니다. 기독교의 독특성은 다른 모든 신을 인정하지 않는 것입니다. 그래서 배타주의라는 비난을 받습니다. 성경은 다른 신들의 존재 자체를 믿지 않습니다. 따라서 타종교를 통한 구원을 수용할 수 없습니다. 다른 신들도 있는데 그들을 배척하는 것이 아니고 창조주 하나님 이외에 다른 신들이 없으므로 유일신으로서 자신의 존재와 가치를 주장합니다.

기독교는 타종교가 가진 긍정적인 측면의 가치를 모두 무시하기보다는 타종교가 구원의 길로서 하나님이 제시하신 은혜의 방편이 아님을 믿습니다. 하나님 이외의 모든 존재는 피조물이라는 것이 성경의 주장입니다. 인간들이 신이라고 섬기는 것은 피조물이 아니면 있지도 않은 허상에 불과합니다. 물론 타종교에서도 신(神)이란 말을 사용합니다. 그러나 종교 용어가 같다고 해서 같은 진리가 아니며 같은 하나님을 섬기는 것도 아닙니다. 예수 그리스도의 대속을 믿지 않고 자신의 죄가 십자가의 피로써 씻겨지지 않은 자들은 타종교를 믿건 안 믿건 죽어서 모두 같은 하나님 앞으로 가는 것이 아니고 하나님이 계시지 않은 다른 곳으로 갑니다.

하나님께서는 율법이 없는 곳에서도 인간의 양심을 통해서 자신을 계시하셨습니다. 양심은 완전하지 않지만, 불완전한 상태에서도 선악을 구별합니다. 양심은 하나님이 의로운 분이어야 한다고 보기 때문에(롬 1:32) 악한 자들은 하나님의 징벌을 받아서 마땅하다고 판단합니다. 이런 의미에서 이방 종교에도 도덕적 진리의 요소가 없는 것이 아닙니다. 하지만 이것은 복음을 듣지 못하거나 율법이 없어도 하나님 앞에서 인간이 여전히 책임이 있음을 말하는 것이지 이방 종교에 구원이 있다는 뜻은 아닙니다.

기독교는 하나님께서 구원의 길을 보여주신 계시에 근거한 것입니다. 십자가는 인간이 만들어낸 아이디어가 아닙니다. 사람은 그런 식으로 구원을 제시할 수 없습니다. 신이 죄인 취급을 받고 십자가에서 인간의 죄를 대신하여 형벌을 받았다는 말을 누가 믿겠습니까? 일반 종교는 사람이면 생각해 낼 수 있는 것들입니다. 인간의 사고와 지혜로 만들어 낸 종교에서는 참 하나님을 알지 못하기 때문에 대속주에 대한 계시가 없습니다. 인간 종교는 신이 경배자를 위해서 죽임을 당했다는 아이디어 자체를 수용할 수 없습니다. 신은 절대자로서 당연히 인간들로부터 경배를 받아야 하기 때문입니다. 신이 경배자를 위해서 자신을 희생한다는 사상은 신성 모독입니다. 이것이 곧 인간 종교의 특징입니다.

그러나 기독교의 하나님은 죄인들을 위해서 자신을 희생하는 분입니다. 하나님께서는 실제로 자기 아들을 세상에 보내시고 십자가의 형벌을 받게 하셨습니다. 만약 이런 일이 역사에 없었다면 아무도 몰랐을 것입니다. 그런 사상은 전혀 인간의 머리에서 나올 수 없기 때문입니다. 그래서 바울은 "십자가의 도가 멸망하는 자들에게는 미련한 것이요 구원을 받는 우리에게는 하나님의 능력이라"(고전 1:18)고 말했습니다.

십자가는 어떤 인간 종교도 생각해 낼 수 없기에 하나님에게서 온 것임이 틀림없습니다. 인간을 죄와 하나님의 심판으로부터 해방할 수 없는 종교는 모두 우상 종교입니다(살전 1:9-10; 사 41:29; 고전 8:5-6). 인간은 자신의 지혜로 하나님을 알지 못하며 스스로 자기를 죄와 죽음으로부터 구원하지 못합니다(고전 1:21). 하나님에 대한 참된 지식은 예수님을 통해서만 옵니다(마 11:27; 요 14:6; 17:3). 예수님은 자신이 하나님에게로 가는 유일한 길이라고 선포하셨습니다(마 11:27; 요 14:6; 17:3; 행 4:12). 이것은 교만이나 배타심에서 나온 말이 아니고 어리석은 인간들이 거짓 종교에 빠지지 말고 진리의 하나님을 섬기도록 하려는 사랑의 배려에서 나온 말씀입니다.

유감스럽게도 성경의 하나님을 믿는 신자들 가운데도 이 점이 분명치 않은 분들이 있습니다. 그래서 바알과 하나님 사이의 근본적인 차이를 바르게 인식하지 못하고 타종교에 추파를 던지거나 수용적인 태도를 가집니다. 타종교를 믿는 사람들을 동정하고 그들의 처지를 이해하려는 것은 바람직합니다. 그러나 기독교 복음의 독특성을 확실하게 붙잡지 못하여 예수님이 다른 신들과 공존하실 수 있는 것으로 생각하면 착각입니다. 이스라엘 백성의 문제가 바로 이것이었습니다. 그들에게는 바알과 여호와를 확연히 구분하는 선이 없었습니다.

바알과 여호와의 혼합

바알은 낱말의 뜻으로 보면 주인, 혹은 소유주란 의미입니다.

그래서 여호와 하나님께 사용될 수 있었습니다. 여호와는 주(主)시며 세상의 소유주이시기 때문입니다. 바알이라는 말은 가나안의 우상 종교와 연결짓지 않는다면, 그 자체로서는 이스라엘의 유일신인 창조주 하나님을 가리켜도 무방하였습니다. '바알'은 '남편'이라는 뜻도 있습니다. 여호와는 이스라엘 백성에게 하늘의 임이며 남편이십니다. 하나님은 또한 모든 창조의 주인이시므로 다산의 근원도 되십니다.

그런데 가나안의 이교도들은 바알이라는 용어를 에로틱한 다산 종교의 신으로 사용하였습니다. 섹스와 물질을 약속하는 종교는 언제나 인기가 있습니다. 이스라엘 백성은 다산 종교의 영향을 받아 '여호와'라는 이름에 '바알'이라는 호칭을 병용하면서 다산 사상을 혼합시켰습니다. 그러니까 가나안의 바알 신을 섬기면서도 여전히 여호와 하나님을 경배하는 것처럼 보일 수 있었습니다.

오늘날 우리나라 교회에도 이런 형태의 종교관을 가진 분들이 있습니다. 예수 그리스도를 믿고 구원을 받은 자들 가운데서도 고멜의 행습을 드러내는 것을 봅니다. 평소에는 안 그런 척하다가도 다급한 일이 생기면 바알 신을 찾거나 하나님을 다산 종교의 물질적인 신으로 대하려고 합니다.

다수의 현대 교인들처럼 북이스라엘은 여호와에 대한 혼란된 신관을 가지고 있었습니다. 그들은 다산 신을 여호와 하나님과 거의 동일시하였습니다. 그래서 여호와 하나님을 자주 '나의 바알'이라고 불렀습니다. 이스라엘 백성은 애굽에서 양의 피로써

그들을 구속하시고 시내 산에서 율법을 주신 거룩하신 하나님을
에로틱한 다산 의식의 몰도덕에 넘기고, 풍작의 미끼를 던지는
바알 신의 교태를 여호와 하나님의 호의로 착각하였습니다.

북이스라엘의 초대 왕인 여로보암 1세는 금송아지 우상들을
만들고 "이는 너희를 애굽 땅에서 인도하여 올린 너희의 신들이
라"(왕상 12:28)고 했습니다. 북이스라엘의 제사장들은 레위 자손
이 아니었음에도 자신들을 여호와의 제사장들로 간주하였고 마
음대로 정한 절기도 여호와의 절기라고 했습니다. '바알'이라는
단어는 이처럼 희석된 혼합 종교를 위한 편리한 대용어였습니다.
그 결과, 어리석은 백성은 여호와 경배와 바알 경배를 거의 같은
것으로 보기 시작했습니다.

호세아는 이러한 종교적 칵테일이 언젠가 다 쓸려갈 것을 예
고하였습니다. 그때에는 여호와 종교가 더는 바알 종교와 혼란
을 일으키지 않을 것이었습니다. 그날이 오면 주의 백성은 신령
과 진리로 거룩하신 구원의 하나님을 경배하고 오직 여호와만 '남
편'으로 섬기고 여호와를 "다시는 내 바알이라 일컫지 아니"(2:16)
할 것이었습니다. 이것은 놀라운 변화입니다. 어떻게 종교적으로
극히 부패한 이스라엘이 이런 쇄신을 할 수 있단 말일까요?

"내가 바알들의 이름을 그의 입에서 제거하여 다시는 그
의 이름을 기억하여 부르는 일이 없게 하리라"(2:17).

이스라엘을 바알의 손아귀에서 풀어내시고 바알의 연인들을

부르는 악습에서 끊어지게 하는 것은 여호와 하나님의 사랑의 힘입니다. 하나님께서는 자기 백성을 끝까지 따라가시면서 가시로 막고 담으로 쌓아 이방 연인들을 사귀는 일에서 형통하지 못하게 하십니다. 그래서 그들이 마침내 본 남편에게로 돌아가겠다는 결심을 하게 합니다. 이것이 하나님의 헌신이며 사랑의 능력입니다.

이러한 새로운 관계는 여호와가 먼저 시작하셨습니다. 내 발로 걸어오지만, 나의 걸음을 인도하시는 이는 하나님이십니다. 그분은 나의 참된 임이시기에 바알에게 미쳤던 나를 버리시지 않습니다. 나의 진정한 임은 제2의 밀월여행을 위해 바알로 더럽혀진 내 몸을 씻기시고 빈 들로 가서 사랑의 노래를 내 귀에 들려주십니다. 부드러운 말로 다시는 바알을 쫓지 말 것을 설득하시고 그동안 내가 바알로 인해 겪었던 회한의 아픔을 위로하시며 수치의 눈물을 닦아 주십니다. 어떻게 내 입에서 바알의 이름들이 제거될 수 있겠습니까? 나의 결심으로 되는 일일까요? 바알에게 속았다는 분노가 있으면 그 이름들이 잊힐까요? 바알이 악신임을 안다고 될 일일까요? 분노하며 미워하면서도 좋아하고, 상대방이 나쁘다는 것을 알면서도 끊지 못하는 관계가 한 두 가지입니까? 세속의 임은 나의 비뚤어진 사랑에 고리를 걸고 놓지 않습니다.

그러나 하나님께서는 십자가 사랑의 능력으로 우리를 감동시켜 참사랑의 임인 주께로 돌아서게 하십니다. 이러한 하나님의 사랑의 능력을 믿고 주님에게 도움을 청하는 자들은 바알의 품에서 벗어날 수 있습니다. 그리고 곧 주님과 함께 제2의 밀월여행을 떠날 수 있습니다. 우리의 죄 때문에 배신을 당하신 여호와 하나님은 우리를 영구히 버릴 마음이 없습니다. 주님은 언약 백성을 절대 포기하시지 않습니다. 주님은 우리의 탈선으로 많은 상처를 받으시면서도 언약의 약속에 따라 다시 사랑하시며 회복시키십니다.

"네 하나님 여호와는 자비하신 하나님이시라 그가 너를 버리지 아니하시며 너를 멸하지 하니하시며 네 조상들에게 맹세하신 언약을 잊지 아니하시리라"(신 4:31).

하나님의 구원은 은혜 구원입니다. 하나님께서 언제나 먼저 우리 마음을 고치시고 주께로 돌아갈 마음을 불어 넣으십니다. 그래서 탈선으로부터 회복되는 일은 어느 때라도 가능합니다. 사랑의 언약을 지키시는 은혜의 하나님을 믿는 자들은 복 있는 자들입니다.

10장

예언이란 무엇인가?
호세아 2:16, 18, 21

"여호와께서 이르시되 그 날에 네가 나를 내 남편이라 일
컫고 다시는 내 바알이라 일컫지 아니하리라"(2:16).

"그 날에는 내가 그들을 위하여 들짐승과 공중의 새와 땅
의 곤충과 더불어 언약을 맺으며 또 이 땅에서 활과 칼을
꺾어 전쟁을 없이하고 그들로 평안히 눕게 하리라"(2:18).

"여호와께서 이르시되 그 날에 내가 응답하리라 나는 하
늘에 응답하고 하늘은 땅에 응답하고"(2:21).

1장 5절에 "그 날"에 대한 예언이 나옵니다. 하나님께서 이스
라엘의 국력을 꺾으시고 패망시키신다는 심판의 메시지입니다.
반면 2장 본문에 나오는 "그 날"은 모두 긍정적인 축복과 회복에
대한 예언입니다. 즉, 이스라엘이 하나님을 다시는 '나의 바알'이

라고 부르지 않을 것이며 하나님께서는 땅과 공중의 모든 생물체와 언약을 맺고 전쟁이 없는 평화 시대를 오게 하신다는 것입니다. 또한, 하나님께서 이스라엘과 다시 결혼하시고 풍성과 번영의 시대를 오게 할 것이라고 약속하셨습니다. 그러니까 이스라엘과 하나님 사이에 언약이 갱신되는 황금시대가 온다는 예고입니다. 그럼 "그 날"이 언제일까요? 흩어진 유대인들이 본국에 귀향하는 때를 의미한다면 아직도 황금기는 오지 않은 셈입니다. 유대인들은 현재 이스라엘 본토에서 살고 있지만, 절대다수는 전 세계에 흩어져 삽니다.

그럼 이런 예언의 메시지를 어떻게 이해하고 적용해야 할까요? 일면으로는 심판을, 다른 일면으로는 회복이 예고되지만, 양편에 분명한 구분이 없습니다. 당시의 유대인들에게는 무슨 의미가 있었고 현재의 우리에게는 어떤 의미가 있는 것일까요?

이제 성경의 예언이 가진 성격에 관해 설명함으로써 이러한 질문에 대해 보다 나은 이해를 제시해 봅니다. 성경에는 예언의 말씀들이 많습니다. 그래서 구약 성경에서 예언서를 별도로 분류하기도 합니다. 예를 들면, 이사야서에서 구약의 마지막 책인 말라기까지가 모두 예언서에 속합니다. 이 책들을 부피에 따라서 대선지서와 소선지서로 다시 나누기도 합니다. 그러나 예언서라고 해서 모두 미래에 대한 예고만 있는 것이 아닙니다. 예언의 본래 의미는 선지자들이 하나님으로부터 받은 말씀 전체를 가리킵니다. 그중에는 앞으로 하나님께서 행하실 일이나 세상에서 일어날 여러 가지 사건들도 있지만, 우리가 당장 받아서 적용해야 할 교훈들도 있습니다. 그런데 앞으로 될 일을 예고하는 예언의 말씀들 자체만 가지고 볼 때 혼란스러울 때가 있습니다. 몇 가지 예를 들겠습니다.

• 세례 요한은 예수님의 길을 준비하는 자로서 이렇게 외쳤습니다.

"이미 도끼가 나무 뿌리에 놓였으니 좋은 열매를 맺지 아니하는 나무마다 찍혀 불에 던져지리라 나는 너희로 회개하게 하기 위하여 물로 세례를 베풀거니와 내 뒤에 오시는 이는 나보다 능력이 많으시니 나는 그의 신을 들기도 감당하지 못하겠노라 그는 성령과 불로 너희에게 세례를 베푸실 것이요 손에 키를 들고 자기의 타작 마당을 정하게 하사 알곡은 모아 곳간에 들이고 쭉정이는 꺼지지 않는 불에 태우시리라"(마 3:10-12).

세례 요한은 예수님을 구주와 심판주로서 소개하였습니다. 그러나 예수님은 잃은 자를 구원하는 사역을 하셨지 심판을 집행하시지 않았습니다. 우리는 물론 예수님이 심판주로서 재림하실 날이 있을 것을 압니다. 그러나 세례 요한의 메시지 자체에서는 예수님의 초림 사역과 재림 사역의 차이를 구별할 수 없습니다.

• 호세아서의 예언 메시지에서도 같은 현상을 볼 수 있습니다. 심판과 회복 메시지가 엇갈려서 나옵니다. 1장 4-9절까지에

는 심판이 있고, 곧이어서 10절부터 2장 1절까지는 놀라운 회복의 메시지가 나옵니다. 2장에서도 2-13절까지는 하나님의 심판이고, 나머지는(14-23절) 회복에 대한 예고입니다. 이렇게 두 개의 상반된 예언의 메시지들이 동시에 나오기 때문에 언제 어떻게 상황이 변하는지 분명치 않습니다. 그래서 이 같은 예언의 말씀을 어떻게 적용해야 하는지 잘 알 수 없습니다. 무턱대고 때를 기다려야 하는지, 혹은 자기 시대와 상관없다고 그냥 무시해도 되는지 퍽 모호합니다.

• 요엘서의 경우에서도, 남부 유대 나라에 덮친 메뚜기 재앙이 갑자기 '주의 날'에 있을 두려운 심판의 전령으로 예고됩니다. 그리고 이 메뚜기 재앙은 주님의 군대라고 하면서 주의 심판 날이 가까이 왔다고 말합니다. 그러나 동시에 심판과 회개를 거쳐서 회복이 올 것이라고 예언했습니다. 그런데 당시의 관점에서 보면, 언제 이런 일이 일어날지 뚜렷한 시점이 없습니다.

예언에 관심이 많은 분들이 있습니다. 예언 기도를 한다고 내세우는 분들도 적지 않고, 그런 사람들에게 가서 예언 기도를 받기도 합니다. 그런 분들은 예언이라고 하면 자신에게 어떤 일이 앞으로 일어나는 것으로 생각합니다. 그러나 성경에서는 개인의 신상에 대해서 구체적으로 예언하는 경우가 극히 드뭅니다. 간혹 있더라도 이스라엘의 구속사와 관련된 공적인 중요성이 있을 때가 대부분입니다.

예를 들면, 아브라함이 장수하다가 평안히 조상에게로 돌아가고 그의 후손이 가나안 땅을 차지한다고 하였습니다(창 15:15-16, 18). 어떤 특정 인물이 이스라엘의 왕이 될 것이라든지 혹은 누가복음 2장에 나오는 시므온처럼, 그리스도를 보기 전에는 죽지 않을 것이라고 하였습니다(눅 2:26). 또는 열왕기하 1장에 나오는 아하시야 왕이나 사도행전 5장에 나오는 삽비라처럼, 곧 죽을 것이라는 등의 예언입니다. 그런데 비록 개인에게 준 말씀이라도 모두 공적인 성격을 가진 것이며 이스라엘 국가나 교회 공동체에 중요한 의의를 지닌 케이스들입니다.

또한, 성경의 예언은 미래에 속한 부분만 똑 떼어서 별도로 전달되지 않는 것이 특징입니다. 예언했던 자들은 대부분이 하나님의 메시지를 백성에게 전한 설교자들이었습니다. 그래서 그들의 예언은 설교의 문맥에서 가르침과 교훈, 적용과 도전, 회개와 경고, 격려와 책임 등의 내용을 아울러 담고 있습니다. 성경의 예언은 미래에 대한 단순한 호기심이나 개인의 장래에 대한 궁금증을 풀어주기 위해서 무슨 점쟁이처럼 말하는 것이 아닙니다. 성경의 예언은 주어진 말씀에 비추어 하나님의 뜻을 따르고 인격적인 반응을 보이도록 의도된 것입니다. 다시 예를 들겠습니다.

• 하나님께서는 가나안 땅에 이스라엘 백성이 들어가게 될 것이라고 하셨는데 단순히 가나안을 정복하고 땅을 차지하여 잘 살게 될 것이라는 예고에 그치는 것이 아니었습니다. 백성은 이 예언과 함께 가나안의 우상들을 멀리해야 하고 배가 부르게 될 때 하나님을 잊어서는 안 된다는 경고를 받았습니다(신 6:10-7:11).

• 예수님은 베드로가 주님을 세 번 부인할 것이라고 예언하셨습니다. 이것은 가까운 장래에 일어날 일이었습니다. 사실상 하루도 지나기 전에 성취될 예고였습니다(마 26:34). 예수님은 부활하신 후에 갈릴리 해변에서 베드로를 만나시고 그가 십자가 처형을 받고 순교할 것이라고 예언하셨습니다(요 21:18-19). 그런데 베드로가 받은 예언은 개인적인 것일지라도 사적인 문제가 아니고 초대교회의 문맥에서 복음 사역과 관련된 예언이었습니다. 그때 베드로는 주님께 사도 요한은 어떻게 되겠느냐고 물었습니다. 그랬더니 주님은 "네게 무슨 상관이냐 너는 나를 따르라"(요 21:22)고 하셨습니다. 이 말씀은 무엇을 의미합니까? 예언이란 호기심으로 들으려고 해서는 안 된다는 것입니다. 예언의 말씀은 원칙적으로 개인의 장래가 밝을 것인지 아닌지를 알리는 것이 아닙니다. 어떤 문제가 해결되거나, 계획하는 일이 성공하거나, 무슨 좋은 일이 앞으로 생길 것인지 등에 대한 사적인 이해관계에 대한 것이 아닙니다.

• 사울은 어느 날 아버지의 암나귀를 찾으러 나갔습니다. 그는 두루 다녀 보았으나 찾지 못하자 사무엘 선지자에게 가서 도움을 구하려고 했습니다. 그러자 사무엘이 벌써 하나님의 지시를 받고 사울을 기다렸다가 하는 말이 "사흘 전에 잃은 네 암나귀들을 염려하지 말라 찾았느니라"(삼상 9:20)고 했습니다. 사무엘이 어찌 보면 점쟁이 같은 말을 하는 것처럼 들립니다. 그러나 이것은 사울이 이스라엘의 왕이 되는 문제와 관련해서 준 말씀이기에 사울의 개인적인 문제 해결에 그치는 것이 아니었습니다. 사울은

이 사건을 통해서 자신의 모든 문제를 다 아시고 장래를 계획하시는 하나님을 깊이 신뢰해야 한다는 것을 배웠습니다. 그는 나귀를 찾으러 나간 길이 이스라엘의 왕위에 오르는 길이 되게 하시는 하나님의 놀라운 섭리를 체험하였습니다.

이것은 현대 교회에서 예언하거나 예언을 받는 사람들이 점검해 보아야 할 사항입니다. 영적인 의의나 도덕적 책임감이 없이 개인의 신상 문제나 먹고 사는 문제에 관해서 어떻게 될 것인지를 소위 예언이라고 하면서 알려 주거나 또 그런 말을 하나님의 음성으로 무조건 받아들이는 것은 바람직하지 않습니다. 하나님께서는 우리의 일상생활 속에 깊이 들어오시고 이모저모로 인도하시며 여러 문제를 도와주십니다. 그러나 하나님을 신뢰하며 그분의 섭리에 순응하려고 하지 않으면서 당장 걸린 문제의 즉각적인 해결을 기대하며 신령하다는 사람들의 예언을 찾아다니는 것은 재고해야 합니다. 하나님 나라와 복음에 대한 관심은 없으면서 자신의 신상 문제에만 급급하여 하나님을 점술가처럼 대하거나 또 그런 역할을 한다고 내세우는 사람들을 따르는 것은 건전한 신앙생활이 아닙니다. 성령은 아직도 교회에 예언의 은사를 가진 자들을 통해서 말씀하십니다. 그러나 성경에서 드러난 예언의 목적과 내용에 비추어 말씀의 진위(眞僞)를 분별할 수 있어야 합니다.

성경에 나오는 선지자들의 예언은 일반적으로 근접한 미래와 먼 미래에 대한 것이었습니다. 그런데 둘 사이의 구분이 명확하지 않습니다. 근접한 미래라고 하여도 한 세대를 넘어가는 경우가 많습니다. 호세아서에 나오는 회복의 예언도 당시의 북부 이스라엘 세대에서는 성취되기 어려웠습니다. 혹 개인적인 차원에서는 회개가 있고 영적 갱신이 가능했을지 몰라도 국가적인 차원에서는 너무도 부패해서 결국 앗수르로 모두 잡혀갔습니다. 그리고 바벨론으로 끌려간 남부 유다의 경우에서도 한 세대가 지난 후에야 일부가 귀국할 수 있었습니다.

성경의 예언은 입체적이고 총괄적입니다. 주로 구원의 역사가 전개되는 과정에서 일어나게 될 세계적이고 우주적인 관련성이 있는 굵직굵직한 이벤트들과 하나님께서 자기 백성을 구원하시는 방법이나 계획들을 다루고 있습니다. 그런데 이 같은 내용이 단일 사건으로 하나씩 별도로 예언되는 것이 아니고 종합적이고 포괄적인 형태로 진술됩니다. 그래서 호세아서에서 하나님께서 이스라엘 백성을 다시 불러 주시고 회복시키신다고 하셨을 때는 단순히 앗수르 포로나 바벨론 포로에서 금방 돌아온다는 말씀이 아닙니다. 호세아의 예언은 다른 예언서들의 경우처럼, 근접한 미래의 회복만이 아니고 앞으로 계속해서 전개될 하나님의 구속 사역의 전체적인 전망을 담고 있는 예언이었습니다.

한편 우리는 예언의 현재성과 미래성을 염두에 두어야 합니다. 우리는 예언을 너무 직선적으로 이해하지 말아야 합니다. 예언은 반드시 특정 미래에 대한 것만은 아닙니다. 설령 미래에 일어날 일을 미리 알린다 하여도 현재에 적용해야 할 메시지를 담고 있습니다. 이 점을 간과하면 예언의 말씀은 현재와 아무 상관이 없기 때문에 격려나 경고가 될 수 없고 하나님을 더욱 신뢰하며 찬양할 수 있는 동기부여도 되지 않습니다. 예언의 말씀은 가깝고도 멀고, 멀고도 가까운 것입니다. 예언의 성취는 먼 미래에만 국한된 것이 아닙니다. 현재의 하나님 백성이 살아가면서 원칙적이고 부분적이나마 체험할 수 있는 요소가 있기에 지금 우리에게 주시는 교훈이 무엇인지를 찾아서 적용하도록 힘써야 합니다.

그럼 왜 이런 식으로 예언의 말씀이 나오는 것일까요?

선지자는 높은 산 위에 올라가서 아래를 내려다보는 사람과 같습니다. 우리가 높은 산이나 혹은 높은 건물의 옥상에서 아래를 내려다보면 도시가 한눈에 보입니다. 가까운 장소도 보이고 먼 장소도 보입니다. 가까이로는 자동차와 행인, 가로수 등이 보이고 시력이 좋으면 잘 다니는 커피집이나 식당 간판도 보일 것입니다. 멀리로는 여기저기 큰 건물과 강이나 먼 산이 보입니다. 숲이 우거진 곳도 보이고 불이 나서 연기가 자욱한 곳도 한눈에 들어옵니다. 그런데 눈으로 보는 거리와 실제 거리는 엄청난 차이가 있습니다. 멀리 있는 산도 사실상 눈으로는 그리 멀어 보이지 않지만 실제로는 까마득한 곳입니다. 지척에 있는 듯이 보이는 곳도 실제 거리는 만만치가 않습니다.

선지자가 보는 예언의 지평과 원근도 이와 비슷합니다. 선지자는 자기 시대의 전망대 위에서 근접한 미래와 먼 미래를 함께 바라보는 사람입니다. 그리고 자신이 받은 계시의 특수성에 따라 예언의 지평이 카메라의 초점처럼 한 곳에 집중되기도 하고 혹은 망원 렌즈처럼 멀어졌다가 가까워졌다가 하면서 조절되기도 합니다. 그래서 예언의 말씀은 가까운 장래와 먼 미래의 조망을 한 개의 화폭에 담고 어떤 곳은 곧 일어날 듯이 진하게 칠하고 또 어떤 것들은 언제 일어날지 알 수 없는 일종의 회색으로 칠합니다. 그래서 구원의 역사가 진행됨에 따라서 예언의 화폭에 담긴 그림들의 의미가 시대마다 조금씩 더 선명하게 드러납니다.

예를 들면, 메시아에 대한 예언은 인류가 타락한 이래로 에덴동산에서부터 있었습니다. 그러나 구약의 선지자들은 정확하게 몇 년도에 그리스도가 나타난다는 것을 알지 못하는 상태에서 메시아의 도래를 기다리게 했습니다. 에덴동산에서는 그냥 '여자의 후손'이라고 하였고, 아브라함에게는 '그의 후손'이라고 하였으며, 그다음 단계에서는 '다윗의 후손'이라고 했습니다. 이렇게 이스라엘의 역사가 진행되다가 이사야 선지자 때에 와서는 처녀가 아이를 낳는다고 하였습니다. 그다음 구약의 마지막 선지자인 말라기 때에 와서는 "너희가 구하는 바 주가 갑자기 그의 성전에 임"(말 3:1)할 것이라고 했습니다.

그러나 이 예언이 주어진 지 4백 년이 지난 후에 아기 예수가 부모와 함께 어느 날 예루살렘 성전에 마침내 나타났습니다(눅 2:26-32). 이때 시므온이 아기 예수에 대해서 '이방을 비추는 빛이요 주의 백성 이스라엘의 영광"이라고 말하면서 하나님을 찬송하였습니다. 그런 후에도 30년이 지나서 예수님이 비로소 공적으로 이스라엘 백성에게 나타나서 하나님의 나라가 가까웠다고 외치시며 복음을 전하셨습니다(마 4:17; 막 1:14-15). 당시의 백성들에게는 메시아가 '갑자기' 나타난 셈입니다. 그러나 구약 시대의 관점에서 보면, 메시아의 도래는 가깝고도 먼 장래의 일이었습니다.

우리는 현재 메시아의 재림을 기다리는 중입니다. 만일 우리 시대에 예수님이 재림하신다면 '갑자기' 일어나는 일이 될 것입니다. 그러나 2천 년 전의 초대 교인들의 관점에서 보면, 재림은 가깝고도 먼 미래의 일이었습니다. 예언의 망원경은 가까워졌다가 멀어졌다가 하면서 갑자기 초점이 목표에 정확하게 맞추어집니다. 예수님의 초림의 경우도 메시아가 오신다, 오신다 하다가 어느 날 갑자기 아기 예수가 홀연히 성전에 나타났습니다. 예수님의 재림도 마찬가지일 것입니다. 그래서 성경의 예언은 신축성이 있고 긴장감이 있으며 먼 미래의 일로 보이다가 갑자기 일어나는 듯한 놀라움이 있습니다.

예수님의 재림에 대한 예언들은 곧 일어날 것 같은 긴박감을 주는 말씀으로 나오기도 하고, 우리 시대에는 성취되지 않을 것처럼 들리는 요원한 말씀도 있습니다. 일면으로는, 주의 날이 도둑 같이 온다고 하고(벧후 3:10; 살전 5:2) 또 다른 면으로는, 열심히 기도하고 전도하여 예수의 재림을 준비하라고 말하기도 합니다. 사실상 예수님의 재림을 예언한 지가 초대 교회의 시점에서부터 보면 2천 년이 지났으나 아직 재림은 성취되지 않았습니다. 재림의 성취는 하나님의 택한 백성의 수효가 충만하게 채워지는 일과 '불법의 사람'이 나타나는 문제와 맞물려 있습니다(롬 11:25; 살후

2:8). 또한, 재림을 앞당기게 하는 성도들의 기도와 세계적인 선교 활동이 선행되어야 합니다(벤후 3:12). 그리고 하나님께서 한 사람 이라도 더 구원하기 위해서 오래 참으시며 주권적으로 역사하시 는 은혜의 기간이 있습니다. 이 모든 일이 서로 복합적으로 연계 되면서 예언의 말씀이 이루어지기 때문에 우리가 말씀을 잘 살펴 서 이해하도록 힘써야 합니다.

이제 이러한 예언의 성격에 비추어 앞에서 예시했던 세례 요 한의 메시지와 요엘서에 대한 언급을 참고로 잠시 언급합니다.

세례 요한

세례 요한은 예수님을 구주와 심판주로서 지적하였습니다.

"그는 성령과 불로 너희에게 세례를 베푸실 것이요." (눅 3:16).

요한이 왜 이렇게 말했을까요? 그는 예수님을 구주로도 보고 동시에 심판주로도 보았기 때문입니다. 예수님이 세상에 오셔서 행하시는 일에는 구주로서의 초림 단계가 있고, 심판주로서 오시 는 재림 단계가 있습니다. 그러나 그는 구약 선지자들처럼 하나 님께서 자기 왕국을 세우기 위해서 행하실 일들을 모두 한 개의 묶음으로 보았습니다. 그래서 예수님이 성령도 부어주시고 동시에 하나님의 진노의 불도 내리신다고 말했습니다. 물론 맞는 말입니다.

그러나 세례 요한의 예언이 실제로 성취되는 단계에서는 구원과 심판 사이에 시간적 격차가 있습니다. 즉, 그리스도를 믿는 자들의 구원이 심판 이전에 오고, 성령 세례가 심판의 불세례에 선행될 것이었습니다. 이러한 시간상의 격차가 옥중에 있던 세례 요한에게 문제가 되어 한때 예수님이 구주이신지에 대한 회의에 빠진 적도 있었습니다(눅 7:18-23). 그래서 그는 예수님께 자기 제자들을 보내어 물었습니다. "오실 그이가 당신이오니이까 우리가 다른 이를 기다리오리이까?"(눅 7:18-20). 이렇게 물은 까닭은 예수님의 사역에서 불세례가 없었기 때문이었습니다. 그러나 그것은 예수님이 먼저 구원자로 오신 이후에 다시 심판주로 오실 때 일어날 일이었습니다(눅 3:16-17). 요한은 사건의 일련 순서에 대한 계시를 받지 못했기 때문에 예수님의 심판이 구원보다 훨씬 이후에 나타날 것을 처음에는 잘 몰랐습니다.

요엘 선지자

요엘 선지자는 남부 유대 나라를 덮친 메뚜기 재앙을 마지막 때의 '주의 날'에 대한 심판의 그림으로 사용하였습니다. 요엘은 메뚜기 재앙에서 하나님의 무서운 심판의 때가 접근하고 있다고 보았습니다. 그런데 하나님께서는 메뚜기 재앙을 제거하시고 이스라엘을 축복하실 것이라고 하셨고 또한, 성령을 부어 주신다고 약속하셨습니다(욜 2:28-32).

　구약 백성은 선지자들이 말하는 '주의 날'은 하나님께서 초자연적인 방식으로 타락한 세상에 개입하셔서 죄인들을 벌하고 의인들을 구원하시는 획기적인 때로 이해하였습니다. 그러나 그 시기나 단계에 대해서는 잘 몰랐습니다. 선지자들도 자신들이 계시로 받은 '주의 날'은 파노라마처럼 전체적인 비전이었으므로 이것을 일련의 연속된 사건으로 하나씩 풀어서 이해할 수 없었습니다. '주의 날'은 당시의 선지자가 살았던 시대로부터 시작해서 하나님께서 앞으로 행하실 모든 일을 한 묶음으로 담은 것이었습니다.

　스코틀랜드의 보더(Border)라는 국경 지역에 '엘든 힐'(Eilden Hill)이라는 산이 있습니다. 이 지역 사람들은 이 산을 삼위일체 산이라고 부릅니다. 멀리서 보면 산봉우리가 하나로 보입니다. 그러나 가까이 가면 산봉우리가 두 개가 되고 더 가까이 가면 세 개로 나타납니다. 구약 선지자들은 예언의 내용이 단계적으로 성취되는 것으로 보지 않고 전체적으로 보았기 때문에 근접한 미래와 먼 미래의 일들을 구별 없이 한 개의 큰 그림으로 그렸습니다.

　이 점을 염두에 두면 호세아서에서 하나님의 백성이 주께로 돌아온다는 예언의 메시지는 사실상 앗수르 포로에만 제한되는 것이 아니고 바벨론 포로 시기까지 포함해서 준 말씀임을 알 수 있습니다. 오늘 본문에서 '그 날에' 있을 여러 축복과 회복의 예언들은 상당히 먼 미래의 사건들까지 포함된 것이었습니다. 그래서 주의 백성이 우상 숭배와 같은 죄에서 하나님께로 복귀되는 것은 지리적으로 앗수르나 혹은 바벨론과 같은 특정한 타국에 잡혀갔다가 본토로 돌아오는 역사적인 사건에만 문자적으로 적용되는 것이 아닙니다.

실제로 북이스라엘 백성이 앗수르로 잡혀갔지만, 다시 귀국한 경우는 드물고 일부 백성이 북이스라엘이 망할 때 남쪽 유다로 피신하였습니다. 또한, 남부 유다가 바벨론에 의해서 패망되고 절대다수가 포로로 잡혀갔지만, 유대 땅으로 돌아온 백성의 수효는 역시 소수였습니다.

바벨론이 망한 후 바사(페르샤)의 고레스 왕은 유대 백성이 예루살렘으로 돌아가서 성전 재건을 해도 좋다는 공식적인 조서를 내렸습니다. 이것은 하나님께서 자기 백성을 다시 불러 언약의 땅에 심으신다는 회복의 약속을 역사적으로 드라마틱하게 드러낸 사건입니다 (호 2:23). 그러나 실제로 귀향한 유대 백성의 수효는 에스라서 2장과 느헤미야서 7장에 기록된 대로 그리 많은 숫자가 아니었습니다. 대략 몇만 명 정도였고 전체 인구의 다수는 바벨론 땅에 정착하여 대대로 계속 살았습니다. 이미 50년 이상의 포로 생활이 지난 후였기 때문에 한 세대가 지나간 셈이었습니다. 그래서 다시 황폐한 고국에 돌아온다는 것은 결코 쉬운 일이 아니었을 것입니다.

그러니까 호세아서에서 하나님께서 자기 백성을 돌아오게 하신다는 약속은 모든 세대에 걸쳐서 하나님께서 자기 백성을 잊지 않으시고 회복을 위해 불러 주신다는 말씀으로 이해되어야 합니다. 달리 말하면, 우리가 처한 형편이 앗수르에 있든지 바벨론에 있든지 하나님께서는 신실하셔서 자신의 언약을 지키시고 비록 죄악으로 잡혀간 형벌의 땅에서도 정화를 거쳐 주님의 품으로 되돌아오게 하신다는 교훈입니다.

현재도 각가지 형태의 우상 숭배에 빠진 주의 백성이 하나님께로 돌아서고 있습니다. 그래서 넓고 궁극적인 의미로 보면, 호세아서의 회복 메시지는 모든 형태의 포로에서 해방되어 그리스도께로 주의 백성이 돌아와서 주님의 온전한 신부로 단장되는 구원의 완성을 바라본 것입니다. 이것은 호세아서 자체의 본문에서도 입증될 수 있습니다(1:10-11; 3:4-5). 1장 10-11절에 보면, 이스라엘 자손의 수가 바닷가의 모래처럼 셀 수 없을 정도로 많아진다고 했는데 이것은 구원의 역사가 민족적인 이스라엘 국가를 넘어서 전 세계적으로 확대될 날을 바라본 것입니다. 그리고 유다 자손과 이스라엘 자손이 통일 국가로서 한 지도자를 세울 것이라고 했는데 이것은 그리스도를 구주로 삼은 유대인과 이방인이 새로운 형태의 언약 백성으로 재구성되는 신약 시대를 가리킵니다. 또한 3장 4-5절을 보면, 이스라엘의 왕정 시대와 바알 경배가 '많은 날 동안' 모두 폐지되고 '그 후에' 이스라엘 자손이 돌아와서 다윗 왕을 찾고 하나님을 경외할 것이라고 했습니다. 이것은 앗수르와 바벨론 포로를 거쳐서 많은 세월이 지난 이후에 오게 될 메시아 시대를 가리킵니다.

한편 이러한 회복의 주도권은 하나님이 쥐고 계십니다. 하나님께서는 이스라엘의 불신실에도 불구하고 그들과 맺은 언약 관계를 깨시지 않습니다. 오히려 그들의 가슴에서 불신실을 제하고 새 언약을 세우시며 다시 하나님과 동거하게 하십니다. 그런데 이 풍요한 회복의 축복들이 먼 미래의 것이라는 점에서(참조. 호 2:16, 18, 21) 종말론적인 것이라고 보면 어떻게 될까요? 당시의 이스라엘 백성에게는 물론이려니와 현재 우리에게도 별다른 격려가 되지 못합니다. 우리는 하나님의 예언의 말씀 속에서 현재적인 가치와 의미를 찾을 수 있어야 합니다. 비록 이스라엘의 회복이 종말론적이며 새 시대에 대한 약속이라고 하여도 당시 세대는 이러한 하나님의 약속을 믿고 위로를 받아야 했습니다. 이것은 아브라함을 비롯한 모든 믿음의 선열들이 하나님의 약속을 바라고 살았던 것과 같습니다.

우리들도 마찬가지입니다. 신약 교인들은 예수님의 재림을 기다립니다. 그러나 아무도 예수님이 언제 오실지 모릅니다. 예수님이 직접 재림을 약속하신 이후 2천 년의 세월이 흘렀습니다. 주님의 재림은 종말론적인 약속입니다. 그러나 요한계시록이 1세기의 박해를 받던 교인들에게 격려가 돼야 했듯이, 하나님의 말씀은 미래의 예언적 내용을 담았을지라도 현재적인 적용과 축복의 근거가 될 수 있어야 합니다. 하나님을 믿는 남은 자들은 이러한 믿음 속에서 미래에 대한 소망을 지니고 살뿐만 아니라 하나님의 복을 체험하며 난경을 헤쳐 갑니다. 족장들은 환난을 겪었음에도 자기들에게 준 후손에 대한 약속이 작은 빛으로나마 비치는 것을 보면서 살았습니다. 물론 온전한 약속의 성취는 미래에 속한 것입니다. 그러나 예언의 말씀이 지닌 현재적인 의미를 깨닫고 오늘의 삶에서 적용하면 힘든 현실 속에서도 소망을 잃지 않고 하나님께서 주시는 언약의 축복들을 이모저모로 체험할 수 있습니다. 우리는 성경에서 예언의 메시지들을 읽을 때 이 같은 예언의 포괄적인 성격을 염두에 두고 각자가 처한 여건 속에서 이해하며 적용하도록 힘써야 합니다.

11장
그 날의 축복들
호세아 2:18-23

"여호와께서 이르시되 그 날에 네가 나를 내 남편이라 일
컫고 다시는 내 바알이라 일컫지 아니하리라…그 날에는
내가 그들을 위하여 들짐승과 공중의 새와 땅의 곤충과
더불어 언약을 맺으며 또 이 땅에서 활과 칼을 꺾어 전쟁
을 없이하고 그들로 평안히 눕게 하리라…여호와께서 이
르시되 그 날에 내가 응답하리라 나는 하늘에 응답하고
하늘은 땅에 응답하고 땅은 곡식과 포도주와 기름에 응답
하고 또 이것들은 이스르엘에 응답하리라" (2:16, 18, 21-
22).

하나님께서는 이스라엘 백성의 회복에 대해서 매우 긍정적인
약속을 하십니다. '그 날'이라는 말에 하나님의 약속들이 묶여 있
습니다(16, 18, 21절).
"그 날"은 '미래'의 어떤 때나(1:5) 혹은 '다가오는 새 시대'라

는 뜻입니다(2:18, 21). 이스라엘 백성이 여호와 하나님과 바알 신을 분명히 구별하여 하나님을 바알이라 부르지 않고 내 남편이라고 부를 것이라고 했습니다. 그리고 바알의 이름조차 입에서 나오지 않게 하실 것이라고 말합니다(2:17).

16절에 이어 18절 이하에서도 "그 날"에 대한 약속들이 나옵니다. 하나는 동물 왕국으로부터 해를 받지 않는다는 것이고 다른 하나는 전쟁의 위협으로부터 해를 입지 않는다는 것입니다. 이것들은 하나님과 맺은 언약이 갱신될 때 오는 축복들로서 저주의 번복입니다(레 26:45; 신 4:31). 성경은 인간의 죄와 반역으로 자연환경까지 하나님의 저주를 받게 되었다고 말합니다(창 3:17-19; 렘 12:4). 그래서 자연계도 인간의 구속의 때를 신음하며 기다린다고 했습니다(렘 12:11; 롬 8:22). 환경오염으로 인한 지구 온난화 현상과 극심한 자연재해를 겪고 있는 현 세상에서 볼 때 이러한 성경의 주장은 너무도 옳습니다. 그래서 하나님의 구원은 인간뿐만 아니라 생물계와 무생물계를 다 포함하는 우주적인 차원으로서 창조주 하나님과 피조계가 완전한 조화와 연합을 이룰 날을 약속합니다(호 2:18, 21-22).

19-20절에서는 장가든다(정혼)는 말이 세 번씩 반복됩니다. 신랑이 자기 아내로 맞이하는 이스라엘과 '영원히' 살 것이라는 굳은 의지를 먼저 내보이면서 일종의 결혼 지참금에 해당하는 신랑의 선물들이 줄줄이 이어져 나옵니다. 신랑은 공의, 정의, 은총(충성), 긍휼, 진실함 등을 가지고 오는데 이것들은 결혼 생활에서 아내가 누리게 될 복들입니다.

하나님께서 새로 장가드신다는 것은 백성과의 언약을 새롭게 갱신한다는 의미입니다. 결혼 서약을 한 자들이 부부로서 살다가 맞지 않아서 별거하다가 다시 합치는 수가 있습니다. 혹은 이혼한 후에 다시 같은 배우자와 재혼하기도 합니다. 이들은 과거를 덮어두고 새 마음과 새 뜻으로 살기를 원합니다.

하나님께서 이스라엘 백성에게 결혼하신다는 것은 과거의 잘못을 용서하고 다시 아내로 받아 주시겠다는 뜻입니다. 이것은 하나님께서 먼저 자청해서 하시는 일입니다. 그러나 동시에 이스라엘은 하나님의 이 같은 호의와 사랑을 회개로 응답해야 했습니다. 깨어진 부부 사이는 한쪽에서만 좋은 뜻을 가졌다고 해서 다시 합쳐질 수 있는 것이 아닙니다. 하나님께서는 이스라엘과 언약을 맺으셨습니다. 언약의 핵심은 하나님 편에서는 자기 백성을 정성으로 돌보시고 이스라엘 편에서는 유일하신 하나님만 섬기는 것입니다. 즉, 우상 불가 원칙을 따르는 것입니다. 이것은 이스라엘 쪽의 헌신을 의미합니다.

이 점은 우리가 하나님의 축복의 약속들을 들을 때 기억해야 할 사항입니다. 우리는 하나님과의 언약 관계에서 무엇이 요구되는지를 잘 생각하지 않고 막연하게 하나님께서 알아서 잘 돌보아 주실 것이라든지 혹은 하나님께서 언제나 우리를 잘 되게 하실 것이라는 낙관을 하기 쉽습니다. 물론 하나님은 우리를 돌보시는 하늘 아버지이십니다. 하나님께서는 언제나 우리에게 신실하시기에 우리를 영원히 버리시지 않습니다.

그럼 우리가 우상 숭배를 해도 좋다는 뜻일까요? Sugar Daddy

라는 말이 있습니다. 여자가 원하는 대로 다 해주는 남자를 Sugar Daddy 라고 합니다. 젊은 여자들 가운데는 그런 남편을 만나기를 원해서 의도적으로 돈 많고 나이 먹은 할아버지를 사귀려고 합니다.

캘리포니아 해변 근처에는 부자 동네가 많습니다. 아침저녁으로 사람들이 모래사장에서 산책도 하고 조깅도 합니다. 어떤 한국인 과부가 해변에서 돈 많고 마음씨 좋은 은퇴한 미국 백인 할아버지를 만났답니다. 그래서 결혼이 성사되어 갑자기 호화로운 저택에서 살게 되었습니다. 그녀는 한국에 두고 온 전 남편의 자식들까지 다 데리고 와서 완전히 팔자를 고쳤다고 합니다. 이 소문이 퍼진 이후로 부자 동네가 있는 해변에는 팔자를 고쳐 보려는 한국 여성들이 갑자기 산책이나 조깅을 한다고 합니다. 아마도 과장된 풍문일 것입니다.

하기야 인물에 자신이 있는 미국 여자들 가운데도 부자들이 잘 모이는 클럽에 나타나 Sugar Daddy들에 접근하는 것을 텔레비전에서 본 적이 있습니다. 그중에는 백만장자와 데이트에 성공하여 결혼한 케이스도 있었습니다. 그러나 하나님은 복권도 아니고 Sugar daddy도 아닙니다. 하나님은 갑자기 팔자를 고치기 위해 만날 수 있는 분도 아니고 인물이 좋다고 재혼하여 재산을 다 넘겨주는 분도 아닙니다. 하나님은 우리가 아무리 나쁜 짓을 해도 그냥 넘어가거나 다 응해 주는 물렁한 남편이 아닙니다.

본문에 나온 "그 날에" 있을 축복은 모두 바람직한 것들입니다. 그렇지만 이런 복이 내 삶에 아무런 변화가 없는데도 그냥 때가 되면 저절로 굴러 들어온다는 말이겠습니까? 우리는 이러한 예언의 말씀들이 하나님과의 언약 관계에서 주어진 것임을 기억해야 합니다. 언약에는 서로 지켜야 할 것들이 있습니다. 준수 사항에 동의하고 지킬 것을 약속하는 것이 언약입니다. 언약은 깨어질 수 있습니다. 물론 주 예수를 자신의 대속주로 믿어 하나님의 자녀가 된 자의 신분은 취소되지 않습니다. 그러나 언약에 들어있는 축복의 약속들은 우리가 하나님을 등지고 우상에 빠질 때는 성취되지 않습니다. 그래서 '그 날'에 있을 축복은 이스라엘 백성의 우상 포기를 전제한 조건부 약속입니다. 이스라엘 백성이 포로로 잡혀가는 까닭도 언약을 어겼기 때문입니다. 그러나 그들이 회개하여 주께로 돌이키면 '그 날'의 큰 축복들이 기다리고 있다고 했습니다. 우리는 복 받기는 좋아하면서도 하나님께 진심으로 돌아가서 주님을 기쁘게 해드리는 일에는 등한시하는 듯합니다. 하나님께서는 어떤 형태로든지 우상을 섬기는 자들에게 '그 날'의 축복들을 무조건 내리시지 않습니다. 신자가 되어서 우상을 섬기며 회개하지 않는 자들은 여호와를 아는 축복들을 놓칩니다.

여호와를 아는 것은 무엇입니까?

"진실함으로 네게 장가 들리니 네가 여호와를 알리라"(20절).

하나님께서 우리에게 신랑으로 오시려면 신방에 우상이 없어야 합니다. 우상이 제거된 후에 신랑을 맞이하여 동거하면 여호와를 알게 된다고 했습니다. 물론 이스라엘 백성은 타국에 잡혀가기 전에도 하나님을 알았습니다. 그러나 그때 안 여호와는 바알 신과 별로 다르지 않았습니다. 오히려 어떻게 보면 백성의 물질생활을 돕는 일에는 여호와가 힘이 약한 신으로 보였습니다.

고멜이 소위 자기를 사랑하는 자들을 따라 다녔을 때는(2:5) 그들이 너무도 애정이 넘치게 자기를 위해 주는 것으로 생각했습니다. 그들은 원하는 것을 척척 들어주는 능력 있고 마음씨 좋은 자들로 보였습니다. 그들은 처음에는 모두 Sugar daddy였습니다. 그렇지만 갈수록 그들은 자기를 이용만 하였고 자기가 수치를 당할 때 아무런 도움을 줄 수 없었습니다. 그리고 포도나무와 무화과나무가 시들 때도 속수무책이었습니다. 그뿐만 아니라 그들은 고멜을 한동안 좋아한 후에 쓰레기처럼 내던졌습니다. 그들에게 고멜은 특별한 여자가 아니고 쉽게 정복할 수 있는 또 하나의 희생물에 지나지 않았습니다.

이스라엘은 고멜과 같은 처지가 되었습니다. 그들은 바알 신을 열심히 섬겼지만, 앗수르 군대가 쳐들어왔을 때 바알 신은 전혀 무력하였습니다. 바알 신은 알고 보니 앗수르의 신에게 무참히 짓밟히는 무능한 거짓 신이었습니다. 바알 신에게는 공의도 신실도 없었습니다. 바알 신은 고멜을 사랑하던 연인들처럼, 처음에는 영원히 자기와 살 것처럼 약속했지만, 그에게는 그런 불후의 사랑을 할 수 있는 진실과 투신이 없었습니다. 곡식과 포도주와 기름을 준다는 약속도 모두 거짓이었습니다. 자연을 통제하여 풍작과 다산을 일으킨다는 바알 신은 자신을 창조의 하나님으로 위장했을 뿐이었습니다.

그런데 이스라엘은 늦게나마 뼈아픈 포로 생활의 징계를 당하고 정신을 차려 보니 여호와에 대해서 생각했던 모든 것이 새로워졌습니다. 그들은 지금까지 따라다녔던 세속의 우상들로부터 전혀 느껴보지 못했던 것들을 여호와로부터 체험하게 되었습니다. 그럼 그들은 하나님의 어떤 점을 새롭게 알게 되었을까요?

첫째 하나님의 성품과 인격입니다.

하나님께서는 이스라엘을 편견이 없이 공평하게 대해 주시고 불변의 사랑으로 아껴주시며 불쌍히 여겨주셨습니다. 여호와는 성실하여 날마다 이스라엘에 남편의 도리를 다하고 진실한 마음으로 품어 주셨습니다. 하나님께서는 이스라엘의 부끄러운 과거를 들추며 자존심을 상하게 하시지 않았습니다. 하나님께서는 간음한 이스라엘을 다시 받아 주셨다는 점을 내밀면서 앞으로는 그들이 전적으로 복종하며 종처럼 섬겨야 한다고 요구하시지 않았습니다. 하나님께서는 이스라엘을 향해 걸핏하면 바알을 섬겼던 여자라고 지적하며 약점을 붙잡고 괴롭히지 않았습니다.

하나님께서는 돌아온 죄인들을 편안하게 해주십니다. 하나님의 마음에는 앙금의 자리에 용서가 있고, 불만의 자리에 동정과 이해가 있습니다. 참사랑은 온갖 상처를 입고 돌아온 임의 회복을 위해 필요한 것이라면 무엇이든지 제공합니다. 참사랑은 준 것만큼 받아내려고 하지 않습니다. 내가 이만큼 주었으니까 너도 이만큼 내놓아야 한다는 식이 아닙니다. 하나님의 사랑은 주고 또 주는 사랑입니다. 하나님께서는 아내의 부정과 탈선으로 큰 상처를 받았지만 그래도 돌아오는 아내를 끝없는 사랑으로 대하십니다.

하나님은 우리가 받아야 할 형벌의 자리에 자기 아들을 대신 못 박았습니다. 그렇다면 더 이상 무엇을 더 줄 수 있겠습니까? 그런데 성경이 무엇이라고 말합니까?

"자기 아들을 아끼지 아니하시고 우리 모든 사람을 위하여 내주신 이가 어찌 그 아들과 함께 모든 것을 우리에게 주시지 아니하겠느냐" (롬 8:32).

여기서 자기 아들을 내주셨으니까 더 줄 것이 없다고 하시지 않고 오히려 아들까지 내주었으니까 다른 모든 것들을 "아들과 함께" 더 주시겠다고 했습니다. 이것이 하나님의 사랑입니다. 하나님의 사랑은 언제나 절대치로 임합니다. 그래서 영원한 사랑이고 넘치는 사랑이며 완전한 사랑입니다. 이것이 고멜이 여호와께로 돌아와서 알게 된 사실입니다.

우리가 아는 하나님의 사랑은 너무도 피상적인지 모릅니다. 그저 막연하게 십자가에서 주님이 나 대신 돌아가셔서 감사하다는 정도가 되어서는 안 됩니다. 십자가 자체의 무한한 사랑과 희생의 의미를 알아야 하고 십자가를 통해서 앞으로 더 이루실 놀라운 은혜도 체험해야 합니다. 이 은혜는 "아들과 함께" 아울러 주시는 여러 축복들입니다. 하나님께서 아들만 십자가에 내어 주시고 모든 것을 다 끝내시지 않았습니다. 아들을 주었으니까 더이상 아무것도 없다고 하시지 않았습니다. 하나님의 사랑은 단순히 십자가로 죄를 용서하고 구원해 주었다는 것으로 끝나지 않습니다. 십자가 이후의 복이 줄줄이 따라 나옵니다. 우리에게 "아들과 함께" 더 얹어서 주시는 엑스트라의 은혜가 어찌 한두 가지뿐이겠습니까? 우리는 헤아릴 수 없이 많은 복을 "아들과 함께" 날마다 받고 삽니다.

물론 모든 복은 그리스도 안에 있습니다. 하나님께서는 그리스도를 통해서, 그리스도로 말미암아 우리에게 만복을 내리십니다. 그런데 단순히 십자가만이 아니고 십자가에서 흘러나오는 은혜가 아들과 함께 넘치고 있습니다. 우리는 이러한 넘치는 은혜를 평소에는 잘 느끼지 못하다가 회개하고 하나님께로 돌아올 때 절실히 깨닫습니다. 하나님께서는 마땅히 벌을 받고 더 이상의 혜택을 누릴 자격이 없는 자라도 마음을 낮추고 주께로 돌아오면 강물 같은 은혜를 아끼시지 않습니다. 하나님의 사랑은 마르지 않습니다. 하나님께서는 우리가 생각하는 것보다 훨씬 더 자비하시고 너그러우십니다. 그래서 은혜를 자로 잰 듯이 재어 주거나 저울로 달아주지 않습니다. 회개하고 돌아오는 모든 탕자들에게 "아들과 함께" 부어 주시는 축복은 끝없이 넘치는 하나님의 은혜입니다. 하나님께서는 우리가 이 같은 무궁한 사랑을 체험하기를 원하십니다.

그런데 이처럼 끝없는 축복은 새 하늘과 새 땅에서도 계속될 것입니다. 하늘나라는 하나님만 계신 곳이 아닙니다. 우리는 사후 천국에서 하나님의 임재 가운데 늘 있을 테지만 다른 여러 가지 좋은 것들도 넘치게 받을 것입니다. 예를 들면, 주님의 재림과 함께 완성될 하나님 나라에는 하나님의 임재와 함께 찬란한 성과 수정같이 맑은 생명수의 강과 생명 나무가 있으며 그 외에 "아들과 함께" 우리에게 부어 주시는 것들이 잔뜩 쌓여 있습니다(계 21:3, 11-11; 22:1-2).

하나님께서는 "내가 네게 장가 들어 영원히 살되"(19절)라고 하셨습니다. 바알 신들은 이스라엘과 영원히 살지 않았습니다. 고멜을 사랑한다고 고백한 세속의 임들도 영원히 살지 않고 다 떠났습니다. 그런데 이것은 불행 중 다행이었습니다. 참사랑과 진실함이 없이 영원히 함께 살기만 하는 것은 말할 수 없는 고통입니다. 위장된 사랑이나 무성의한 사랑에 묶여 사는 것처럼 마음을 피곤하게 하고, 슬프게 하며, 불편하게 하는 것은 없을 것입니다.

진정한 사랑이 없으면 마음에 자유가 없습니다. 참사랑을 주고받지 못하면 마음이 눌리고 가슴에 구멍이 뚫린 듯합니다. 사랑의 양식을 먹고 살지 못하면 우울과 비관에 묶이고 혹은 방탕에 빠지며 제3의 옵션을 상상하며 탈출구를 찾아다닙니다. 사랑이 없는 가슴에는 기쁨과 안식이 달아납니다. 사랑이 없으면 인간은 심적 장애인이 됩니다.

고멜도, 이스라엘도 사랑 아닌 사랑을 주고받느라고 기진맥진하였습니다. 거짓 사랑은 나의 힘을 다 빼어 놓습니다. 거짓 사랑은 인간을 가장 황폐하게 만듭니다. 고멜을 사랑하는 자들이 바로 이 점을 노렸고 이스라엘을 돌보아 주고 위해 준다고 장담했던 바알이 같은 수법으로 나라를 망치게 하였습니다. 그런 연인들과 영원히 산다는 것은 지옥의 일부를 체험하는 것이라고 해도 과언이 아닐 것입니다. 그런데 하나님께서 어떻게 말씀하셨습니까?

"내가 네게 장가 들어 영원히 살겠다"고 약속하셨습니다. 그런데 여기서 말씀을 끝내셨습니까? 19절을 다시 보십시오.

"내가 네게 장가 들어 영원히 살되…"라고 했습니다. 그런데 이 말 다음에 무엇이 따라 나옵니까? 정의와 은총과 긍휼히 여김과 진실함이 나오지 않습니까? 바로 이 점이 바알 신과 다릅니다. 이것들이 참사랑의 목록입니다. 하나님께서는 진실한 사랑의 품목들을 미리 준비하시고 신부를 맞이하셨습니다.

하나님의 사랑은 준비된 사랑입니다. 하나님의 사랑은 상대방의 필요를 위해서 미리 예비합니다. 하나님께서는 우리를 구원하기 위해서 만세 전부터 그리스도를 십자가에 못 박는 뜻을 세우시고 준비하셨습니다. 전능하신 하나님이시지만 사랑은 기적으로 만드시지 않습니다. 바알 신이나 고멜을 좋아했던 세속의 연인들처럼 즉흥적이고 감상적이며 이기적인 무책임한 사랑을 하시지 않습니다.

우리가 사랑에 실패하는 큰 원인 중의 하나는 갖출 것을 예비하지 않고서 쉽게 프러포즈를 하고 또 쉽게 살아버리는 것입니다. 그냥 결혼만 하면 남편이 되고 아내가 되는 것으로 여깁니다. 자식을 낳을 줄은 알아도 어떻게 길러야 할 줄은 전혀 생각해 보지 않고서 불쑥 아기를 낳습니다. 그러고서도 하나님께서 생명을 주셨다면서 하나님이 알아서 잘 길러 주실 것으로 낙관합니다. 또 그렇게 생각하는 것이 좋은 믿음인 듯이 여깁니다. 그렇지 않습니다. 자식에 대한 사랑도 준비된 사랑이어야 합니다. 자녀 교육의 기본 원리도 모르고서 자식을 낳기만 하면 하나님께서 알아서 책임져주신다고 믿으십니까? 우리에게 맡기신 책임을 하나님께 넘기려는 것은 무책임한 일입니다. 하나님께서는 우리에게 청지기로서 맡기신 자녀 교육의 책임에 대해서 추궁하실 때가 있을 것이라고 경고하셨습니다. 세상의 그릇된 가치관에 집착된 자녀 기르기는 또 하나의 바알 숭배입니다.

미리 준비된 사랑이라도 날마다 다시 사랑을 새롭게 다듬으면서 살아야 합니다. 우리는 완전한 사랑을 할 수 없습니다. 그래서 사랑을 어떻게 해야 할지를 항상 생각하며 지혜를 얻어야 합니다. 이것을 가장 잘 배우는 방법은 주님과 함께 사는 것입니다.

이스라엘이 여호와 하나님과 다시 살아보니까 어떠했습니까? 하나님이 정의와 은총과 긍휼과 진실함이 있는 분임을 알 수 있었습니다. 이스라엘은 너무도 좋으신 하나님을 처음으로 만난 듯하였습니다. 이스라엘이 하나님을 알게 될 것이라고 하신 말씀은 바로 이 같은 하나님의 진정한 속성과 인격을 알게 된다는 뜻입니다. 처음부터 사랑이 많은 자로 태어나는 사람은 아무도 없습니다. 우리는 누구나 사랑을 배워야 합니다. 사랑을 받아 보아야 하고, 그것이 좋다는 것을 느껴 보아야 합니다. 그리고 사랑을 실천해 봄으로써 사랑이란 주고받아야 한다는 것을 깨닫게 됩니다. 우리는 사랑을 많이 받으면서 자라기도 하고 혹은 사랑이 없는 가정에서 자라기도 합니다. 사랑을 받는다고 하여도 이기적인 사랑과 뒤틀린 사랑을 받아서 잘못된 사랑의 개념을 갖기도 합니다.

인간의 사랑에는 흠이 많습니다. 그래서 우리가 바라보아야 할 사랑의 절대 모델은 하나님의 사랑입니다. 우리의 사랑이 주님의 성품에 근거한 사랑이 되려면 주님의 사랑을 날마다 보고 본받는 훈련이 필요합니다. 그러기 위해서 주님과 시간을 가져야 합니다. 주님께 시간을 내드리고 주님의 말씀을 듣고 기도하는 시간은 우리가 주님의 사랑을 배울 수 있는 가장 실제적인 방법입니다. 그렇게 하면 "네가 여호와를 알리라"고 했습니다. 사랑의 실천은 여호와를 인격적으로 가까이 대하고 교제하는 관계의 깊이와 빈도수에 따라 높낮이가 결정됩니다.

둘째, 하나님의 사랑은 능력입니다.

사랑에는 힘이 있습니다. 우리는 사랑의 힘으로 이것도 하고 저것도 한다고 말합니다. 자녀를 사랑하는 부모는 자녀를 위해서 목숨을 내놓는 힘도 발휘합니다. 만약 그런 희생의 능력이 없다면 사랑의 진실이 드러날 수 없을 것입니다. 하나님께서는 이스라엘에 대한 사랑을 나타내기 위해서 자신의 능력을 과시하셨습니다. 그분의 사랑의 능력은 바알과 같은 거짓 신들에게서는 기대할 수 없습니다.

"여호와께서 이르시되 그 날에 내가 응답하리라 나는 하늘에 응답하고 하늘은 땅에 응답하고 땅은 곡식과 포도주와 기름에 응답하고 또 이것들은 이스르엘에 응답하리라"(2:21-22).

이 축복의 내용은 여호와가 바알의 장기(長技)라고 믿었던 기상신의 주특기를 관장한다는 것입니다. 끔찍한 범죄와 멸망의 대명사가 되었던 이스르엘 땅이 풍작으로 응답하기 때문에 이스르엘은 풍요를 대변하는 영광스러운 이름으로 바뀝니다. 바꿔 말하면, 여호와께서 모든 다산을 통제하시고 풍년으로 백성에게 복을 내리신다는 말씀입니다(레 26:42; 신 30:9).

'응답'이라는 말은 21절에서 세 번, 22절에서 두 번이나 나옵니다. 하나님께서는 바알을 숭배했던 이스라엘에게 농경 축복을 거두어 가셨습니다. 그러나 이제는 자연과의 새로운 응답 관계를 통해서 추수를 회복시키신다는 것입니다. 그러니까 이스라엘이 하나님께로 돌아오면 그들의 삶이 풍성하도록 복을 내리실 것을 분명히 힘주어 약속한 것입니다. '그 날에 내가 응답하리라'는 말은 상대방의 어떤 반응에 대해서 행할 바를 행하시겠다는 뜻입니다. 그래서 이 약속은 조건부 축복입니다.

하나님에게는 사랑의 '능력'이 있습니다. 그래서 우리에게 필요한 모든 것들을 사랑의 표시로 모두 공급하실 수 있습니다. 이스라엘은 바알 신이 다산을 주관하는 줄로 알았습니다. 그러나 이제는 여호와 하나님이 창조주로서 자연을 통제하신다는 것과 사랑의 능력으로 이스라엘의 온갖 필요를 채워주시는 은혜로우신 분이라는 것을 깨닫게 되었습니다. 그래서 '여호와를 알리라'고 하신 말씀의 의미가 드러났습니다. 즉, 이스라엘 백성이 회개하고 돌아와서 하나님과 함께 동거하면, 하나님의 아름다운 사랑의 '성품'과 그분이 지닌 크나큰 사랑의 '능력'을 알게 된다는 뜻이었습니다. 이렇게 하나님을 알아야 주님의 모습을 닮을 수 있고 또한 주님의 능력을 받을 수 있습니다.

전능하신 능력의 하나님께서 우리를 크게 사랑하십니다. 날마다 우리가 자신들의 부족과 잘못을 회개하고 주께로 돌아가면, 그 "아들과 함께" 우리에게 부으시는 큰 사랑을 체험하며 하나님을 새롭게 알게 됩니다(참고 호 6:1-3). 우리의 믿음 생활은 하나님의 사랑을 받아보는 체험이 많을수록 깊어지고 풍성해집니다. 하나님과 먼 거리에서 머뭇거리면 하나님의 사랑을 체험하지 못합니다. 하나님께서는 우리에게 풍성한 사랑을 부어주기를 무척 고대하십니다. 다만 하나님께서 우리에게 바라시는 것이 한 가지 있습니다. 그것은 바알의 환상에서 깨어나는 것입니다. 바알은 나를 진정으로 사랑하지 않습니다. 바알이 내 곁에 머무는 한, 하나님의 사랑은 내게 부어지지 않습니다. 그러나 일단 주께로 돌아서면, 하나님의 비할 데 없는 참사랑이 내 몸에 스며들기 시작합니다. 주께로 가까이 나아갈수록 하나님의 짙은 사랑이 나의 허물을 덮어주고, 불안을 잠재우며, 새 뜻으로 살아가게 합니다. 하나님의 깊고 큰 사랑이 우리 모두에게 체험되기를 기원합니다.

12장

징계 이후의 축복들
호세아 2:18-23

여호와는 약속의 하나님이십니다. 하나님께서는 에덴동산에서부터 아담과 하와에게 구원을 약속하셨고 구약 역사에서 줄곧 많은 약속들을 이스라엘 백성에게 주셨습니다. 본문에서도 하나님께서는 이스라엘 백성의 회복과 관련된 좋은 약속들을 주십니다.

- 평화와 번영으로 가득 찬 새 땅의 실현(2:18).
- 하나님과 백성 사이의 밀착된 결혼 관계(2:19).
- 주님의 성품과 능력에 대한 새로운 지식(2:20).
- 저주의 심판이 거두어지는 농경 축복의 성취(2:21-22).

이것들은 모두 '그 날'에 있을 약속입니다. 하나님께서는 이같은 언약으로 에덴동산과 같은 완벽하고 총체적인 회복을 약속하셨습니다. 두말할 나위 없이 이러한 복된 약속들은 주의 백성에게 큰 위로가 됩니다. 그런데 이것들은 모두 '그 날'에 있을 약속입니다. 성경에는 여러 가지 듣기 좋은 하나님의 약속들로 가득히 채워져 있습니다. 그래서 우리는 이 같은 축복 구절들을 인용하기를 좋아합니다. 그중의 하나는 욥기 8장 7절입니다.

"네 시작은 미약하였으나 네 나중은 심히 창대하리라"

'창대'라는 말도 이미 크게 된다는 말인데 그것도 부족해서 앞에 "심히"라는 말을 붙였습니다. 그래서 큰 꿈을 꾸며 높은 기대를 하면서 용기를 낼 수 있는 말씀으로 들립니다. 그런데 이 구절은 욥이 고난을 겪고 있을 때 그 원인을 진단하고 처방까지 해준답시고 찾아왔던 욥의 세 친구 중의 한 사람인 빌닷의 말입니다. 이 말은 무슨 좋은 예언을 하는 듯하지만, 자신이 왜 고난을 겪는지도 모르면서 극심한 고통을 받는 욥에게는 아무런 위로가 되지 않았습니다. 욥의 친구들이 거론한 고난에 대한 장광설은 경건하게 들렸을지 몰라도, 사실과 맞지 않았고 욥의 상황에 적절하지도 못했습니다. 욥의 고난이 해소되기 시작한 것은 빌닷의 말처럼 욥이 정직해져서가 아니고 그가 세 친구를 위해 중보 기도를 올렸을 때였습니다(욥 42:10).

우리는 성경에 적힌 축복의 약속들이라고 해서 무턱대고 인용하거나 처방으로 내놓는 일을 조심해야 합니다. 우리가 잘못 알고 잘못 믿은 것을 놓고 나중에 가서 결과가 없다고 하나님을 원망하는 일이 있어서는 안 되기 때문입니다.

그런데 욥이 심히 창대해질 것이라는 빌닷의 말은 하나님께서 욥에게 주신 약속이 아니었습니다. 얼핏 보면, 욥이 나중에 과연 창대해졌으니까 맞는 말 같지만, 하나님은 빌닷을 포함하여 욥의 친구들에게 진노하셨습니다. 그 까닭은 하나님께서 인간의 운명을 다루시는 방법과 원리에 대한 그들의 주장들이 모두 옳지 않았기 때문입니다(욥 42:7). 그들은 개인의 운명에 나타나는 일들을 기계적인 인과응보의 원칙에 맞추어 해석하였습니다. 이들은 신자가 고난을 받는 원인이 각 개인의 죄에 기인한 것이라는 틀에 박힌 전제를 합니다. 달리 말하면, 의로운 자는 고난을 받지 않는다는 이론입니다.

이것은 성경의 가르침이 아닙니다. 성경은 오히려 의인이기 때문에 고난이 있다고 말합니다. 바울이 무엇이라고 했습니까? "무릇 그리스도 예수 안에서 경건하게 살고자 하는 자는 박해를 받으리라"(딤후 3:12)고 말했습니다. 물론 생활 면에 안정이 있을 수 있고 자녀들이 잘될 수 있으며 건강할 수 있습니다. 그렇지만 그리스도를 위하여 하나님의 뜻을 따르면서 경건하고 거룩한 삶을 살려고 하면 불의한 세상에서 고난을 겪기 마련입니다. 예수님이 왜 고난을 겪으셨습니까? 악한 세상과 싸웠기 때문입니다. 바울도 오직 주님과 복음을 위하여 살았으므로 많은 고난을 받았습니다. 세상의 악과 타협하지 않고 오직 하나님을 위해 살려고 하면 모든 것이 불편해지고 힘들어집니다(요 16:33). 세상은 세상에 속하지 않은 자들을 미워합니다. 예수께서 제자들을 위해서 기도한 말씀을 들어보십시오.

"내가 아버지의 말씀을 그들에게 주었사오매 세상이 그
들을 미워하였사오니 이는 내가 세상에 속하지 아니함 같
이 그들도 세상에 속하지 아니함으로 인함이니이다"(요
17:14).

욥이 왜 고난을 겪었습니까? 사탄이 뒤에서 시험했기 때문입
니다. 왜 욥을 시험하였습니까? 욥이 경건했기 때문입니다. 경건
하게 살려고 하지 않고 악한 세상과 싸울 생각이 없으면 훨씬 편
하게 살 수 있습니다. 그러나 예수님의 삶을 닮고 바울의 삶을 본
받으려고 하면 예외 없이 고난이 옵니다. 외부로부터 오는 고난
도 있지만, 나 자신의 내부에서 오는 고통도 있습니다. 주님의 말
씀대로 몸과 마음과 정성을 다하여 이웃을 내 몸같이 사랑해 보
려고 해보십시오. 죽이고 싶은 나의 원수를 위해 복을 비는 기도
를 시도해 보십시오. 모든 것을 다 바쳐 하나님을 사랑하려고 해
보십시오. 편법으로 넘어가면 될 일인데 법대로 하려고 해보십시
오. 그것이 얼마나 힘들다는 것을 금방 알 수 있을 것입니다(벧전
3:9). 말씀대로 살면 더러 존경을 받기도 하지만 세상의 이해관계
에 부딪히면 신자 편에 손해가 오기 마련입니다.

우리는 그리스도의 고난에 참여하도록 부름을 받은 자들입니
다(벧전 3:9). 우리가 선을 행하므로 고난받는 것이 하나님의 뜻이
라고 했습니다(벧전 3:17). 성경은 그리스도를 믿는 신자들에게 이
모저모로 고난이 있다고 하였고 욥의 경우처럼 우리 편에서 원인
을 전혀 알 수 없는 고난도 있다고 가르칩니다. 물론 우리 자신들

의 어리석음과 죄 때문에 오는 불필요한 고난도 많습니다. 그래서 화를 자초하는 일에 대해서 성경은 경고하고 있습니다(벧전15; 렘 7:6).

세월을 지나놓고 보면, 개인적으로 적용이 되었던 성경의 약속들이 이루어지지 않은 것을 알고 실망할 때가 있습니다. 당시에는 성령께서 주시는 약속의 말씀 같았는데 실제로 성취되지 않아서 과연 하나님께서 나를 사랑하시는지를 의심하게 됩니다. 그렇다면 성경에서 약속한 말씀들을 어떻게 이해하고 적용해야 할까요?

하나님의 약속은 조건적인 것도 있고 무조건적인 것도 있습니다.

하나님께서는 예수 그리스도를 대속주로 믿는 자들의 죄를 용서하시고 하나님의 자녀로 삼아 주십니다. 이것은 하나님의 주권적이고 무조건적인 은혜입니다. 그리스도를 믿음으로써 받는 은혜 구원은 하나님의 예정된 계획이므로 반드시 효과를 일으키는 보장된 약속입니다. 그러나 호세아서 본문에 나오는 "그 날"에 대한 약속은 모든 이스라엘 백성에게 무조건 주어지는 회복의 메시지가 아닙니다. 만약 이 약속을 무조건적인 것으로 본다면 마치 "네 시작은 미약하였으나 네 나중은 심히 창대하리라"는 액자를 걸어 놓고 '그 날'이 오기를 마냥 기다리는 격이 될 것입니다.

하나님께서는 자기 백성이 회개하도록 징계하십니다.

이스라엘 백성이 앗수르나 혹은 바벨론으로 잡혀간 까닭은 그들의 죄악 때문이었습니다. 그런데 하나님께서는 단순히 죄를 벌하기 위해서 자기 백성을 이방인의 손에 넘기시지 않았습니다. 하나님의 징계의 목적은 회복을 위한 것입니다. 즉, 죄로부터 회복되고 하나님과 일그러진 관계가 정상화되는 것입니다. 그런데 이 축복의 약속은 회개하고 여호와께로 돌이키는 자들에게 준 것입니다. 회개는 우리 편에서 해야 합니다. 회개는 거룩한 삶의 필수 요항입니다. 성화는 하나님의 말씀에 순종하면서 그리스도를 닮아가는 삶입니다. 성화는 우리가 하나님의 뜻에 협력해야 일어납니다. 하나님 편에서는 우리가 하나님을 잘 따를 수 있도록 보살피시며 가르침을 주십니다. 하나님께서 허락하시는 여건과 가르침 속에서 우리가 하나님의 선한 뜻을 깨닫고 우리 편에서 자발적인 순종을 하지 않으면 거룩한 삶이 이루어지지 않습니다. 그래서 하나님께서는 우리가 불순종을 택하면 징계를 사용하십니다.

그런데 이것은 우리를 강제로 회개시키는 것도 아니고 예외 없이 누구나 올바른 길로 들어선다는 말도 아닙니다. 본인이 원하지 않는데 억지로 회개시킬 수 없습니다. 회복의 메시지는 조건부 약속입니다. 하나님께서는 일찍이 이스라엘 백성이 가나안 땅에 들어가기 직전에 모세를 통해서 조건부 약속을 주셨습니다.

신명기 30장을 펼쳐 보십시오. '돌아오라'는 주제가 두 측면에서 진술되고 있습니다. 하나는 하나님께서 이스라엘의 마음을 돌이키시고 돌아오게 하신다는 것입니다(신 30:3-6). 구절마다 이스라엘의 마음을 돌이키시고 포로에서 돌아오게 하시는 분이 '여호와'라고 강조되어 있습니다.

"네 하나님 여호와께서 마음을 돌이키시고 너를 긍휼히 여기사 포로에서 돌아오게 하시되 네 하나님께서 흩으신 그 모든 백성 중에서 너를 모으시리니"(신 30:3)

또 하나는 백성이 하나님의 은혜에 대한 응답으로 스스로 돌아서라는 권면입니다.

"너와 네 자손이 네 하나님 여호와께로 돌아와… 청종하면"(신 30:1-2)

"너는 돌아와 다시 여호와의 말씀을 청종하고…."(신 30:8).

한편으로는 하나님께서 백성을 돌아오게 하신다고 하였고(신 30:3, 5) 다른 편으로는 백성이 돌아와야 한다고 말합니다. 이 권면은 강요가 아닙니다. 그러나 이스라엘 백성의 마음을 돌이키게 한다는 말은 하나님의 약속이므로 백성이 이 약속을 믿고 하나님께로 돌아가는 긍정적인 반응을 보여야 합니다.

시편에서도 동일한 두 측면의 말씀이 나옵니다.

"그들을 이방 나라의 손에 넘기시매 그들을 미워하는 자
들이 그들을 다스렸도다…그러나 여호와께서 <u>그들의 부
르짖음을 들으실 때에</u> 그들의 고통을 돌보시며…그들을
사로잡은 모든 자에게서 긍휼히 여김을 받게 하셨도다"
(시 106:41-47).

여기서 타국에 붙잡혀간 백성이 주께 부르짖는 회개가 있었을
때 하나님께서 그들을 긍휼히 여기시고 돌보셨다고 했습니다. 본
국으로 귀향시키는 분은 하나님이시지만, 회개하고 하나님을 찾
는 것은 백성의 반응입니다. 하나님께서 먼저 회복을 위해 은혜
로 임하십니다. 이러한 선행적(先行的) 은혜에 대한 응답과 순종은
우리 편의 협력과 자원(自願)이 있어야 효과를 냅니다.

레위기에서도 백성이 행해야 하는 성화와 하나님께서 거룩하
게 하시는 성화가 함께 언급되었습니다.

"너희는 <u>스스로</u> 깨끗하게 하여 거룩할지어다…<u>나는</u> 너희
를 거룩하게 하는 여호와니라" (레 20:7-8).

구약에서처럼, 신약에서도 거룩한 삶을 위한 성화의 책임이
인간에게 있음을 지적합니다.

"죄인들아 손을 깨끗이 하라 두 마음을 품은 자들아 <u>마음</u>을 성결하게 하라"(약 4:8)

죄인들 자신이 스스로 성화에 참여해야 합니다. 자기 손을 자기가 깨끗이 씻어야 합니다. 외면적인 것을 정화할 뿐만 아니라 내면적인 것도 정결케 하여야 합니다. 하나님의 권면이나 명령을 듣고 나 스스로 '마음'을 정화해야 합니다.

"내게 능력 주시는 자 안에서 내가 모든 것을 할 수 있느니라" (빌 4:13).

바울은 내가 모든 것을 스스로 할 수 있다거나 혹은 그리스도가 나를 위해서 모든 것을 다 해주신다고 말하지 않았습니다. 행하는 자는 바울입니다. 그러나 주 예수께서 바울에게 힘을 주십니다. 그래서 바울은 자기가 '그리스도 안에서' 모든 것을 할 수 있다고 말하였습니다.

다시 호세아 본문의 약속으로 돌아갑니다. 이것은 누구를 위한 약속입니까? 당시의 이스라엘 백성을 포함하여 모든 하나님의 백성에게 주신 약속입니다. 그럼 어떻게 적용되어야 할까요? 축복 구절들이라고 액자에 넣어 벽에 붙여 놓기만 하면 될까요? 호세아의 메시지를 들었던 이스라엘 백성은 어떤 식으로 이 약속을 경험할 수 있었을 것 같습니까?

북이스라엘이 문자적으로 앗수르에서 귀향하는 것은 그들의 세대에서는 기대하기 어려웠습니다. 남부 유다의 경우에도 바벨론으로 잡혀갔는데 예레미야 선지자는 포로 기간이 70년이 될 것이라고 예언하였습니다(렘 25:11; 29:10). 그런데 정확하게 70년이 언제부터 시작되는지 알 수 없었습니다. 이 기간이 상징적인 기간인지, 바벨론 왕국이 시작된 때로부터 70년인지, 혹은 포로로 잡혀간 때부터인지, 아니면 대략적인 기간인지 잘 알 수 없었습니다. 아무튼 먼 이방 나라로 잡혀가는 것이니까 단시일 내에 돌아올 수 없는 것은 분명하였습니다. 그럼 먼 미래의 일로 알고 포기하라는 말일까요? 그렇지 않습니다. 하나님의 모든 회복의 말씀은 각 세대에 현재적인 적용이 되도록 의도된 것입니다. 그래서 당시의 이스라엘 백성은 다음과 같이 이 축복의 약속들을 적용해야 했습니다.

첫째, 우상 숭배가 얼마나 나쁜 것인지를 인정하고 하나님의 징계를 순순히 받는 것입니다.

이스라엘 백성은 앗수르나 바벨론으로 잡혀갈 때 불평하지 말고 당연히 맞아야 할 채찍으로 여기고 자신들을 낮추어야 했습니다(참고. 단 9장). 우리가 징계를 받을 때는 하나님 앞에서 어떻게 살았는지를 반성하고 잘못을 겸손히 인정해야 합니다. 이것이 회복을 위한 가장 신속한 첫걸음입니다.

둘째, 하나님의 징계에 선한 목적이 있음을 기억하는 것입니다.

이스라엘에게 주신 축복의 약속들은 그들이 포로로 잡혀간 이후에 오는 은혜였습니다. 왜 포로로 잡혀갑니까? 우상 숭배를 했기 때문입니다. 그럼, 포로 생활을 통해서 하나님께서 의도하시는 것이 무엇입니까? 회개입니다. 그렇다면, 회개한 이후에는 어떻게 될까요? 하나님과의 관계가 정상화되고 많은 복을 받습니다. 이것이 징계를 통한 하나님의 선한 뜻입니다.

예레미야 29장 11절은 우리가 좋아하는 구절입니다.

"여호와의 말씀이니라 너희를 향한 나의 생각을 내가 아나니 평안이요 재앙이 아니니라 너희에게 미래와 희망을 주는 것이니라"

이 약속은 바벨론으로 잡혀간 이스라엘 포로들에게 준 말씀이었습니다. 하나님의 생각은 단순한 보복이나 징벌 자체로 그치는 것이 아니라 자기 자녀들에게 "미래와 희망을 주는 것"이었습니다. 징계가 없으면 내일의 소망도 없습니다. 그래서 징계의 목적을 알고 이를 잘 받아야 합니다. 징계를 통해서 자신의 잘못을 깨닫고 주님의 이름을 부르면 하나님께서 기도를 응답하시고 회복시켜 주십니다. 예레미야 29장 11절은 그다음 절들에 이어 나오는 전심의 회개라는 조건 충족이 채워질 때만 성취됩니다. 다시 말해서, 하나님께서 기도를 들어주시며 만나 주신다는 약속은 진정한 회개와 하나님에 대한 신뢰를 전제한 조건부 약속입니다.

히브리서의 저자도 징계의 참 목적과 의도된 결과가 무엇인지를 지적하였습니다.

"그들은 잠시 자기의 뜻대로 우리를 징계하였거니와 오직 하나님은 우리의 유익을 위하여 그의 거룩하심에 참여하게 하시느니라 무릇 징계가 당시에는 즐거워 보이지 않고 슬퍼 보이나 후에 그로 말미암아 연단 받은 자들은 의와 평강의 열매를 맺느니라"(히 12:10-11).

셋째, 회개를 통해서 날마다 하나님의 축복을 누리는 것입니다.

이스라엘 백성이 타국에 포로가 되어 나라가 망하였지만, 그것이 마지막이 아니었습니다. 외형적인 국가는 무너졌어도 하나님의 백성은 자기들이 처한 곳에서 얼마든지 하나님의 복을 누릴 수 있었습니다. 회개하고 우상을 떠나면, 장소에 상관없이 하나님의 계속된 임재를 체험할 수 있습니다. 실제로 이스라엘 백성이 바벨론에 잡혀갔지만, 회당도 짓고 믿음의 공동체를 이루면서 약속된 하나님의 복을 상당히 누리면서 살았습니다.

넷째, 약속의 궁극적인 실현은 하나님의 때에 반드시 일어날 것으로 믿고 사는 것입니다.

앗수르나 바벨론으로 잡혀간 백성은 상당수가 귀국하지 못하고 타국 땅에 묻혀야 했습니다. 그러나 그들은 하나님과 온전히 연합되고 자연계까지도 조화를 이루어 과거의 비극과 재앙들이 기억에서도 사라질 새로운 세상에 대한 약속을 믿음의 눈으로 대망하며 하나님을 신뢰해야 했습니다.

그럼 우리 세대는 이러한 성경의 예언적 메시지를 어떻게 대해야 할까요? 구약 시대의 백성과 마찬가지입니다. 우리는 시대적으로 보면, 당시의 이스라엘 백성이 바라보았던 메시아 시대에 살고 있습니다. 당시의 이스라엘 백성에게 약속된 하나님께로의 복귀와 자연과의 조화로 오는 풍요로운 삶은 모두 예수 그리스도 안에서 받게 될 축복의 예고였습니다. 이제 신약 교회는 이 약속의 유업을 누려야 합니다(갈 3:29). 어떻게 누릴 수 있습니까?

• 탐심에서 비롯되는 우상 숭배로부터 회개해야 합니다(골 3:5).
• 하나님과의 온전한 연합에서 오는 주님의 은혜로운 성품들을 본받아야 합니다.
• 주님과의 연합을 통해 밀착된 사랑의 교제를 나누어야 합니다.
• 주님의 말씀에 모두 아멘과 순종으로 응답해야 합니다.

이렇게 할 때 진정으로 하나님께서 우리의 주님이 되시고, 우리가 진정으로 하나님의 백성이 됩니다. 한편, 호세아가 받은 예언의 내용은 아직도 미래 지향적입니다. 하나님과의 완전한 연합과 넘치는 새 생명의 영원한 삶은 주님의 재림 때 성취될 것입니다. 그때 언약에 적힌 저주의 문구들이 영원히 폐지될 것이기에 (계 22:2-3) 우리는 이 소망이 반드시 실현될 것을 믿고 살아야 합니다.

여호와께서는 한때 방탕한 이스라엘을 아내로 삼으셨습니다. 그러나 회개하지 않는 이스라엘을 징계의 단련장으로 보내시고 제2의 새 삶을 위한 회복의 기회로 활용하셨습니다. 이방의 포로로 잡혀가게 하실 때는 이스라엘을 버리신 듯했어도, 하나님의 가슴은 그들에 대한 불붙는 긍휼로 타올랐습니다. 그래서 자기 백성에게 약속의 말씀이 기억나게 하시고 자신들의 죄를 회개할 수 있도록 도우실 것이었습니다.

하나님께서는 믿음으로 응답하는 자들을 다시 불러들여 복을 내리신다고 약속하셨습니다. 하나님께서는 회개하며 돌아오는 자들에게 새로운 긍휼을 보이시고 그들의 상처를 치유하시며 예전보다 더 큰 번영을 누리게 하십니다. 하나님께서는 회개하는 백성은 언약의 불신실을 대표했던 다산 종교에서 풀려날 것이라고 약속하셨습니다. 이 약속은 우리에게도 그대로 적용됩니다(신 30:6).

출애굽의 구원을 체험했던 이스라엘 백성이 우상에 빠졌을 때 하나님께서는 오래 참으시다가 마침내 징계하셨습니다. 그리고 징계의 기간이 끝나자 다시 거친 들로 데리고 가서 구애와 설득의 말로 회복을 약속하셨습니다.

지금은 어떻게 하실까요? 하나님께서는 우리가 계속해서 세상의 우상들을 따를 때 징계하십니다. 그러나 회복을 위한 징계가 끝나면 십자가로 데리고 가십니다. 우리의 거친 들은 갈보리의 십자가 아래입니다. 하나님께서는 거기서 새롭게 살자고 우리를 설득하시며 구애하십니다. 여호와께서는 먼저 주도권을 쥐시고 새 삶을 위한 모든 것을 준비하신 후에 신부를 찾아오십니다. 신부인 이스라엘은 이러한 하나님의 호의와 친절에 응답하면 됩니다. 단지 우리는 이러한 회복의 약속에는 조건이 붙어 있다는 사실을 잊지 말아야 합니다. 무슨 조건입니까? 우상들의 이름을 부르지 말라는 것이 언약의 조건입니다(출 23:13).

우리가 주께로 다시 돌아서면, 하나님께서는 아골 골짜기를 소망의 문으로 열어 주십니다. 우리의 환난과 죄악의 수치는 모두 십자가에서 지워집니다. 그러면 우리는 출애굽 때처럼 어린 양의 피로 구원하시는 여호와를 따르게 됩니다. 우리는 십자가 아래에서 다시 주님의 이름을 부르기 시작합니다. 십자가 아래에서 바알이 아닌, 주님을 나의 주라고 부릅니다. 내 육신의 바알은 십자가 앞에서 사라지고 그 이름조차 기억되지 않을 것입니다. 그 이후부터 우리는 새 언약의 축복들을 체험하기 시작합니다. 구약 시대처럼 단순한 농경 수확의 축복이나 야수로부터의 보호나 전쟁이 없는 수준의 복이 아닙니다. 그리스도 안에 있는 하늘에 속한 모든 신령한 축복들이 풍성히 내려오기 시작합니다. 예를 들면 다음과 같은 것들입니다.

- 성령으로 충만하게 되고 귀한 말씀이 깨달아집니다.
- 심령이 메마르지 않고 두려움이 사라지며 마음에 평강이

옵니다.

- 기도가 은혜롭고 하나님의 생명이 우리의 영혼을 적시는 것을 체험합니다.
- 주님을 더욱 사랑하며 순종하려는 마음이 불어나면서 주를 위하여 할 수 있는 일들이 무엇인지 찾게 됩니다.

우리는 자주자주 바알의 이름을 부릅니다. 주님은 오래오래 참으십니다. 그래도 돌아서지 않으면 자기 백성을 징계하십니다. 하나님을 계속 무시하고 내 뜻대로 살며 세속의 임에게 몸을 바치기 시작하면, 하나님께서 좌시하시지 않습니다. 가시와 담으로 나를 막으시고 적군의 포로가 되게 하시며 내 땅을 황폐하게 하십니다. 그 목적이 무엇이겠습니까? 감정적인 보복을 위해서가 아니고, 우리에게 회복과 소망을 주기 위해서입니다. 그래서 징계 후에는 저주가 복으로 변합니다(느 13:2; 신 23:5; 61:3; 시 30:11). 하나님께서는 우리에게 그 전보다 더 큰 복을 내리십니다. 하나님은 우리를 광야에 세워진 십자가로 데리고 가십니다. 거기서 회개하는 자녀들에게 빼앗긴 포도원을 돌려주시고, 수치스러운 죄악을 덮으시며, 넓은 사랑으로 다시 안으십니다. 이처럼 깊은 차원에서 우리를 아내로 다시 맞아주십니다. "네가 여호와를 알리라"(3:20)고 하신 것은 절절한 하나님의 사랑의 체험을 가리킨 말씀이었습니다.

우리는 주님을 어떻게 알고 있습니까? "네가 여호와를 알리라"고 하신 말씀이 우리에게 응하지 않았다면 그 이유가 무엇입니까? 호세아가 약속한 미래의 축복들은 모두 회개하는 믿음의 백성에게 준 것이었습니다(신 28:1-14). 징계받기 전에 회개하는 것이 좋습니다. 징계를 받으면 후유증이 옵니다. 물론 하나님의 용서를 받고 하나님과 정상적인 관계로 회복되면 많은 복을 받습니다. 그러나 징계를 받을 때까지 무책임하게 자신을 방임하고 하나님을 회피한 죄는 용서받은 이후에도 수시로 자신의 영혼에 우울과 회한의 바람을 일으킵니다. 하나님께서 용서하신 것은 우리도 넘어가야 합니다. 그러나 그렇게 되기까지 우리의 죄는 마음 한구석에 아픔의 앙금으로 깔려 있어 찌르는 가시가 됩니다. 그러므로 여호와의 긍휼을 아직 체험하지 못했다면 속히 회개하는 것이 좋습니다.

성경은 징계와 회개를 통해서 받는 축복을 의도적으로 밀어내는 자들에게 내릴 무서운 미래에 대해서 엄숙히 경고합니다. 하나님께서 오래 참으시며 은혜를 베푸시고 징계의 기회도 주셨는데 회개하지 않으면 어떻게 될 것 같습니까? 그리스도의 심판대 앞에 서게 될 때(롬 14:10) 불같은 심판을 받습니다(고전 3:13; 히 10:27). 지상에서 징계를 받고도 회개하지 않은 자들은 그리스도의 심판대에서 크게 당황할 것입니다. 그들은 상을 잃고 "불 가운데서"(고전 3:15) 간신히 빠져나오는 것과 같은 구원을 받게 됩니다. 그래서 바울은 우리 자신을 미리 살펴서 그런 일이 없도록 하라고 경고하였습니다. "우리가 스스로 살피면 심판을 받지 않을 것입니다."(고전 11:31, 새번역)

하나님의 징계의 목적은 관계의 회복을 통해서 우리에게 복을 내려 주시려는 것입니다. 이것은 무엇을 의미합니까? 하나님께서 자기 백성을 한 번도 사랑하시지 않은 적이 없다는 뜻입니다. 하나님께서는 이스라엘 백성의 남편으로서 외도한 아내에 대해 진노하셨습니다. 그래서 이스라엘은 이방 나라로 내쫓겼습니다. 그러나 하나님께서는 자신의 아내를 완전히 내버릴 의사가 처음부터 없었습니다(신 4:31). 남편 되신 여호와 하나님은 아내 된 이스라엘을 내쫓을 때 분을 못 이겨 저주하고 다시는 보지 않는다고 맹세하시지 않았습니다. 남편은 아내를 내쫓을 때 영원한 새 출발의 결합을 위해 회복의 길을 닦기 시작하였습니다. 참사랑은 정성으로 준비하는 사랑입니다. 참사랑은 배신의 아내를 용납하며 예전보다 더 강한 사랑으로 대합니다. 이스라엘은 회복된 이후에 남편의 사랑을 겹겹으로 더 받을 것이었습니다. 그 사랑은 옛날 그들의 조상들이 받았던 번영의 축복보다 더 큰 것이었습니다(신 30:5).

"내가 이 백성에게 이 큰 재앙을 내린 것 같이 허락한 모든 복을 그들에게 내리리라"(렘 32:42).

그런데 참사랑은 맹목적이거나 감상적이지 않습니다. 참사랑은 인내하며 깊이 생각합니다. 하나님께서는 자기 백성을 위해 가장 좋은 것을 고르고, 가장 선한 것을 선택하십니다. 사랑의 회복은 과정을 거쳐야 합니다. 먼저 이스라엘이 벌을 받고 교훈을 받아야 했습니다. 징계의 체험을 거쳐야만 남편의 구애와 설득에 응답할 수 있습니다. 회복의 사역은 하나님의 일입니다. 그러나 그의 백성은 하나님께 긍정적인 회개의 반응을 보여야 합니다.

하나님께서 이스라엘을 대하시는 것에서 우리는 몇 가지 교훈을 얻을 수 있습니다. 하나님의 사랑은 그치지 않습니다. 우리가 주 예수를 믿은 날부터 주께서 우리를 하루도 사랑하지 않으실 때가 없었습니다. 우리는 징계를 받은 후에 하나님의 사랑을 더욱 깊이 느끼며 과거보다 훨씬 더 큰 복을 받습니다.

> "네 하나님 여호와께서 너를 네 조상들이 차지한 땅으로
> 돌아오게 하사 네게 다시 그것을 차지하게 하실 것이며
> 여호와께서 또 네게 선을 행하사 네게 네 조상들보다 더
> 번성하게 하실 것이며 네 하나님 여호와께서 네 마음과
> 네 자손의 마음에 할례를 베푸사 네게 마음을 다하며 뜻
> 을 다하여 네 하나님 여호와를 사랑하게 하사 네게 생명
> 을 얻게 하실 것이며"(신 30:5-6).

우리의 시점에서 보면, "조상들보다 더 번성하게" 되고 "하나님 여호와를 사랑"하는 회복의 때는 예수님이 십자가 사역을 시작하신 때입니다(롬 11:28-32). 주님은 하나님의 생명을 안고 이 세상에 오셨습니다. 그를 믿는 자에게는 영생의 생수가 흐릅니다. 예수님은 회복의 메시지를 들고 세상에 오셨습니다. 어떤 죄인도 우상에서 떠나 하나님께로 돌아오면, 충만한 새 생명의 삶을 살 수 있습니다. 예수 그리스도를 믿다가 탈선을 했거나 진심으로 주를 섬기지 않는 자들도 회개하고 돌아서면, 주님으로부터 대환영을 받습니다.

하나님께서는 우리에게 몸과 마음과 정성과 힘을 다해 주님을 사랑하라고 하셨습니다. 그런데 사실은 주님께서 몸과 마음과 정성과 힘을 다해 우리를 먼저 사랑하셨습니다. 주님께서는 지금도 우리 마음에 할례를 베푸시고 우리가 전심전력으로 주를 사랑하도록 도우십니다. 주님은 이 일을 위해 자신을 투신하셨습니다. 그렇다면 우리가 주께로 돌아서지 않아야 할 이유가 없습니다. 우리의 크고 작은 우상들로부터 떠나 주께로 돌아가도록 합시다. 주님의 변함없는 사랑이 우리를 기다리고 있습니다.

13장
불굴의 사랑
호세아 3:1

"여호와께서 내게 이르시되 이스라엘 자손이 다른 신을
섬기고 건포도 과자를 즐길지라도 여호와가 그들을 사랑
하나니…" (3:1)

인간의 가슴에 가장 진하게 와 닿는 것이 있다면 무엇일까요?
사랑이라고 하면 모두 동의할 것입니다. 인간은 사랑이 없으면
살 수 없습니다. 인간을 인간답게 살게 하는 데 꼭 필요한 것은
무엇보다도 사랑입니다. 그래서 사람에게 가장 큰 관심거리도 역
시 사랑입니다. 세상에 러브 스토리가 그렇게 많은 사람의 관심
을 끄는 이유가 무엇입니까? 인간에게 사랑이 필요하기 때문입
니다. 그런데 최대의 러브 스토리는 대문호의 작품이나 연속극에
나오는 드라마가 아닙니다. 최대의 러브 스토리는 성경에 나옵니
다.

세상의 러브 스토리는 대체로 때 묻은 사랑이며 불륜의 예찬

입니다. 유명한 오페라나 영화의 주제는 불륜의 사랑을 소재로 삼은 것이 대부분입니다. 이따금 순정을 다룬 작품들이 있을지라도 그것은 하나님의 러브 스토리와 비교할 수 없습니다. 성경은 하나님께서 자기 백성을 얼마나 사랑하시는지를 구속의 역사를 통해 수천 년 동안 엮어 나간 책이라고 할 수 있습니다. 호세아서에서 진술된 하나님의 사랑만 하여도 세상의 다른 모든 러브 스토리를 월등히 추월합니다. 호세아 3장에서 진술된 하나님의 사랑은 호세아가 고멜과 갖는 불행한 관계 속에서 참모습을 드러냅니다.

선지자의 고뇌

호세아는 고멜로 인해서 깊은 고뇌에 빠졌습니다. 고멜이 다시 가출하였습니다. 그런데 이번에는 아예 다른 남자의 노예가 되었습니다. 고멜은 스스로 자신을 판 음녀가 된 것입니다. 고멜로 인해서 호세아가 당했을 고통을 상상해 보십시오. 세 명의 자식들을 두고 집을 완전히 떠나 버린 아내가 얼마나 야속했겠습니까?

무정한 아내는 선지자인 남편의 사역에 미칠 악영향은 아랑곳하지 않고 음녀가 되었습니다. 그리고 마침내 자신의 몸을 팔고 노예로 전락하였습니다. 아이들은 반나절도 넘기지 못하고 어머니를 찾습니다. 아이들이 엄마의 행방을 물었을 때 호세아가 어떻게 대답했겠습니까? 무슨 말로 아이들을 잠재웠겠습니까?

호세아 선지자는 혼자서 아이들을 키워야 했습니다. 더욱 힘든 것은 가출한 아내를 메시지의 주제로 삼고 외쳐야 하는 일이었습니다. 이런 호세아를 보고 사람들이 무엇이라고 수군거렸을 것 같습니까? 자기 아내가 다른 남자를 따라서 집을 나간 것을 대놓고 알리면서 이스라엘도 그와 같다고 외치는 모습이 꼴불견이라고 비난했을 것입니다. 아마도 그들은 호세아 선지자의 메시지를 비웃으며 집에 박혀서 아이들이나 보라고 야유했을 성싶습니다.

목사들에게 주는 권면 중에 자신의 삶이 메시지가 되어야 한다는 말이 있습니다. 그런데 성경에서 정말 문자적으로 자신의 삶이 하나님의 메시지가 된 사람이 있었습니다. 그 사람은 호세아 선지자입니다. 고멜과의 괴로운 결혼 생활이 호세아가 전해야 하는 메시지였습니다.

당시의 선지자들은 오늘날처럼 교회에서 예배를 보지 않았습니다. 교회가 없던 시대였기 때문에 설교 시간이나 장소가 정해져 있지 않았습니다. 아무 때든지 하나님께서 나가서 말씀을 전하라고 하시면 어디든지 그대로 가야 했습니다. 호세아가 하나님의 지시를 받고 집을 나선다고 상상해 보십시오. 아이들이 줄줄이 따라 나오면서 물었을 것입니다.

「아빠 어디가?」
「나 하나님 말씀 전하고 올게」
「우리도 따라갈래」
「아냐, 오면 안 돼, 너희 엄마 얘기하는 거야. 너희들 들으면 안 돼」

「아빠, 왜 안 돼? 오늘 엄마 거기 올 거야?」

철없는 아이들이 이렇게 물을 때 호세아의 가슴이 얼마나 미어졌겠습니까?

「너희들 집에 있어. 아빠 빨리 돌아올게. 집에 와서 맛있는 거 해 줄 테니까 이스르엘아, 너 로루하마와 로암미 데리고 잘 놀아, 응」

「싫어, 아빠 따라갈 거야. 」

막내둥이가 울면서 아빠를 잡고 놓지 않습니다.

호세아는 할 수 없어 막내는 업고, 둘은 양손에 잡고 백성이 모인 곳에 가서 '여호와의 말씀이니라' 하고 메시지를 전합니다. 얼마나 기막힌 일입니까? 사람들이 호세아를 보고 집에 들어가서 아이들이나 보라고 야유했을 이유가 이해되지 않습니까?

호세아는 이스라엘 백성을 보고 우상 신을 섬기는 음녀라고 선포했습니다. 그의 메시지를 좋아할 백성은 아무도 없었습니다. 그런 선지자의 사역을 돕기 위해서 애들을 봐주겠다고 자원할 자가 누가 있었겠습니까? 호세아는 참으로 고멜이 원망스러웠을 것입니다.

호세아가 아이들을 데리고 다니면서 메시지를 전하는 모습이 처량하고 가엾지 않습니까? 그럼 십자가에 달려서 조롱을 당하시며 자신의 피로써 복음을 전하시는 예수님은 어떻게 보입니까? 가련해 보이지 않습니까? 동정이 가지 않습니까? 안타깝게 느껴지지 않습니까? 누구를 위해서 예수님이 그처럼 심한 고초를 겪으셨단 말입니까? 함께 동거하며 동역했던 제자들은 모두 도망쳤습니다. 그들은 고멜처럼 배신하고 고멜처럼 가출했습니다. 호세아가 고멜 때문에 수치를 당하면서 복음을 전하는 모습이 안타깝다면, 우리의 불의와 죄 때문에 고통당하시는 주님의 모습은 더한층 우리의 가슴을 아프게 해야 할 것입니다.

고멜이 보인 반응

세속적인 신자가 영적인 사람과 함께 사는 것은 크게 불편합니다. 고멜은 선지자와 사는 삶이 너무도 불만이었습니다. 날마다 하나님 말씀 운운하는 것이 지겨웠습니다. 그녀는 밖으로 나가서 다른 남자들과 즐겁게 놀면서 사는 것이 훨씬 더 멋진 삶이라고 여겼습니다. 옛 버릇을 고치는 일은 쉽지 않습니다. 고멜은 과거에 놀아본 여자였습니다. 그래서 조금만 불편하고 지루해도 참지 못하고 옛날의 죄악 된 생활을 그리워했습니다.

그녀의 입장에서 보면, 호세아처럼 여호와만 바라고 사는 삶이 싫었습니다. 날마다 '순종합시다', '기도합시다', '말씀 묵상합시다', '예배 보러 갑시다', '찬송합시다' 하는 말을 듣고 살려니 정말 지겨웠습니다. 그렇게 산다고 해서 뭉치돈이 쑥쑥 들어오는 것도 아니었습니다. 선지자 노릇을 잘한다고 하나님께서 칭찬하시는 것 같지도 않았습니다. 남편이라는 자가 허구한 날 밖으로 나가서 말씀을 전한다고 외치고 다니지만, 아무도 듣는 사람이 없었습니다. 조롱만 당하면서 사는 남편이 바보처럼 보였습니다. 남편이 바보라고 여겨지는데 어찌 존경이 가고 정이 가겠습니까? 고멜은 똑똑하고 돈 많은 멋진 남자들을 동경하지 않을 수 없었습니다.

고멜이 보인 반응은 우리 가운데서도 나타날 수 있습니다. 남편이나 아내가 호세아처럼 경건하게 살려고 하면 배우자가 어떤 반응을 보일까요?

남편이 아내에게 말합니다.
「여보 연속극 제발 고만 보고 성경 좀 읽어요!」
「아 당신 말이 맞아요. 내가 이러고 있을 때가 아니지. 미안해요. 당장 TV 끌게요.」

이렇게 말한다면, 매우 훌륭한 배우자입니다. 그러나 다르게 말하는 사람도 있습니다.

「내가 연속극 좀 보는데 뭐가 그렇게 배가 아파서 성경, 성경 하세요. 성경도 쉬어 가면서 봐야지 너무 자주 보면 체해요 체해! 애들 보고도 성경 자꾸 읽으라고 하지 말아요. 지금 학교 공부도 시간이 부족한데 당신은 애들 공부는 챙기지 않으면서 왜 아이들을 못살게 굴어요. 성경이야 평생 볼 건데 나중에 다 자라서 봐도 충분해요.」

남편이 말합니다.

「여보 오늘 주일인데 화장대 앞에서 시간 다 쓰지 말고 제발 예배 시간 좀 지킵시다.」

아내가 무엇이라고 대꾸할까요?

「당신은 수도원에 들어가서 살았어야 할 사람이에요. 여기가 가정집이지 수도원인 줄 아세요.」

아내가 남편에게 말합니다.

「여보, 오늘 아이 옷 사러 나가는데 나도 한 벌 살래요.」

「아, 당신 지금 입고 있는 옷도 좋지 않소. 지출을 좀 줄여서 하나님 일 위해서 헌금합시다. 더구나 오늘 주일인데….」

아내가 역정을 냅니다.

「아이고 답답해라. 말을 꺼낸 내가 잘못이지. 당신이 언제 옷 한 벌 사 준 적 있어요? 내가 아낄 대로 아끼는데 뭘 또 아끼자는 거예요. 제발 당신도 그 거지 같은 옷 좀 벗어 버리고 돈을 쓸 때 좀 써 봐요. 창피해 죽겠어요. 남 주는 것 아니고 나 좋아라고 하는 건데 무슨 남자가 저렇게 돈 한 푼 가지고 벌벌 떨고 껀껀마다 하나님만 들먹거리는지 정말 속상해서 당신이랑 못 살겠어요. 나는 언제 돈 좀 팍팍 쓰면서 살아 보나.」

요즘 우리나라 여성의 결혼 배우자 선택 조건이 90퍼센트가 경제력이라는 통계가 있습니다. 물론 남자들도 조건 좋은 배우자를 원할 것은 마찬가지일 것입니다. 일반적으로 말해서, 상대방의 인격이나 가치관이나 삶의 자세 같은 것은 상관할 것 없고 수입만 좋으면 가놓고 본다는 것입니다. 돈이 다 해결할 것으로 보는 것입니다. 그런 사람들에게 참사랑 운운하는 것은 유치하게 들릴 것입니다.

아내가 남편에게 말합니다.
「여보 식사하세요!」
정떨어지는 음성으로 내뱉듯이 하는 말이지만 남편은 꾹 참고 아내에게 제안합니다.

「아침이니까 주님께 마음을 모아 먼저 기도합시다.」

아내는 식기도 하자는 남편의 말이 달갑지 않습니다.

「아이구 또 길게 하려고 무게를 잡는군요. 국 다 식어요! 애들 빨리 학교 데려다주어야 한다니까요. 혼자 거룩한 체 말고 식기 도니까 짧게 좀 해요. 그렇게 기도가 하고 싶으면 혼자 하든지 교회당에 가서 살든지 하면 되잖아요. 나는 그저 각자 기도하자는 사람이 제일 좋더라.」

현대 교인 중에도 경건한 삶을 싫어하는 고멜들이 많습니다. 물론 고멜이라고 해서 꼭 여자들만 그런 것은 아닙니다. 고멜 끼를 가진 남자들도 적지 않습니다. 남편은 가장으로서 마땅히 가정을 신앙으로 이끌고 기독교의 가치관과 복음으로 가족을 가르치고 인도해야 합니다. 그런데 오히려 아내가 성경을 더 잘 알고 기도 생활도 남편보다 더 잘 하는 경우가 적지 않습니다. 대부분 너무 바쁘고 피곤해서 남편이 신앙적으로 가장 노릇을 못 한다고 말합니다. 그러나 더러 예외도 있겠지만, 그런 것은 다 핑계입니다. 하나님 우선이 아니기 때문에 못 하는 것이지 시간이 없고 피곤해서 못하는 것은 아닐 것입니다. 가장으로서 가족을 신앙적으로 인도하는 일은 시간이 짧아도 가능합니다. 아무리 피곤한 일정이라도 주께 간구하며 지혜를 내면 주님의 교훈으로 가족을 지도할 수 있다고 봅니다. 남편으로서 하나님께서 맡기신 가장의 신령한 사명을 감당하지 않는 것은 핑계할 수 없는 불순종입니다.

호세아가 보인 반응

호세아는 고멜을 많이 타이르고 마음을 잡으라고 적극적으로 권고했을 것입니다.

「여보, 아이들을 보아서라도 좀 참으시오. 그리고 내가 명색이 선지자인데 내가 맡은 사역을 생각해서라도 좀 기다려 주오. 혹시 하나님께서 우리 가정을 살리기 위해서 나의 이 힘든 선지자 생활을 그만해도 좋다고 허락하실 때가 올는지 모르지 않소. 그러면 돈도 열심히 벌고 해서 원하는 것 사 주리다.」

그러던 어느 날 고멜은 짐을 싸 들고 집을 아예 떠났습니다.

그날의 충격과 슬픔은 직접 당해 보지 않은 사람이라도 가히 짐작할 수 있을 것입니다. 호세아가 어찌 슬퍼하지 않고 원망하지 않았겠습니까? 그렇게 말렸는데도 결국 떠나버린 매정한 아내에 대해서 자신이 못나서 그렇다고 자책도 했을 것입니다. 그는 선지자로서도 실패했고, 남편으로서도 실패했다고 여겼을 것입니다. 하나님의 메시지를 아무리 신실하게 전해도 듣는 사람이 없고, 자기 아내마저 남편을 업신여기고 떠났으니 어찌 자신을 탓하지 않을 수 있었겠습니까? 아마도 큰 번민에 빠져 괴로운 나날을 보내며 하나님도 원망했을지 모릅니다.

「여호와여 주의 명령에 순종하여 고멜과 같은 여자를 아내로 맞이했는데 결국 이렇게 되다니 어찌 된 일입니까? 왜 나를 선지자로 불렀습니까? 왜 고멜과 결혼하라고 하셨습니까? 지금까지의 구속의 역사에서 하나님께서 음녀와 결혼하라고 하신 다른 선지자가 있었습니까? 어찌하여 저보고만 말도 안 되는 결혼을 명령하시고 이처럼 고통스러운 삶을 살게 하십니까?」

「도대체 하나님의 뜻이 무엇입니까? 제가 아이 셋을 데리고 앞으로 어떻게 살라는 것입니까? 아이들 돌보기도 힘든데 어떻게 선지자 노릇까지 한단 말입니까? 지금까지 고멜이 제 속을 썩인 것이 아직도 부족하다는 말씀입니까? 저는 이런 상태에서 더 이상 선지자 노릇 하지 못하겠습니다. 저는 오늘부로 사임합니다.」

물론 호세아가 이렇게 말했다는 기록은 없습니다. 그러나 그가 고멜이 나간 후로 많은 고통을 받으며 하나님께 탄원했을 것은 분명합니다. 그가 고멜 문제로 얼마나 피눈물 나는 기도를 했겠습니까? 런던에 가면 존 웨슬리가 목회했던 교회와 목사관이 한 장소에 아직도 보존되어 있습니다. 존 웨슬리는 매우 경건하고 유명한 전도자였습니다. 그는 말을 타고 비가 오나 눈이 오나 전국을 다니면서 전도하였고 수십만의 결신자를 얻었습니다. 웨슬리 시대에 프랑스는 피비린내 나는 혁명을 일으켰습니다. 역사가들의 평가에 의하면, 영국에서 그런 유혈 혁명이 일어나지 않았던 것은 웨슬리가 다수의 저소득층을 비롯하여 각계각층의 시민들에게 복음을 전한 영향이 컸기 때문이라고 평가합니다.

그런데 웨슬리는 매우 불행한 결혼을 하였습니다. 그는 수많은 여성 팬들이 있었음에도 교양이 부족하고 여러 명의 자식을 둔 어떤 과부와 결혼했습니다. 그의 아내는 웨슬리의 복음 사역의 중요성을 이해하지 못하고 동역하는 일에 비협조적이었습니다. 웨슬리의 아내는 자주 집을 나갔는데 나중에는 웨슬리를 아예 떠나고 말았습니다. 웨슬리는 그 이후로 자기 아내와 만나지 못하였고 별거하다가 홀로 세상을 떠났습니다.

여러 해 전에 저는 웨슬리의 서재에 있는 기도대를 보고 큰 감동을 받았습니다. 기도대에 무릎이 닿는 부분이 푹 패여 있었기 때문입니다. 물론 복음 사역과 관련된 기도를 많이 했겠지만, 그의 기도대가 그처럼 닳은 것은 불행했던 자기 아내와의 문제로 하나님께 탄원한 까닭도 적지 아니 포함됐을 것입니다.

웨슬리 같은 영적 거장이 주위에서 다 반대하는 결혼을 한 것은 이해하기 힘듭니다. 그러나 하나님께서는 우리가 사서 하는 고난도 때로는 우리의 영적 단련을 위해서 허락하시고 사용하십니다. 웨슬리의 무릎을 낮추게 하는 일을 위해서 불행한 결혼처럼 더 효과적인 재료는 없었을 것입니다.

하나님께서는 우리의 불행을 자료로 삼아 선한 것을 도출해 내십니다. 우리에게는 그런 과정이 싫습니다. 그러나 결국 우리의 유익을 위한 하나님의 지혜로운 조처이기에 하나님의 연단을 거친 자들은 하나님의 거룩하심에 참여하고 의와 평강의 열매를 맺을 것입니다(히 12:10-11).

호세아는 고멜이 다시 자기를 떠난 이후로 괴로운 시간을 보내야 했습니다. 그는 고멜을 수차례 타이르고 설득시켜 보려고 했지만 아무 소용이 없었습니다. 고멜은 호세아의 영적 사역에 관심이 없었고 오직 자신의 욕망 충족에만 마음이 사로잡혔습니다. 호세아는 고멜의 음란한 행실 앞에서 자신의 무능함을 절감하며 깊은 좌절에 빠졌을 것입니다. 이런 참담한 상황에 있던 호세아에게 하나님께서 주신 말씀이 있었습니다.

"여호와께서 내게 이르시되"(3:1).

이것은 하나님께서 호세아에게 계시의 말씀을 주신 것을 가리킵니다. 그 내용이 무엇입니까? 고멜에게 일어난 일이 이스라엘에게 일어난 일과 같다는 것입니다. 그리고 하나님께서는 그런 이스라엘에 대해서 어떤 마음을 가지셨는지를 알리셨습니다. 즉, 이스라엘 백성을 여전히 사랑하신다는 것이었습니다. 이것은 호세아가 받은 매우 충격적인 말씀이었습니다.

건포도 사랑에 빠진 이스라엘

하나님께서는 이스라엘이 다른 신을 섬긴다고 지적하셨습니다. 그들은 건포도 과자를 즐겼습니다. 개역 성경에는 건포도 '과자'라고 했지만 '케이크'를 가리킵니다. 건포도 케이크는 추수 감사제로 우상에게 바친 제물이었는데 특별히 '하늘의 여왕'(렘 7:18; 44:16-19)에게 바쳤습니다. 이스라엘 백성은 이 여신에게 제물을 바치면 농사가 잘되고 부족함이 없이 잘살게 된다고 믿었습니다(렘 44:17-18). 그런데 놀라운 것은 하나님께서 우상 숭배의 배도에 빠진 이스라엘 백성을 여전히 사랑하신다는 사실이었습니다.

"이스라엘 자손이 다른 신을 섬기고 건포도 과자를 즐길지라도, 여호와가 그들을 사랑하나니" (3:1).

이스라엘 백성은 여호와 하나님을 떠나 이방 신을 섬겼습니다. 그런데도 하나님께서 그들을 사랑하신다고 한 말씀은 얼른 이해가 가지 않습니다. 이스라엘 백성은 언약을 깨뜨렸습니다. 그러나 하나님께서는 그들을 버리지 않고 계속 사랑하셨습니다. 이것은 무엇을 의미합니까? 자기 백성에 대한 하나님의 사랑은 생명을 건 투신임을 말합니다. 하나님께서는 시내 산에서 이스라엘 백성에게 그들을 사랑하고 지켜주는 하나님이 되시겠다고 약속하셨습니다. 그때 이스라엘은 여호와 하나님만 섬기며 따르겠다고 말했습니다. 이 약속은 피의 약속이었습니다. 생명을 건 맹세이기 때문에 언약이라고 합니다.

그런데 누가 언약을 어기고 포기합니까? 하나님의 백성입니다. 누가 배신합니까? 하나님의 자녀들입니다. 예수님을 따르던 제자들은 어떤 일이 있어도 예수님을 버리지 않고 목숨을 걸겠다고 맹세하였습니다(마 26:31-35). 그러나 그들은 모두 예수님을 버리고 도망쳤습니다. 주님은 그들이 그렇게 할 것을 성경에 기록된 말씀으로 미리 아시고 제자들에게 알리셨습니다.

> "오늘 밤에 너희가 다 나를 버리리라 기록된 바 내가 목자를 치리니 양의 떼가 흩어지리라 하였느니라"(마 26:31; 슥 13:7).

그런데도 예수님은 그런 제자들을 십자가로 가시기 직전까지 사랑하셨습니다(요 13:1). 그리고 십자가 이후에도 다시 사랑하셨습니다. 제자들은 모두 주님을 배반했어도 주님은 부활 후에 그들에게 먼저 찾아오셔서 "너희에게 평강이 있을지어다"(요 20:19, 21)라고 축복하셨습니다. 그 후에도 예수님은 또다시 제자들에게 나타나셔서 다시 평안을 축원하셨습니다(요 20:26). 제자들을 향한 주님의 사랑은 조금도 변치 않았습니다.

변치 않는 주님의 사랑

하나님께서는 처음부터 이스라엘 백성이 잘나서 택하시지 않았습니다. 지혜롭고 신실한 백성이라면 어리석고 불신실한 짓을 하지 않을 테지만, 이스라엘 백성은 때가 되자 자신들의 실체를 드러내었습니다. 그들은 하나님을 버리고 우상을 섬겼습니다. 그들은 생명을 다해 여호와를 섬기지 않았습니다. 하나님은 그들이 그럴 것을 미리 아셨습니다. 그래서 이스라엘이 죄에 죄를 거듭하는 배교를 일삼아도 조금도 놀라시지 않고 참고 또 참으셨습니다.

하나님께서 우리의 존재를 처음부터 아시고 우리를 택하셨다는 사실은 얼마나 놀랍고 감사한 일인지 모릅니다. 만약 그렇지 않았다면, 우리 속에 있는 추악한 몰골이 드러날 때 하나님께서 크게 실망하시고 우리와의 언약을 취소하셨을 것입니다. 하나님께서는 우리가 얼마나 불신실하고 죄짓기를 좋아한다는 것을 처음부터 아셨습니다. 그래서 우리의 죄가 아무리 크고 심각하여도 하나님은 조금도 놀라시지 않습니다. 우리가 아무리 불순종을 거듭해도 하나님은 우리와 맺은 언약을 파기하시지 않습니다. 하나님께서는 자신의 피로써 우리와 언약을 맺으셨습니다. 어떤 일이 있어도 우리를 놓지 않으십니다. 어떤 상황에서도 우리를 포기하시지 않습니다. 누구도 그 어떤 세력도 우리에 대한 하나님의 사랑을 끊을 수 없습니다.

"누가 우리를 그리스도의 사랑에서 끊으리요 환난이나 곤

고나 박해나 기근이나 적신이나 위험이나 칼이랴….내가 확신하노니 사망이나 생명이나 천사들이나 권세자들이나 현재 일이나 장래 일이나 능력이나 높음이나 깊음이나 다른 어떤 피조물이라도 우리를 우리 주 그리스도 예수 안에 있는 하나님의 사랑에서 끊을 수 없으리라"(롬 8:35, 38).

하나님께서는 자신의 생명을 걸고 우리와 언약을 맺으셨습니다. 하나님의 생명이 죽을 수 없듯이, 우리와 맺은 하나님의 언약도 죽지 않습니다. 하나님께서는 예수님의 피로써 우리와 새 언약을 맺으셨습니다.

"또 잔을 가지사 감사 기도하시고 그들에게 주시며 이르시되 너희가 다 이것을 마시라 이것은 죄 사함을 얻게 하려고 많은 사람을 위하여 흘리는 바 나의 피 곧 언약의 피니라"(마 26:27).

이 언약이 의미하는 것은 무엇입니까? 주 예수의 대속을 믿는 자들은 모든 죄를 용서받고 하나님과 뗄 수 없는 관계를 맺는다는 것입니다. 그런 신자들을 하나님께서는 자녀로 삼으시고 어떤 일이 있어도 보호하십니다. 그들이 어떤 일을 당하여도 하나님의 사랑에서 떨어지지 않습니다(롬 8:31-39).

우리는 하나님께서 자기 백성에게 생명을 건 투신을 하셨다는 사실을 잊지 말아야 합니다. 이 같은 하나님의 사랑을 기억하고 자신의 삶에 적용하는 것이 믿음 생활입니다. 그래야만 우리에게 환난이 오고, 죄를 지어 일어설 수 없는 지경까지 내려가도 소망을 잃지 않고 하나님을 바라볼 수 있습니다. 이스라엘 백성은 건포도 사랑에 빠져 정신이 없었습니다. 그들은 여호와 하나님께 드려야 할 제물을 모두 이방 신들에게 바쳤습니다. 그들은 고멜이 다른 남자의 노예가 된 것처럼 아예 몸이 팔린 지경까지 내려갔습니다. 그런 상황에서 여호와 하나님과 맺은 언약이 어떤 것인지를 기억하는 것은 낭떠러지으로 떨어진 자가 생명줄을 잡는 것과 같습니다.

하나님은 주 예수께 속한 우리를 깊이 사랑하십니다. 하나님의 사랑은 포기하지 않는 불굴의 사랑입니다. 하나님께서는 우리가 큰 죄에 빠졌어도 계속 사랑하십니다. 자식이 나쁜 짓을 하면 부모가 야단도 치고 벌도 줍니다. 자식이 죄를 짓고 감옥에 들어갔다고 해서 부모가 자식을 사랑하지 않는 것이 아닙니다. 여호와 하나님께서 어찌 사람만도 못하시겠습니까? 우리 자신을 바라보면 한심할지 모릅니다. 어쩌면 우리는 현재 큰 죄에 빠져 있는지도 모릅니다. 자신이 교인으로서 살 자신이 없다고 좌절하는 분들도 있을 것입니다. 현재의 죄악 된 관계를 청산할 자신이 없어 갈등할지도 모릅니다. 건포도 사랑에 너무 젖어서 헤어날 수 없는 지경까지 내려갔다고 생각하는 분들도 있을 것입니다. 그럴 때 우리는 하나님의 버림을 받았다고 여기거나 다시 돌아가도 받아주시지 않을 것으로 염려할지 모릅니다. 절대로 그렇지 않습니다.

하나님께서는 계속해서 우리를 사랑하십니다. 우리가 어떤 처지에 있어도 하나님의 사랑은 끊어지지 않습니다. 하나님 자신의 생명을 걸고 맺은 십자가의 언약이기에 주 예수의 대속을 믿으면, 하나님의 영원한 자녀가 됩니다. 하나님의 자녀가 되면, 하나님의 사랑에서 아무도 우리를 빼앗지 못합니다. 심지어 우리의 죄가 아무리 강해도 하나님의 사랑을 꺾지 못합니다. 하나님께서는 우리를 줄기차게 사랑하시고 계속해서 구출해 주십니다.

그리스도 안에 있는 우리의 구원은 영원히 안전합니다. 하나님께서 맹세로 언약하신 사랑은 영원합니다. 이것을 이사야 선지자는 '여호와의 열심'이라고 표현하였습니다. 여호와의 열심은 불절의 사랑으로 우리를 하나님의 허리에 묶어 두었습니다. 이 같은 하나님의 사랑을 신뢰하면 죄악 된 삶을 떠나 다시 주께로 돌아갈 수 있습니다.

호세아서 메시지의 핵심은 무엇입니까?

호세아 선지자와 고멜의 스토리는 하나님과 이스라엘 백성의 관계를 대변합니다. 하나님은 이스라엘과 언약을 맺으셨습니다. 호세아는 고멜과 결혼하기 전부터 어떤 종류의 여자를 택하는지를 알았습니다. 마찬가지로 하나님께서도 어떤 종류의 사람들을 자기 백성으로 택하는지를 아셨습니다. 그래서 이스라엘의 죄는 하나님을 그다지 놀라게 하지 않았습니다. 하나님께서는 우리를 신부로 취하셨을 때, 우리에 대해서 잘 아셨습니다. 우리는 결혼이 잘못되면 흔히 이렇게 말합니다.

「사람이 그런 줄 누가 알았겠어요. 같이 살아보니까 속을 알겠더라고요. 내가 처음부터 알았더라면 절대로 그런 사람과 결혼하지 않았을 거예요.」

그러나 하나님께서는 처음부터 우리가 어떤 종류의 인간들인지를 잘 아시고 자기 백성으로 삼으셨기 때문에 이런 후회를 하시지 않습니다. 그래서 나의 어리석은 죄악이나 사악함이 하나님을 당황하게 하지 않습니다. 우리가 얼마든지 그럴 수 있는 존재라는 것을 처음부터 잘 아시고 우리를 택하셨기 때문입니다.

하나님께서는 사악한 백성에게 투신하셨습니다. 어떤 의미에서 투신하셨을까요? 죄를 즐기며 우상 신을 섬기는 미운 자식들을 도와서 마침내 하나님의 온전한 백성이 되게 하는 일에 투신하셨습니다. 이 목적을 성취하기 위해 하나님께서는 자신의 모든 지혜와 능력과 사랑을 투자하십니다. 하나님께서 온 우주에서 인간들보다 더 사랑하고 더 투신한 대상이 없습니다. 이것은 신비입니다. 우리의 삶이 바닥을 치고 온통 뒤틀렸어도 하나님의 언약의 사랑은 우리의 영혼에 소망의 불을 붙이고 회생의 에너지를 공급합니다. 하나님의 언약의 사랑은 신비한 사랑입니다.

이스라엘은 특별히 영적이거나 헌신적인 백성이 아니었습니다. 오히려 타락이 장기였습니다. 뒷걸음질과 외도가 주특기였습니다. 불순종이 국가적인 행사였습니다. 그래서 하나님께서는 그들을 "목이 곧은 백성"(신 9:6; 출 32:9; 33:5; 34:9)이라고 불렀습니다.

그럴지라도 하나님께서는 자기 백성을 통해서 세상을 구원하실 계획을 바꾸시거나 이스라엘을 포기하시지 않았습니다. 하나님의 사랑은 자기 아들까지 우리를 위해 희생시키는 신비하고 기이한 사랑입니다.

여호와의 손에 우리 각자의 이름이 새겨져 있습니다(사 49:16). 그 누구도 그 어떤 것도 하나님의 사랑에서 우리를 떼어놓지 못합니다. 우리가 하나님을 멀리 떠나 우상 신의 건포도 케이크를 즐길지라도 하나님은 여전히 우리를 사랑하십니다. 그렇다면 우리의 반응은 어떠해야 하겠습니까? 회개하고 주께로 속히 돌아서는 것입니다. 비록 육신의 정욕을 따르며 세상이 주는 건포도 케이크를 즐겼을지라도 주님을 다시 사랑해야 합니다.

웨슬리는 아내의 잦은 가출 때문에 기도대의 무릎 닿는 부분이 움푹 파이도록 주께 탄원하였습니다. 예수님은 우리가 영적 가출을 할 때마다 하늘 보좌의 기도대가 다 파이도록 무릎을 꿇고 하늘 아버지께 호소하십니다. 주님이 속히 일어나셔야 하지 않겠습니까? 언제까지 주님의 무릎이 닳아야 하겠습니까? 주님은 우리가 진심으로 회개하고 돌아올 때까지 하늘 아버지 앞에서 중보하십니다. 우리가 이러한 주님의 간절한 기도의 이유를 자신에게서 찾을 수 있다면, 결코 다 풀어진 자세로 그릇된 신앙생활을 하지 않을 것입니다. 내가 반드시 심각한 죄에 빠지지 않았을지라도, 하나님의 일에 무관심하여 자기중심으로만 산다면 예수님의 무릎은 하늘의 중보 기도대에서 일어서지 못할 것입니다. 주님은 나의 죄와 불신실한 삶 때문에 날마다 고통을 받으십니다. 한때 낙타 무릎이라는 말이 유행하였습니다. 우리가 기도를 많이 해서 무릎이 낙타처럼 되어야 한다는 말인 줄 압니다. 그러나 내 무릎이 낙타 무릎이 되기 전에 예수님의 무릎이 이미 낙타 무릎이 되셨습니다.

우리는 항상 우리 자신에서부터 출발하려는 버릇이 있습니다. 예수님의 믿음이 아니고 내 믿음이며, 예수님의 열심이 아니고 내 열심입니다. 예수님의 기도보다는 내 기도이며 예수님의 헌신보다는 내 헌신입니다. 우리는 주님이 어떤 믿음으로 사셨고, 어떤 열심으로 우리의 구원을 이루셨으며, 어떻게 우리를 위해 기도하시고 헌신하셨는지를 먼저 알아야 합니다. 그러고 나서, 내 믿음과 내 열심과 내 기도와 내 헌신을 말해야 바른 순서입니다. 그래야만 우리는 진정으로 주님을 믿고, 진정으로 주님을 열심히 섬기며, 진정으로 주님 앞에 기도할 수 있습니다.

14장
건포도 사랑
호세아 3:1-2

"여호와께서 내게 이르시되 이스라엘 자손이 다른 신을
섬기고 건포도 과자를 즐길지라도 여호와가 그들을 사랑
하나니 너는 또 가서 타인의 사랑을 받아 음녀가 된 그 여
자를 사랑하라 하시기로 내가 은 열다섯 개와 보리 한 호
멜 반으로 나를 위하여 그를 사고"(3:1-2)

호세아는 고멜과 결혼한 이후로 한 번도 마음 편할 날이 없었
습니다. 세상에 어려운 일이 많지만, 개인의 삶에 가장 큰 고통을
주는 것은 잘못된 결혼일 것입니다. 부부가 자식까지 낳고 가족
으로 사는데 근본적으로 맞지 않아서 날마다 부딪히고 다투면서
속이 상해 산다면 사는 맛이 나지 않을 것입니다. 서로 생각과 가
치관이 너무 달라서 정신적 심리적인 교감이 통하지 않아 갈등과
불만 속에서 나날을 사는 것은 생지옥일 수 있습니다. 정서적인
만족이 없이 서로를 미워하고 후회와 자기 연민 속에서 함께 살

아야 하는 부부의 삶은 불행하기 짝이 없습니다. 물론 엄밀한 의미에서 사후에 가는 지옥과는 전혀 비교할 수 없지만, 잘못 만난 부부의 삶보다 이 세상에서 더 고통스러운 것은 없다는 것이 당해 본 사람들의 고백입니다.

호세아는 선지자로서 말도 되지 않는 음란한 행실을 일삼는 고멜을 아내로 데리고 살아야 했습니다. 호세아의 잘못이 무엇입니까? 잘못이 있다면 하나님의 명령에 순종한 것뿐입니다. 하나님께서 음녀인 고멜과 결혼하라고 하셨을 때 '절대로 그럴 수 없나이다'라고 반대했다면 그런 불행한 결혼은 없었을 것입니다. 사도 베드로는 하나님께서 환상을 보이시면서 보자기에 싸인 각종 부정한 짐승들을 잡아먹으라고 하셨을 때 극구 반대하였습니다. 베드로가 그때 제시한 이유가 무엇이었습니까?

"주여 그럴 수 없나이다 속되고 깨끗하지 아니한 것을 내
가 결코 먹지 아니하였나이다"(행 10:14).

베드로가 사람이 먹는 음식으로 이런 말을 할 수 있었다면, 호세아는 백 번도 더 하나님의 명령에 불복할 수 있는 이유를 가진 셈이었습니다. 거룩하신 하나님의 선지자가 정결한 처녀라면 몰라도 음란한 여자와 결혼을 한다는 것은 상상도 할 수 없는 일이었습니다. 그런데 놀랍게도 호세아는 하나님의 명령에 그대로 순종했습니다. 그때 호세아는 하나님께서 왜 고멜을 아내로 삼으라고 하시는지도 이해할 수 없었습니다. 이유인즉, 이스라엘 백성

이 여호와를 떠나 음란하게 행하니까 호세아도 음란한 여자를 아내로 맞이하라는 것이었습니다(1:2). 아니, 백성이 음란한데 왜 거룩한 선지자가 음란한 여자와 결혼을 해야 한단 말입니까? 오히려 그 반대가 되어야 하지 않겠습니까? 선지자니까 정숙한 여자와 결혼해서 좋은 모범이 되는 것이 옳지 않을까요? 호세아는 고멜을 아내로 맞이하는 데 대한 하나님의 뜻을 처음에는 이해할 수 없었을 텐데도 고멜을 아내로 맞이하고 살았습니다.

그런데 살아보니 고멜은 도무지 같이 살 수 없는 여자였습니다. 우리는 하나님을 순종하면 일이 잘될 것으로 봅니다. 호세아의 경우는 정반대였습니다. 없던 고통이 생겼고 날이 갈수록 더욱 불행해졌습니다. 하나님의 말씀을 순종한다는 것이 그런 것이라면 누가 원하겠습니까? 하나님 말씀만 순종하면 모든 일에 형통한다고 믿는 것은 진리의 절반만 아는 것입니다.

하나님을 순종하면 비로소 성도의 고통이 무엇인지를 알기 시작합니다. 순종을 처음 할 때는 고통이 올 수도 있고 안 올 수도 있습니다. 그러나 꾸준히 순종하면 그 결과로 고통이 따르기 마련입니다. 이 사실을 모르면, 순종하고 나서 일이 잘 풀리지 않고 결과적으로 고통이 올 때 하나님을 의심하거나 원망하기 쉽습니다. 이것이 구약 선지자들을 통해서 우리가 익혀야 할 교훈입니다. 선지자들은 소명에 순종하여 하나님에게서 받은 메시지를 전하였습니다. 그런데 박해를 받지 않은 자가 누구입니까? 예수님도 서기관들과 바리새인들 앞에서 하나님이 보내신 모든 선지자가 고난을 겪었다고 증언하셨습니다(마 23:29-36). 모세를 비롯하여 엘리야, 예레미야, 요나 선지자들이 모두 소명을 받았으나 하나님을 원망하였습니다. 그 이유가 무엇입니까? 주님을 순종했지만 갈수록 태산이고 일이 더 막혔기 때문입니다.

호세아의 결혼 생활은 하나님의 말씀을 순종했음에도 불구하고 행복하거나 좋아지지 않고 점점 더 나빠졌습니다. 고멜은 2장에서 과거의 음란한 행습으로 돌아갔고 이로써 호세아와 고멜 사이에 깊은 불신의 골이 파였습니다(호 2:2-13). 그런데 그들의 결혼에 덮인 먹구름이 걷히기 전에 3장에 와서 고멜이 더 이상 회복될 수 없는 지경으로 더욱 타락하게 됩니다. 고멜은 남편과 자식들을 버리고 건포도 사랑을 찾아 다시 탕녀의 길을 나섰습니다. 이런 아내에 대한 남편들의 반응은 어떤 것일까요?

• 악감이 생깁니다. 아내의 행위를 날마다 떠올리며 증오하며 괴로워합니다. 보복심이 생깁니다. 죽이고 싶습니다. 살인자가 별도로 태어나는 것이 아닙니다. 설령 죽이지는 않는다 하여도 마음속에 복수심이 일어나서 스스로 다짐합니다.

"다시 받아 주지 않을 것이다. 내가 받는 고통을 자기도 당하게 하겠다. 다른 사람을 만나서 보란 듯이 살 것이다."

• 자기 의에 빠집니다. 상대방을 멸시하고 정죄합니다.

"어떻게 그런 짓을 할 수 있단 말인가? 고멜은 남의 노예가 되어도 당연하고 싸다."

• 후회하며 연민에 사로잡힙니다.

"내가 왜 그런 인간과 결혼을 했을까? 어쩌다가 그런 상대를 만나서 이 지경이 됐단 말인가?"

- 자책감과 원망이 생깁니다.

"내가 그때 눈이 삐었지 그런 사람인 줄 몰라보다니. 소개해
준 사람이 다 알면서도 나를 속인 모양이야."
- 자기를 이해해 주고 자기 곁에 있어 줄 사랑의 대상을 갈망
합니다.

"내가 무엇이 못나서 이런 사람과 같이 살아야 한단 말인가?
나도 얼마든지 나를 좋아하는 사람을 만날 수 있어. 그래서 보란
듯이 살 거야"

이런 반응은 배신한 남편에 대한 아내의 반응에서도 드러납니
다. 이런 상황에서 대부분 부정적인 반응을 하지 않을 수 없습니
다. 호세아도 훌륭한 선지자였지만, 용납할 수 없는 고멜의 처신
으로 큰 고통을 받았을 것입니다. 그가 어떤 생각을 했든지 하나
님께서는 호세아에게 또 한 번의 명령을 내리셨습니다.

"너는 또 가서 타인의 사랑을 받아 음녀가 된 그 여자를
사랑하라 하시기로"(3:1).

음녀가 된 고멜을 사랑하고 돈을 주고 그녀를 사 오라는 것은
처음에 음란한 여자와 결혼하라는 명령보다 순종하기에 더 힘든
명령이었을 것입니다. 호세아는 고멜에게 여러 번의 기회를 주
었고 여러 해 동안 좋은 말로 설득하였습니다. 그녀 때문에 받은
수모도 한 두 번이 아니었습니다. 그런데도 고멜은 이번에는 아
예 집을 나가버렸습니다. 더구나 이제는 다른 남자의 노예가 되

어 이리저리 팔려 다니는 신세가 되었습니다.

그럼, 그런 여자를 사 와서 다시 살라고 하시는 하나님의 의도는 무엇일까요? 처음에는 음란한 여자와 결혼하라고 하셨고 그다음은 노예로 팔린 무가치한 여자를 사랑하며 사 오라고 하셨습니다. 하나님께서는 거룩하신 분이지 않습니까? 이스라엘 백성에게 도덕적인 삶을 가르치시는 분인데 어떻게 이런 부도덕한 명령을 하실 수 있을까요? 다행히도 하나님께서는 이번에 호세아에게 분명한 이유를 제시하셨습니다.

그 이유가 무엇입니까? 놀랍게도 하나님께서 다른 신을 섬기는 이스라엘 백성을 여전히 사랑하신다는 것이었습니다. 이스라엘 백성은 건포도 사랑에 빠져 이방 잡신들의 노예가 되어 몸종 노릇을 하면서도 여호와께로 돌아갈 마음이 없었습니다. 그런데도 여호와는 그들을 사랑하신다고 하셨습니다. 이스라엘이 회개의 눈물 한 방울도 흘리지 않았고 여호와께로 돌아오고 싶다는 말 한마디도 하지 않았을 때였습니다. 그들은 계속하여 건포도 케이크를 손에 들고 하늘의 여신과 바알에게 제사를 올렸습니다. 그런데도 여호와는 그들을 사랑하신다는 것이었습니다. 이것이 호세아가 고멜을 다시 사랑해야 하는 이유였습니다. 하나님께서는 타락하여 노예로 팔린 고멜을 호세아가 사랑하고 사오는 일을 통해서 우상 숭배로 타락한 이스라엘에 대한 하나님의 줄기찬 사랑을 예시하기를 원하셨습니다.

호세아는 이러한 하나님의 놀라운 사랑에 감동하여 고멜을 적지 않은 비용으로 사서 집으로 데려왔습니다. 호세아는 구약 선지자 중에서 복음을 가장 원색으로 깨달은 선지자입니다. 다른 선지자들은 모두 입으로 하나님의 구원을 전하였습니다. 물론 그들이 다 고난을 겪었지만, 호세아처럼 십자가 사랑이 어떤 것인지를 고멜을 사 오는 사건에서처럼 몸으로 직접 체험하지는 않았습니다. 그래서 이 사건은 구약에 나온 십자가 사랑의 게시판입니다. 이 게시판에 쓰인 내용이 무엇일까요?

사랑의 게시판

첫째, 하나님의 사랑은 자기 백성의 행실에 따라 좌우되지 않습니다.

자기 백성에 대한 하나님의 사랑은 무조건적입니다. 왜 하나님께서 자기 백성을 그토록 사랑하시는지 아무도 충분히 설명하지 못합니다. 어찌하여 하나님의 아들이신 예수님이 십자가에 달리셨는지 그 크신 하나님의 사랑을 다 기록할 수 없습니다.

"하늘을 두루마리 삼고 바다를 먹물 삼아도 한없는 하나님의 사랑 다 기록할 수 없겠네
하나님의 크신 사랑 그 어찌 다 쓸까 저 하늘 높이 쌓아도 채우지 못하리
하나님의 크신 사랑은 측량 다 못하며 영원히 변치 않는 사랑 성도여 찬양하세"(찬송가 404장).

주님이 세상에 오신 이후로 2천 년이 지났습니다. 그동안 하나님의 사랑에 대해서 얼마나 많은 글이 쓰이고 얼마나 많은 찬송을 불렀습니까? 그러나 그 크신 주의 사랑 다 쓰지 못하고 다 부르지 못합니다. 그래서 주님이 오시고 새 하늘과 새 땅이 재창조된 이후에도 우리는 영원히 주의 사랑을 찬양할 것입니다.

무조건적인 사랑이라는 말은 맹목적이란 뜻이 아닙니다. 하나님의 사랑은 목적을 가진 사랑입니다. 하나님께서는 일방적인 짝사랑을 하시지 않습니다. 하나님께서는 바람난 아내 앞에서 훌쩍거리며 혼자 마음 아파하는 무력한 남편이 아닙니다. 하나님의 사랑은 고통에 눌리지 않는 강한 사랑입니다. 하나님의 사랑은 자기 백성과 갖는 인격적인 관계 속에서 드러납니다. 즉, 부부 관계, 부자 관계, 왕과 백성, 목자와 양 사이의 관계로 나타납니다. 호세아서에는 하나님과 그의 백성이 남편과 아내의 관계로 묘사되었습니다. 하나님 편에서는 아내가 아무리 방탕하여도 결코 관계를 끊지 않습니다. 하나님의 사랑은 목적을 성취해야 하기 때문입니다. 사랑의 목적은 아내를 다시 데리고 와서 함께 영원히 사는 것입니다. 이것은 고멜을 되사오는 호세아의 경우에서 잘 예시되었듯이, 수치와 희생을 무릅쓴 고결한 행위입니다.

호세아가 고멜을 사는 장면을 상상해 보십시오.

호세아는 고멜이 어떤 사람의 소유가 되었는지를 알기 위해서 사람들에게 물어야 했을 것입니다.

「저는 고멜이라는 여자를 찾습니다. 혹시 어디 있는지 아십니까?」

「고멜이요? 아 그 여자 모르는 남자들이 어디 있어요. 왜 그
여자를 찾는 건가요? 그 여자 생각이 있소? 지금은 옛날에 소문
났던 그 고멜이 아니오. 이제 그 여자는 다 끝났소이다. 전혀 볼
품이 없어요. 찾는 남자가 없으니까 밥이라도 먹으려고 노예로
팔렸다오. 당신은 어디서 왔기에 고멜을 모른단 말이요.」

「저는 고멜의 남편입니다. 그녀가 집을 나갔기에 찾으러 왔답
니다.」

「허허, 이 양반아 어떻게 했길래 유부녀가 그렇게 전락한단 말
이오. 당신이 남편 구실을 못 한 거 아니오. 원, 세상에 이런 못난
사람 봤나. 그 여자 지금 저기 아무개 집에서 노예살이하고 있소.
그런 여자를 찾으러 다니는 당신이야말로 한심하구려.」

호세아는 사람들의 비웃음을 등에 지고 고멜의 주인에게로 가
서 은 열다섯 개와 보리 한 호멜 반을 주고 고멜을 샀습니다. 이
얼마나 부끄러운 일이겠습니까! 호세아는 고멜을 찾으러 다니며
무거운 걸음을 떼어놓을 때마다 하나님의 말씀을 기억했을 것입
니다.

  "이스라엘 자손이 다른 신을 섬기고 건포도 과자를 즐길
    지라도 여호와가 그들을 사랑하나니" (3:1).

호세아는 남들이 고멜을 찾는 자기를 조롱할 때마다 이 말씀을 되뇌며 수치를 참았을 것입니다.

「여호와께서 배도한 이스라엘을 여전히 사랑하신다. 그러니까 나도 배신한 고멜을 사랑해야 한다. 말로만 사랑하는 것이 아니고, 실제로 고멜을 사와야 한다. 나는 은화를 준비하고 보리 양식을 준비해야 한다. 나는 고멜에게 가서 내가 당신을 여전히 사랑한다고 고백해야 한다. 세상이 나를 비웃어도 나는 여호와의 말씀을 기억하고 그분의 명령에 순복해야 한다. 여호와께서 얼마나 자기 백성을 사랑하시는가!

여호와께서는 자기 백성이 타락했다고 해서 버리시지 않는다고 하셨다. 나도 그래야 한다. 고멜은 곧 이스라엘이고, 나 호세아는 하나님의 사랑을 대변하는 선지자다. 이 사랑은 곧 죄악 된 이스라엘을 돌이키게 하는 구원의 사랑이다. 그래서 나는 고멜을 반드시 찾아서 집으로 데려 와야 한다. 어떤 희생이 있더라도 고멜을 데리고 돌아와야 한다.」

호세아에게는 더는 고멜에 대한 악감이나 보복심이 없었습니다. 그에게는 자기 의나 후회나 자책감도 이젠 사라졌습니다. 오히려 노예로 잡혀 사는 고멜을 보는 순간 그녀에 대한 동정과 안타까운 마음이 북받쳐 올랐습니다. 고멜은 먹지 못하여 양 뺨이 푹 들어갔고 몸이 너무 말라 알아볼 수 없을 정도로 수척하였습니다. 그녀의 아름답던 청춘의 모습은 이미 다 시들어버렸고 초췌한 몰골의 고멜은 지칠대로 지쳐 있었습니다.

호세아는 고멜을 인수받습니다. 고멜은 모든 것을 포기한 듯, 저항 없이 호세아를 따라나섭니다. 호세아는 곧 쓰러질 듯한 고멜을 부축하며 한 걸음씩 천천히 걷습니다. 깊이 고개를 숙인 고멜은 아무 말이 없습니다. 호세아가 고멜의 귀에 대고 속삭입니다.

「여보, 나는 당신을 지금도 사랑하오. 당신이 따라다녔던 남자들은 모두 당신을 버렸어도 나는 아직도 당신 곁에 있소. 그러니 아무 염려 마오. 당신은 여전히 나의 아내라오. 나는 절대로 당신을 버리지 않을 것이오. 당신은 이제 노예 생활에서 풀려났소. 우리는 지금부터 과거를 청산하고 새롭게 살 수 있소. 나는 당신의 부끄러운 과거에 대해 일절 언급하지 않겠소. 나는 당신을 용서하오. 그러니 앞으로 나와 함께 지내고 음행하지 말며 다른 남자를 따르지 마시오.

그런데 내가 이렇게 할 수 있는 것은 하나님께서 내 마음을 바꾸셨기 때문이라오. 하나님께서 말씀하시기를 이스라엘 백성이 우상 신을 따라도 여전히 그들을 사랑하신다고 하셨소. 그러니 나도 당신을 사랑하고 당신을 다시 사와야 한다고 명령하셨소.

나는 하나님께서 우리를 그토록 사랑하시는지 몰랐소. 나는 하나님의 그 크신 사랑에 감동을 하고 당신을 찾아 나서기로 결심하였소. 그러니 우리가 앞으로 주 여호와만 섬기며 살아야 하지 않겠소. 그러면 우리는 영원히 행복할 것이요. 이것이 우리를 위한 하나님의 사랑의 목표가 이루어지는 것이라오. 여보, 힘을 내시오. 주께서 우리의 귀가를 기다리고 계신다오. 나는 당신을 사랑하오.」

고멜은 호세아로부터 이 같은 말을 들었을 때 진정으로 자기를 사랑하는 자가 누구며 자신을 진정으로 행복하게 해 줄 수 있는 남자가 누구인지를 의심의 여지가 없이 확신했을 것입니다. 그때 비로소 고멜은 진실로 자신의 참 남편에게로 돌아왔습니다.

참사랑은 언제나 임의 회복을 기뻐합니다. 사랑은 능력입니다. 참사랑은 진흙에 빠진 자를 건져내고 돌이키게 합니다. 진정한 사랑만이 가장 비극적인 인간의 운명을 바꾸어 놓습니다.

고멜은 더는 가출할 필요가 없었습니다. 고멜도 호세아가 체험한 하나님의 가히 없는 사랑을 호세아의 거듭된 사랑을 통해서 깨달았기 때문입니다. 드디어 고멜의 입에서 어떤 고백이 나왔겠습니까?

「여보, 정말 내 잘못을 이제야 알아요. 저의 탈선을 용서해 주세요. 다시는 다른 남자들을 따라 다니거나 음란한 행동을 하지 않겠어요. 이제부터 오직 당신 곁에서만 살 거예요.」

둘째, 하나님의 사랑은 수치와 고난을 극복하는 십자가의 사랑입니다.

호세아는 돈을 주고 고멜을 사와야 했을 때 온몸으로 수치를 느꼈습니다. 호세아가 고멜을 다시 살 때 사람들은 그를 보고 병신 같은 남편이라고 멸시했을 것입니다. 그런데 고멜을 호세아에게 판 남자는 퍽 잘된 일이라고 생각했을 것입니다. 이제 젊었을 때의 매력이 다 없어진 고멜을 아무도 원치 않는데 돈을 주고 사가는 사람이 있었기 때문입니다. 그는 술집에서 친구들을 모아놓고 고멜을 사간 남자가 호세아 선지자였다고 알리며 비웃었을 것입니다. 이제 호세아가 자기 동네로 고멜을 데리고 들어왔을 때 동민들의 반응을 상상해 보십시오.

「자식들과 남편을 두고 바람이 나서 한두 번 집을 나갔던 여자가 아니지 않은가? 왜 그런 여자를 그냥 버려두지 않고 다시 찾아왔을까? 보나 마나 또 가출할 여자인데 큰돈을 주고 사오다니. 남자가 저렇게 물렁하니 여자가 집을 나가지. 호세아는 정말 한심한 인간이야. 하나님께서 어떻게 저런 어리석은 사람을 선지자로 부르셨을까?」

이스라엘 백성은 하나님과의 관계에서 볼 때 더럽혀진 아내와 같았습니다. 그런데도 하나님께서는 더러운 백성을 다시 품에 안으셨습니다.
  • 하나님의 사랑은 더러운 자들을 찾아가는 사랑입니다. 그리고 더 내려갈 수 없는 밑바닥으로 전락한 죄인들을 다시 찾아오는 거듭된 사랑입니다.
  호세아가 방탕한 아내인 고멜 때문에 당한 수치와 희생은 신약에서 예수님과 우리의 관계로 이어집니다. 예수님은 우리의 죄 때문에 십자가에 달리는 수치와 저주를 당하셨습니다.
  • 하나님의 사랑은 다시 받아들일 수 없는 오염된 백성을 다시 품에 안아 줍니다. 이것은 하나님 편에서 보면, 문자대로 생명을 바치는 일입니다. 예수님은 우리를 죄의 사슬에서 해방하고

하나님의 신부로 다시 맞이하기 위해 십자가의 죽음을 몸값으로 내놓으셨습니다.

• 하나님의 사랑은 배신자들을 찾아가는 사랑입니다. 고멜이 호세아를 배신했듯이, 하나님의 백성도 하나님을 배신하였습니다. 고멜처럼 우리도 여러 번 하나님을 등지고 삽니다. 그때마다 하나님께서는 우리를 찾아오십니다. 하나님의 사랑은 불순종과 불신실을 일삼는 자녀들에게 거듭해서 찾아오는 선한 목자의 사랑입니다.

하나님이 과연 어떤 사람들에게 찾아오십니까?
• 건포도 케이크를 즐기는 우상 숭배자들에게 오십니다.
• 탈선한 자들과 낙오된 자들에게 오십니다.
• 포기한 자들과 죄에 넘어진 자들에게 오십니다.
• 주님을 배반한 제자들에게 오십니다(막 14:32-42).
• 육욕과 물욕에 빠져 방황하는 음란한 고멜들에게 오십니다.
• 최선의 사랑을 최악의 욕정과 바꾸는 자들에게 오십니다.
• 영적으로 깊이 졸고 있는 자들에게 오십니다.

하나님께서는 결코 우리가 잘나서 사랑하시는 것이 아닙니다. 우리가 한심한 존재임에도 불구하고 사랑하십니다. 놀라운 것은 주님께서 다시 오실 때는 언제나 더 깊은 사랑과 더 큰 자비를 안고 오신다는 사실입니다. 그래서 바울은 죄가 더한 곳에 은혜가 더 넘친다고 하였습니다(롬 5:20). 우리가 하나님의 이 같은 은혜를 체험할 때는 고멜처럼 "내가 다시 우상과 무슨 상관이 있으리요"(호 14:8)라고 고백하게 됩니다. 이 고백이 나오기까지 주님은 우상을 따라가는 우리에게 거듭해서 찾아오시고 또 오십니다. 주님의 사랑이 승리할 때까지 주님은 우리를 놓지 않고 끝까지 사랑하십니다. 우리 모두 놀랍고 기이한 주님의 사랑 앞에 우리 죄를 고백하며 그분을 찬양합시다.

15장
대속의 사랑
호세아 3:1-2

"여호와께서 내게 이르시되 이스라엘 자손이 다른 신을
섬기고 건포도 과자를 즐길지라도 여호와가 그들을 사랑
하나니 너는 또 가서 타인의 사랑을 받아 음녀가 된 그 여
자를 사랑하라 하시기로 내가 은 열다섯 개와 보리 한 호
멜 반으로 나를 위하여 그를 사고"(3:1-2)

본문은 호세아가 어떻게 집을 나간 고멜을 다시 데리고 오게
되었는지를 진술합니다. 그런데 호세아에게 일어난 일은 곧 이스
라엘에 일어난 일입니다. 그리고 이스라엘에 일어난 일은 우리에
게도 일어난 일입니다. 결국, 호세아와 고멜 사이에서 벌어진 사
건들은 하나님의 백성이 빠진 죄악과 그들이 하나님으로부터 받
는 구원의 방식을 예시한 것입니다.

호세아는 돈과 양식을 지불하고 고멜을 샀습니다. 하나님께서
는 이스라엘 백성을 위해서도 비슷한 일을 계획하셨습니다. 자기

아내를 다른 남자로부터 산다는 것은 모순입니다. 그러나 하나님께서 자기 백성을 큰 값을 치르고 사셨다는 사상이 성경 전체에 깔렸습니다. 호세아서의 중심 주제도 하나님께서 자기 백성을 크나큰 희생으로 구속하신다는 것입니다. 하나님의 구속은 호세아가 자기 아내를 타인의 노예가 된 상태에서 값을 치르고 사 오는 사건에서 특징이 두드러집니다.

첫째, 하나님의 구속은 개인적입니다.

호세아는 다른 사람이 아닌 자기 아내를 직접 자신이 가서 사 왔습니다. 하나님께서도 자기 백성을 구속하실 때 직접 행하십니다. 하나님은 출애굽 때처럼 자신의 "팔을 펴서"(출 6:6) 자기 백성을 속박에서 풀어내십니다. 물론 이스라엘이 국가로서 출발했을 때는 지도자들을 택하시고 백성을 구출하셨습니다. 모세나 여호수아를 비롯하여 사사들과 왕들이 하나님의 대리자 역할을 맡았습니다. 그러나 이들은 모두 앞으로 오셔서 "자기 백성을 그들의 죄에서 구원할"(마 1:21) 메시아의 예표며 그림자였습니다.

하나님께서는 때가 되어 자기 아들을 직접 세상에 보내셨습니다(갈 4:4). 그래서 "그의 이름은 임마누엘이라 하리라"(마 1:23)고 했습니다. 예수님은 하나님이 세우신 또 한 사람의 지도자가 아니고, 하나님 자신이 직접 자기 백성을 구속하기 위해서 세상에 보내신 분입니다. '임마누엘'은 '하나님이 우리와 함께 계시다'는 뜻입니다(마 1:23). 이것은 매우 놀라운 사실입니다. 하나님은 자기 백성을 제3의 대표자를 통해서 구출하시지 않고 직접 오셔서 개인적으로 구해 주십니다. 이것이 호세아가 자기 아내인 고멜을 직접 가서 사 온 의미입니다.

주님은 직접 세상에 오셨습니다. 우리가 크리스마스를 기념하는 이유가 무엇입니까? 예수님이 인간의 모양으로 성육하셨던 크리스마스가 없었다면 이 세상에는 십자가가 없었을 것이고, 십자가의 대속이 없었다면 모든 인간은 하나님의 무서운 진노 아래에서 벗어날 수 없었을 것입니다.

왜 우리는 다른 종교가 아닌 기독교를 믿습니까? 기독교가 다른 종교보다 월등한 까닭이 무엇입니까? 타종교의 신(神)들은 인간의 궁극적인 죄의 문제에 대해서 아무런 능력이 없습니다. 어떤 신(神)도 우리를 위해서 죽어주지 않았습니다. 어떤 신(神)도 자신의 의를 우리에게 넘겨주고 부활 생명을 누리게 하지 않았습니다. 그들은 인간의 구원을 위해서 아무것도 하지 않습니다. 그들은 인간의 경배만 요구하고 스스로 자기 구원을 이루라고 말합니다. 그런 신(神)들은 우리와 함께 있다고 하여도 아무런 유익이 없습니다. 나를 사랑하지 않기 때문입니다. 그들은 나를 죄와 사망의 구렁텅이에서 구원할 근거도 없고 능력도 없습니다. 그런 신들은 인간의 고통에 동참한 적도 없고, 인간의 죽음을 체험한 적도 없습니다.

그러나 기독교의 하나님은 직접 이 땅으로 오셔서 죄인들을 대신하여 십자가에서 형벌을 받았습니다. 그는 부활하신 후에 새 생명의 주로서 우리와 함께 영원한 주님으로 계십니다. 존 웨슬리는 긴 세월을 하나님의 복음 사역자로서 섬기다가 소천할 때

"하나님이 우리와 함께 계신다는 사실이 가장 좋은 일(The best of all is God is with us.)"이라고 증언하였습니다.

둘째, 하나님께서는 노예가 된 자기 백성을 큰 값을 치르고 구속하셨습니다.

호세아가 고멜을 위해서 지불한 금액은 노예의 값에 해당합니다. 고멜은 세속적인 욕망으로 육적인 삶을 살다가 자신의 몸까지 노예로 잡혔습니다. 죄는 속박입니다. 이처럼 하나님의 백성도 고멜처럼 부도덕한 우상 신들을 따르면 마침내 깊은 죄에 빠져 헤어날 수 없게 됩니다. 죄는 죄인을 먹고 살고, 죄인은 죄를 먹고 삽니다. 죄와 죄인은 공생의 원칙에 따라 생존하기에 서로 떨어지지 않습니다. 이스라엘의 역사는 죄의 사슬이 얼마나 강하고 잔혹한 것인지를 역설합니다.

이스라엘 백성이 우상의 사슬에 묶였을 때 어떤 일이 있었습니까? 사백 년간의 종살이에서 출애굽의 구원을 체험한 자들이 시내 산 아래에서 금송아지 우상을 만들어 경배하였습니다. 여호수아의 지휘 아래 가나안을 점령했던 당당한 정복민이 가나안의 우상 신들을 따랐습니다. 그들은 모두 이방인들의 손에 포로로 잡혀가는 시점에 이르기까지 우상 숭배의 악습에서 벗어나지 못하였습니다.

우리는 이스라엘 백성의 어리석은 죄악과 별로 상관이 없다고 여길지 모릅니다. 그러나 죄는 무서운 속박입니다. 죄에 머물러 있는 때는 내 생애 최악의 시간입니다. 사탄은 죄인을 손에 움켜 쥐고 있는 한, 안전하다고 생각합니다. 그래서 그는 온 힘을 다해 세상 죄인들을 품에 꼭 껴안고 있습니다(요일 5:19). 그러니까 사탄도 예수님이 주신 요한복음 10장 28절의 말씀을 흉내 낼 수 있습니다.

"그들을 내 손에서 빼앗을 자가 없느니라".

그러나 그는 예수님을 제외하고는, 자기 손에서 죄인을 빼앗을 자가 없다고 말해야 합니다. 그런데 예수님의 말씀은 '사탄을 포함해서' 누구도 내 손에서 너희를 빼앗을 자가 없다'고 보장하셨습니다.

오직 예수님만이 사탄의 품에 들어간 죄인들을 구출할 수 있습니다. 그런데 이것은 결코 쉬운 일이 아닙니다. 성경은 하나님의 구원을 결코 용이한 일로 진술하지 않습니다. 사탄의 힘이 너무 강해서 하나님께서도 사탄을 섣불리 제압하기가 어려워서가 아닙니다. 사탄은 피조물입니다. 어떤 경우에도 사탄은 창조주 하나님을 이길 수 없습니다.

그럼에도 하나님께서 죄인들을 사탄의 손에서 해방시키는 일이 어려운 까닭은 사탄의 능력 때문이 아니고, 죄에 대한 하나님의 원칙 때문입니다. 죄의 삯은 사망입니다(롬 6:23). 이것은 하나님의 거룩하신 품성에 기반을 둔 원칙입니다. 하나님은 너무도 거룩하셔서 죄를 조금도 용납하실 수 없습니다. 죄를 지으면 죽음으로 갚아야 합니다(창 2:17). 그래서 아담과 하와는 하나님의 형상을 따라 지음을 입었던 고귀한 존재였음에도, 죄를 지었을 때

흙으로 돌아가라는 하나님의 가차 없는 형벌을 피할 수 없었습니다. 그 이후로 인류는 죄와 죽음의 형벌에서 벗어날 수 없는 불행한 피조물이 되었습니다.

그럼, 어떻게 인류가 죄의 형벌인 죽음에서 해방될 수 있겠습니까? 인간 스스로는 불가능합니다. 죄의 삯은 사망입니다. 죄는 죽음으로 갚는 길밖에 없습니다. 그런데 죽으면 해방이 아닙니다. 많은 사람이 죽으면 끝장이라고 생각하고 악한 짓을 하기도 하고 자기 목숨을 끊기도 합니다. 하나님께서 내리시는 죄에 대한 형벌은 단순한 육체적인 죽음으로 모두 끝나지 않습니다. 죄인의 죽음은 사후의 형벌을 받기 위한 첫 단계에 불과합니다.

"한번 죽는 것은 사람에게 정해진 것이요 그 후에는 심판
이 있으리니"(히 9:27).

죄의 형벌에서 해방되려면 단순히 죽음의 심판에서 벗어나는 것이 아니고, 하나님의 생명을 받고 하나님의 자녀가 되어야 합니다. 그런데 이 일은 인간의 자원으로는 성취할 수 없습니다. 인간은 태어날 때부터 죽음의 숙명을 안고 있습니다. 그럼, 과연 인간의 숙명을 바꿀 수 있는 길이 없단 말일까요? 요한복음 3장 16절이 그 해답입니다.

"하나님이 세상을 이처럼 사랑하사 독생자를 주셨으니 이
는 그를 믿는 자마다 멸망하지 않고 영생을 얻게 하려 하
심이라"

인류의 운명을 바꿀 수 있는 길은 오직 한 길밖에 없습니다. 그것은 하나님께서 보내신 독생자를 구주로 믿는 것입니다.

독생자를 믿는다는 것은 무엇을 말합니까?

우선 '독생자'라는 말부터 이해해야 합니다. '독생자'란 하나님께 귀한 아들이 단 한 명뿐이라는 뜻이 아닙니다. 하나님은 인간처럼 아내가 있어서 자식을 낳지 않습니다.

• 독생자란 인간을 구원하기 위해서 하나님의 보내심을 받고 (요 8:42; 10:36) 죄인들이 져야 할 죄의 짐을 대신 지고 형벌을 받도록 정해진 분이라는 의미입니다. 즉, 대속주로서 오신 분인데 하나님께서 인류의 구원을 위해 보내신 유일무이한 구주라는 뜻입니다.

• 독생자란 둘도 없이 귀한 외아들이라는 의미도 있습니다. 그러나 단순히 존재론적으로 이해하기보다는 구원의 관점에서 하나님의 보내심을 받은 자라는 것과 십자가로 가시는 대속주의 역할을 나타내는 말로 이해하는 것이 좋습니다.

• 독생자란 하나님의 품속에 있는 성자 하나님이십니다(요 1:18). 그래서 하늘 아버지가 어떤 분인지를 가장 정확하고 완전하게 드러내시는 분입니다.

예수님은 인간의 몸으로 태어나셨지만, 원래는 인간이 아니고 삼위 하나님의 한 분이십니다. 그래서 성경은 예수님의 신성을 주장합니다. 예수님은 "근본 하나님의 본체"(빌 2:6)이십니다. 예수님은 하나님과 동등한 신성을 가지셨다고 주장하셨습니다(요 10:30; 참조. 요 10:33). 그래서 예수님을 본 자는 하나님을 보았다고 했습니다(요 14:9).

예수님은 하나님의 구원의 사랑을 몸소 전하시고 십자가의 대속적 죽음으로써 그를 믿는 자들이 하나님으로부터 죄의 용서를 받고 자녀로 회복되는 길을 여셨습니다. 독생자를 믿는 것은 예수 그리스도를 통해서 이룩한 하나님의 구원을 받아들이는 것입니다. 그래서 예수님은 "내가 곧 길이요 진리요 생명이니 나로 말미암지 않고는 아버지께로 올 자가 없느니라"(요 14:6)고 하셨습니다. 오직 예수님만이 하나님께서 대속주로 정하셔서 세상에 보내시고 십자가 형벌을 지게 하셨습니다. 어떤 인간도 다른 사람의 죄를 위하여 대신 형벌을 받을 자격이 없습니다. 모든 인간은 예외 없이 죄인이기 때문에 자기 죄로 죽어야 마땅합니다. 오직 예수님만이 죄가 없는 흠 없는 하나님의 어린 양으로서 세상 죄를 지고 가는 속죄의 희생양이 되셨습니다(요 1:29).

그렇다면 이것이 얼마나 큰 대가를 치른 일이겠습니까? 하나님께서 독생자를 세상에 보내어 죄인들을 구원하시는 일은 신비 중의 신비입니다. 하나님께서 독생자를 통하여 우리를 죄로부터 해방시키고 참 자유를 주시며 하나님과 올바른 관계로 회복시키는 구원 사역은 하나님의 무궁한 사랑의 능력입니다.

하나님께서는 호세아가 고멜을 노예의 속박에서 사 오는 일을 통해서 죄인들을 향한 하나님의 크신 희생을 이스라엘 백성이 깨닫기를 원하셨습니다. 또한, 호세아가 고멜을 데리고 귀가한 것은 하나님의 구원이 단순히 죄만 용서하는 것이 아니라 하나님과의 영원한 새 삶을 위한 화해와 회복을 위한 것임을 예시합니다.

하나님의 용서는 측량할 수 없는 사랑과 희생입니다. 그래서 히브리서의 저자는 "이 큰 구원"을 등한히 여길 수 없다고 했습니다(히 2:3). 구속은 하나님이 보내신 독생자 예수님의 피 값으로 성취된 것입니다. 하나님께서는 세상 창조 때는 말씀으로만 만물을 지으셨습니다. 그러나 타락한 죄인들을 구원하는 재창조 때는 그냥 말씀만으로 하신 것이 아니고 예수님을 '말씀'으로 세상에 태어나게 하셨습니다. 그리고 예수님이 죄악 된 세상에서 죄인들의 배척을 받고 그들을 위해 십자가에 못 박히게 하셨습니다. 우리는 이것이 얼마나 큰 대가를 치른 희생인지를 곰곰이 생각해 보고 깊이 깨달아야 하겠습니다.

송아지와 대속

본인은 스코틀랜드의 한 시골 농장에서 산 적이 있었습니다. 우리 농장에 젖을 떼지 않은 송아지가 있었는데 병이 들어 죽었습니다. 마침 이웃 농장에 어미 소가 죽어서 고아가 된 송아지가 있었습니다. 그래서 그 송아지 새끼를 우리 농장으로 데리고 왔습니다. 그다음 우리 농장에서 병으로 죽은 송아지의 가죽을 벗겼습니다. 어린 송아지가 비록 죽었지만 가죽을 벗겨 놓으니까 온몸이 피투성이였습니다. 매우 애처롭고 끔찍한 장면이었습니다. 우리는 이웃 농장의 고아 송아지에게 우리 농장에서 죽은 송아지의 가죽을 입혀주고 벗겨지지 않도록 끈으로 단단히 몸에 묶은 후에 자기 새끼를 잃은 어미 소에게 데리고 갔습니다. 어미 소는 자기 새끼가 아니면 절대로 젖을 주지 않습니다.

우리는 무척 긴장하고 어미 소가 과연 다른 송아지를 받아 줄 것인지를 숨을 조리며 지켜보았습니다. 그런데 우리 농장의 어미 소는 옆 동네에서 데리고 온 고아 송아지를 보더니 냄새를 이곳저곳 자세히 맡아 보았습니다. 그리고는 자기 새끼라고 확신이 갔는지 젖을 먹이기 시작하였습니다. 그래서 그 고아 송아지는 혼자서 살지 못했을 텐데 우리 농장의 어미 소에게 입양이 되어 건강하게 잘 자랐습니다. 저는 날마다 그 어미 소와 송아지가 함께 평온하게 사는 것을 보고 주님의 대속의 의미를 자주 연상해 보곤 했습니다.

하나님께서는 에덴동산에서 아담과 하와가 범죄하여 죽을 수밖에 없게 되었을 때 짐승의 가죽을 벗겨 그들의 수치를 가려 주셨습니다. 이것은 예수님이 십자가에서 알몸으로 벗겨지시고 죄인들을 위해 죽임을 당하실 것을 예표 하는 것이었습니다. 실제로 주님이 세상에 오셔서 2천 년 전에 갈보리 십자가에서 우리를 살리기 위해서 대신 돌아가셨습니다.

이것이 구원을 받는 유일한 길이라고 믿으며 하나님 앞에서 자신이 죄인임을 인정하고 그리스도를 구속주로 영접하면 하나님의 자녀가 되고 영원한 생명을 받습니다. 우리가 주 예수의 십자가를 믿으면 주님의 대속의 죽음으로 마련된 의의 옷을 입고 거룩하신 하나님 앞으로 나아가게 됩니다. 마치 어미 소가 자기 새끼가 아님에도 자기 새끼의 가죽을 입은 다른 어미의 새끼를 받아주었듯이, 하나님께서는 우리가 독생자 예수 그리스도의 의의 옷으로 입혀진 것을 보시고 우리를 하나님의 자녀로 기꺼이 받아 주시고 길러 주십니다.

예수님은 우리를 위해 십자가에서 찢기고 벗겨지셨습니다. 예수님은 우리가 받아야 할 죄의 형벌을 대신 받기 위해 자신의 생명을 내어 주셨습니다. 그리고 다시 살아나셔서 부활 생명을 줄 터이니 주께로 오라고 초대하십니다.

여러분은 예수님을 구주로 믿고 하나님께 나아간 적이 있습니까? 예수님을 구주로 믿는 자는 멸망치 않고 영생을 얻는다고 하나님께서 약속하셨습니다. 교회를 오래 다녀도 예수님을 자신의 대속주로 받아들이지 않을 수 있습니다. 그렇다면 이 약속을 신뢰하고 구원을 받으십시오. 차일피일 미루지 말고 있는 모습 그대로 '내가 믿나이다'라고 주께 고백하시기 바랍니다. 도덕적인 정리를 하고 나서 믿겠다고 미루지 마십시오. 미리 선을 행하려고 노력할 필요가 없습니다. 구원은 선을 행하는 자들에게 주어지는 것이 아닙니다. 구원은 그리스도께서 죄인들을 대신하여 십자가에서 형벌을 받으시고 부활하신 사건을 믿을 때 받습니다. 이것은 그리스도를 믿음으로써 거저 받는 선물입니다. 그래서 구원은 하나님의 은혜입니다. 예수님을 주님으로 영접하십시오. 그러고 나서 주님을 위해 살도록 하십시오.

16장

사랑 없는 사랑
호세아 3:3-5

"그에게 이르기를 너는 많은 날 동안 나와 함께 지내고 음행하지 말며 다른 남자를 따르지 말라 나도 네게 그리하리라 하였노라 이스라엘 자손들이 많은 날 동안 왕도 없고 지도자도 없고 제사도 없고 주상도 없고 에봇도 없고 드라빔도 없이 지내다가 그 후에 이스라엘 자손이 돌아와서 그들의 하나님 여호와와 그들의 왕 다윗을 찾고 마지막 날에는 여호와를 경외하므로 여호와와 그의 은총으로 나아가리라"(3:3-5).

호세아와 고멜의 재결합은 새 삶의 방향을 정해 줍니다.

고멜은 호세아와 함께 귀가했습니다. 그런데 이것으로 호세아와 고멜 사이의 관계가 다 해결된 것은 아닙니다. 그릇된 사랑을 하는 버릇은 하루아침에 사라지지 않습니다. 참사랑의 회복은 몸만 돌아왔다고 해서 되는 것이 아닙니다. 나쁜 습관은 좋은 습관으로 대치될 때까지 단련을 받아야 합니다. 그래서 호세아는 고멜에게 몇 가지 금기 사항을 제시하였습니다. 그것은 고멜에게 더 이상 외출을 허락하지 않는 것이었습니다. 고멜은 다른 남자와 음행을 하지 않기 위해서 일종의 가택 연금의 제재를 당하였습니다. 그뿐만 아니라 고멜은 당분간 나쁜 버릇을 고칠 때까지 남편과의 동침도 허락되지 않았습니다.

이것은 무엇을 의미할까요? 호세아가 큰 희생을 하고서 고멜을 사 왔는데 귀가한 후로는 마음을 바꾼 것일까요? 왜 고멜에게 자유를 주지 않고 사랑을 쏟지 않습니까? 고멜이 호세아와 동침하는 것은 아내의 권리가 아닙니까? 고멜에게 제재를 가하는 것은 호세아가 고멜을 다 용서한 것이 아니라는 뜻일까요? 혹은 고멜에 대한 호세아의 악감이 앙금으로 남아 있어 일종의 보복을 하려는 것일까요?

하나님은 악취미를 가지신 분이 아닙니다. 사랑한다고 하고서 일단 자기 손에 들어오면 노골적으로 골탕을 먹이며 악의를 드러내는 분이 아닙니다. 오히려 자신의 참사랑을 자기 백성을 위해서 제재의 형태로 나타내십니다. 그래서 참사랑의 행위는 때로는 사랑이 없는 것으로 오해되기도 합니다. 하나님께서는 우리의 유익을 위해서 사랑을 철회하실 수 있습니다. 고멜은 다시는 음행을 위해 외출을 할 수 없고 남편인 호세아와의 동침까지 즐길 수 없었습니다. 이처럼, 이스라엘도 다른 나라에 포로로 잡혀가면 마음대로 나다니면서 음행을 일삼지 못할 것입니다. 그리고 여호와 하나님을 섬길 수 있는 국가적인 제도와 특권들로부터 차단될 것이었습니다.

> "이스라엘 자손들이 많은 날 동안 왕도 없고 지도자도 없고 제사도 없고 주상도 없고 에봇도 없고 드라빔도 없이 지내다가"(3:4).

"많은 날 동안"(3:3, 4)은 무슨 의미일까요?
세 가지 측면의 의미가 있습니다.

첫째, 하나님은 이스라엘 백성을 제한 지역에 가두시고 여러 특권을 박탈하셨습니다. 그 기간은 '많은 날 동안'입니다. 즉, 이스라엘 백성이 받는 단련과 근신 기간입니다. 이 기간은 이스라엘 백성의 악습이 고쳐질 때까지 계속됩니다. 그들에 대한 하나님의 소기의 목적이 성취되기 전에는 단축될 수 없는 기간입니다. 그래서 '많은 날'이라고 했습니다.

둘째, '많은 날'이란 정한 기한이 있다는 뜻이기도 합니다. 무한정 이스라엘 백성이 하나님의 제한 영역에서 자유가 없이 감금되지는 않는다는 시사입니다. 때가 되면, 그들은 예전처럼 하나님을 자유롭게 섬기며 여호와의 은혜를 누릴 것입니다(3:5).

셋째, '많은 날'은 이스라엘 백성이 나중에 받을 하나님의 무한한 자비의 분량에 비교하면 '잠시' 받는 짧은 기간이란 의미입니다.

"내가 <u>잠시</u> 너를 버렸으나 큰 긍휼로 너를 모을 것이요 내가
넘치는 진노로 내 얼굴을 네게서 <u>잠시</u> 가렸으나 영원한 자비로
너를 긍휼히 여기리라 네 구속자 여호와께서 말씀하셨느니라"(사
54:7-8).

우리는 하나님의 단련을 받을 때 항상 '많은 날'로 느낍니다.
고통의 시간은 언제나 길게 느껴지는 법입니다. 그러나 이사야
선지자를 통해서 지적하셨듯이, '많은 날'의 단련의 시간은 '큰 긍
휼'에 비추어 볼 때 항상 '잠시'라는 것입니다. 신약에서도 그렇게
증언합니다.

"우리가 <u>잠시</u> 받는 환난의 경한 것이 지극히 크고 영원한 영광
의 중한 것을 우리에게 이루게 함이니"(고후 4:17).

"모든 은혜의 하나님 곧 그리스도 안에서 너희를 부르사 자기
의 영원한 영광에 들어가게 하신 이가 <u>잠깐</u> 고난을 당한 너희를
친히 온전하게 하시며 굳건하게 하시며 강하게 하시며 터를 견고
하게 하시리라"(벧전 5:10).

하나님께서는 큰 자비를 베풀기 위해서 '잠시' 자기 백성들로
부터 얼굴을 돌리십니다. 이것은 우리에게 큰 격려가 됩니다. '잠
시' 단련을 받고 '큰 긍휼'을 체험한다면, 비록 '많은 날'로 느껴지

는 고통이라도 참을 수 있을 것이기 때문입니다.

"왕도 없고"

이스라엘은 앗수르에 의해서 곧 패망될 것이었습니다. 그때에는 이스라엘에 왕도 없고 백성도 흩어질 것이며 오랫동안 희생제사도 없고 종교 축제도 없을 것입니다.

"주상(돌기둥)도 없고"

돌기둥은 직립석으로서 하나님과의 영적 체험을 기념하기 위해 세우는 것이었습니다.

• 야곱은 벧엘에서 꿈에 사닥다리의 환상을 보고 베고 잤던 돌을 기둥으로 세웠습니다(창 28:18-19).

• 모세는 시내 산에서 하나님으로부터 받은 율법을 기록하고 산 아래에서 열두 지파대로 열두 기둥을 세웠습니다(출 24:4).

• 이스라엘 백성은 요단강을 건넜을 때 이를 기념하기 위해서 돌 열둘을 세웠습니다(수 4:8-9).

이처럼 돌기둥은 한때는 하나님을 만났거나 그분의 은혜를 체험한 것을 기념하는 좋은 의미로 사용되었지만, 이제는 이방 종교의 영향으로 이스라엘의 타락된 예배의 일부로 자리를 잡았습니다(참고. 신 12:3; 16:22). 그래서 주상이 없다는 말은 이스라엘 백성이 바알을 기념하는 부패한 행위가 계속될 수 없는 상황을 맞을 것이며 동시에 '많은 날 동안' 하나님과의 밀착된 영적 체험의 축복이 없을 것을 예고합니다.

"에봇도 없고"

에봇은 포켓이 달린 일종의 조끼였습니다. 이것도 원래는 나쁜 것이 아니라 모세법에서 제사장들을 위해 거룩한 옷으로 규정된 복장이었습니다(출 28:4-14). 그러나 사사 시대에 이스라엘 백성은 기드온이 만든 에봇을 우상으로 섬겼고 그 후로 많이 오용되었습니다(삿 8:26-27).

"드라빔도 없이"

드라빔은 가정에서 모시는 소형 우상이었습니다. 이런 우상의 조각품들은 이스라엘 백성에게 설 곳이 없어야 함에도 가정에서 흔히 사용하였습니다.

하나님께서는 이스라엘의 진정한 회복을 위해서 여러 가지 특권을 거두셨습니다. 즉, 이스라엘은 다른 나라의 지배를 받고 주권 국가로서의 정체를 상실합니다. 그리고 여호와 종교를 가진 선민으로서 누렸던 희생 제도와 이에 따른 여러 가지 종교적 상징물들을 박탈당합니다. 그들은 종교적 혼합주의와 배교의 행습들이 청산될 때까지 '많은 날'을 하나님과 가까운 교제가 없이 지내야 했습니다.

그런데 이러한 조치는 사랑이 아닌 듯하여도 참사랑의 배려입니다. 호세아는 고멜의 거동을 통제하고 동침하지 않았지만, 고멜을 위해 헌신하였습니다. 그의 목적은 고멜을 학대하여 그녀의 삶을 힘들게 하는 것도 아니고, 고멜을 속박하려는 것도 아니었습니다. 호세아는 오직 고멜을 악으로부터 보호하고 새 삶을 위해 갱신시키려는 것이었습니다. 이처럼 하나님께서 이스라엘 백성의 여러 가지 특권들을 박탈하는 단련의 기간을 부과했을지라도 그러한 조치는 모두 그들의 유익을 위한 사랑의 표현이었습니다.

단련과 갱신이 없으면 신앙생활에 발전이 더딥니다. 그래서 하나님의 사랑에는 징계와 갱신의 양 측면이 있습니다. 하나님께서는 이스라엘 백성을 속량하신 것으로 사랑의 목적이 성취되었다고 보시지 않습니다. 하나님의 사랑의 목표는 훨씬 더 높고 고결합니다. 그래서 형벌이 마땅할 때는 '많은 날 동안' 단련을 하시고 하나님의 임재와 교제의 축복을 거두기도 하십니다. 그럴 때는 하나님이 가혹하게 느껴지고 사랑이 없으신 분처럼 보입니다. 그러나 사랑이 없는 것이 아니고, 사랑이 있기 때문에 이스라엘 백성을 하나님의 방식대로 대하셨습니다.

호세아는 고멜의 나쁜 과거의 악습에 강력한 제동을 걸었습니다. 이처럼 하나님께서는 이스라엘의 음란을 강력한 방법으로 제재할 것이었습니다. 그 목적이 무엇입니까? 다시는 이스라엘이 음란한 가출을 반복하지 않고 여호와만을 경외하며 하나님의 진정한 백성으로 회복되게 하려는 것이었습니다. 이러한 하나님의 사랑은 이방 신들의 변덕스럽고 이기적인 육적 사랑과 비교될 수 없습니다.

하나님께서는 오늘날 우리를 대하실 때도 같은 방법을 사용하십니다. 고멜은 남편이 자기를 집으로 데리고 오면서 사랑을 속삭이며 안심하라고 해 놓고서 집에 와서는 자유를 제한하고 동침도 하지 않는 것에 크게 실망했을지 모릅니다. 그러나 고멜은 호세아가 어떤 희생으로 자기를 죽음의 수렁에서 구출했는지를 기억해야 했습니다. 고멜은 자신에게 남은 일들이 있었습니다. 그녀는 몸으로는 남편의 집으로 돌아왔습니다. 그러나 그녀는 우상들로부터도 영원히 돌아와야 했습니다. 이를 위해 호세아는 고멜이 승리하도록 최선의 방법으로 돕고 있었습니다. 비록 그 방법이 고멜의 자유를 제한하는 일이었어도, 호세아는 고멜을 끝까지 사랑하기로 언약을 맺었기에 그녀의 안전과 행복을 위해 '사랑 없는 사랑'을 해야 했습니다.

하나님에 대해서 그렇게 느낀 적이 있습니까? 나를 사랑한다고 하시지만 막상 주께로 돌아왔을 때 오히려 냉담하시고 나의 자유를 제한하신다고 느꼈다면 주께서 어떤 희생과 사랑으로 십자가에서 나를 구속하셨는지를 되새겨 보십시오. 하나님께서는 십자가의 사랑이 어떤 것인지를 우리가 깨닫도록 구속사의 이곳저곳에 십자가를 즐비하게 걸어 놓으셨습니다.

아담과 하와가 에덴동산에서 처음으로 하나님을 불순종하고 사망 선고를 받았을 때 하나님은 그들에게 가죽옷을 입혀 주시고 그들의 수치를 가려 주셨습니다. 가죽은 죽은 임자가 있다는 뜻입니다. 이것은 앞으로 누군가 그들의 죄를 위해 희생될 것을 가리킵니다. 아담과 하와에게 은혜의 가죽옷이 입혀졌을 때, 에덴동산에 십자가가 세워졌습니다.

아담과 하와의 후손이 제단을 쌓고 하나님께 희생 동물을 바쳤을 때, 십자가가 그들의 제단 위에 세워졌습니다. 성막과 성전에서 희생 제물을 하나님께 바쳤을 때, 십자가가 세워졌습니다. 호세아와 같은 선지자들을 통해서 대속의 메시지가 선포될 때마다 십자가가 세워졌습니다. 그리고 마침내 하나님의 어린 양이 갈보리의 십자가에 달리셨을 때, 예수 그리스도의 영원한 구속의 십자가가 세워졌습니다. 그래서 사도 바울은 헛된 길로 가려던 갈라디아 교회에 "어리석도다 갈라디아 사람들아 예수 그리스도께서 십자가에 못 박히신 것이 너희 눈앞에 밝히 보이거늘 누가 너희를 꾀더냐"(갈 3:1)라고 질책했습니다.

나의 눈앞에 그리스도의 십자가가 밝히 보이고 있습니까? 십자가 이외에는 우리를 구원할 것이 세상에 없습니다. 우리를 불안과 고통과 질병과 죄와 죽음에서 구원할 자가 누구입니까? 십자가에 달리신 주 예수 그리스도뿐입니다. 그러므로 더욱 십자가를 알고 주 예수를 전적으로 신뢰하며 살아야 하겠습니다.

우리가 주님의 사랑이 어떤 것인지를 제대로 알았다면, 처음부터 주님을 잘 섬겼을 것이고 우리의 삶도 훨씬 더 풍성해졌을 것입니다. 우리는 성경에 자세히 기록된 하나님의 사랑에 대해 잘 깨닫지 못합니다. 신자 중에는 하나님의 사랑을 의심하거나 별다른 관심을 두지 않는 분들도 적지 않습니다. 그러다가 어려움을 당하면 무척 괴로워합니다. 그런데 우리를 더욱 괴롭게 하는 것이 있습니다. 그것은 하나님의 사랑이 때로는 사랑이 아닌 것처럼 느껴지는 것입니다.

고멜은 호세아의 제재를 당하면서 사랑의 징계를 이해하지 못했을 것입니다. 우리도 여러 번 실족을 거듭하다가 주님의 제재를 당하면 주님의 사랑을 느끼지 못합니다. 그러나 주님은 우리를 위해 자신의 생명을 희생하여 우리를 구속하셨습니다. 그렇다면 주님은 우리를 분명 사랑하시는 분입니다.

주님의 징계 기간은 '많은 날 동안'이라고 하지만, 사실은 '잠시' 받는 고통입니다. 주님께서는 우리를 상상할 수 없을 정도로 사랑하십니다. 비록 '잠시' 받는 냉담한 시간이 있을지라도, 실상은 주님의 뜨거운 사랑이 솟아나기 직전의 예비적인 단계에 불과합니다. 잠시 후에 우리는 주의 약속대로 여호와의 은총을 체험할 것입니다. 고멜은 호세아의 희생으로 죄의 속박에서 풀려 다시 귀가하였습니다. 고멜은 한동안 새로운 가정생활에 익숙하지 못하여 불편을 겪었습니다. 고멜에게는 과거처럼 우상 신들을 따를 때의 자유가 없었습니다. 그러나 고멜은 날마다 조금씩 호세아의 참사랑을 깨달으며 남편의 품이 우상 신들의 거짓된 욕정의 가슴이 아니라, 진실과 긍휼에 불타는 자비의 가슴임을 깨닫게 되었습니다. 우리도 주께로 돌아가면 고멜이 체험했던 참사랑을 긍휼로 가득 찬 주님의 품속에서 온몸으로 느끼게 될 것입니다.

17장
마지막 날의 귀향
호세아 3:5

"그 후에 이스라엘 자손이 돌아와서 그들의 하나님 여호
와와 그들의 왕 다윗을 찾고 마지막 날에는 여호와를 경
외하므로 여호와와 그의 은총으로 나아가리라" (3:5).

호세아서 3장은 배도한 이스라엘 백성에 대한 하나님의 사랑
으로 시작되었다가 백성의 온전한 회복으로 끝납니다. 하나님께
서는 이스라엘 백성이 다른 신들을 음란하게 섬김에도 불구하고
그들을 단념하지 않고 사랑하셨습니다. 그런데 하나님의 사랑은
감정적이거나 이기적이지 않습니다. 하나님의 사랑에는 무분별
하고 일방적인 집착이 없습니다. 하나님께서는 무력하고 유약한
사랑도 하시지 않습니다.

하나님의 사랑은 자녀들을 위한 적극적인 사랑으로 타오릅니
다. 하나님의 사랑은 우상 숭배라는 중병에 걸린 백성을 치유하
는 불붙은 사랑입니다. 그래서 호세아가 고멜에게 가한 철저한

제동은 하나님께서 이스라엘 백성에게 타민족의 압제를 통해서 가하게 될 단련을 내다보게 합니다.

　호세아는 고멜의 행습을 이번에는 완전히 뜯어고치기 위해서 그녀의 활동을 엄격히 통제하였습니다. 이것은 호세아가 고멜에 대한 악감을 드러낸 것이 아닙니다. 호세아는 인간적인 상황에서 보면, 자기 아내를 사 오는 것은 고사하고 고멜과 함께 사는 것 자체가 불가능한 일이었습니다. 그런데 호세아가 도무지 행할 수 없는 일을 지금 고멜을 위해서 행하는 중입니다. 우리는 이 점을 잘 살필 필요가 있습니다.

고멜의 변화

　우리는 호세아가 하나님의 선지자라는 점을 기억해야 합니다. 그는 하나님의 지시에 따라 고멜을 사왔습니다. 그렇다면 우리는 호세아가 다시 하나님의 지시에 따라 고멜에게 활동 제한의 징계령을 내렸다고 보아야 합니다. 그는 처음에 고멜과 결혼하라는 하나님의 명령에 순종했듯이, 지금도 하나님의 지시에 순복하였습니다. 그러나 처음 경우처럼 잘 이해할 수 없는 일이었습니다. 고멜에게 가택 연금 명령을 내리고 동침의 권리를 박탈했지만, 그런다고 해서 악하고 음란한 고멜이 완전히 새사람이 될 것을 낙관할 수는 없었을 것입니다. 호세아는 처음에는 고멜과 다시 살기를 원했던 것 같지 않습니다. 사람이 상대방에게 너무 많이 당하면 상대방에 대한 기대나 욕구가 없어집니다. 우리 말에

콩으로 메주를 쑨다고 해도 못 믿겠다고 하지 않습니까? 만일 호세아가 고멜과 다시 살고 싶었다면 그녀가 노예가 된 것을 알았을 때 당시의 풍습대로 자진해서 고멜을 진즉 사 왔을 것입니다. 그러나 그는 하나님께서 그렇게 하라고 명령하실 때까지는 아무런 조처를 하지 않았습니다.

우리는 호세아가 매우 영적인 선지자이기에 고멜을 어떤 일이 있어도 찾아오고 받아주었을 것으로 생각할지 모릅니다. 그러나 호세아도 우리와 성정이 같은 사람입니다. 그는 영적인 사람으로 만들어진 것이지 처음부터 보통 사람과 전혀 다른 차원에서 사는 자는 아니었습니다. 성경에 나오는 모든 훌륭한 인물들이 다 보통 사람들입니다. 그래서 우리처럼 죄도 짓고 여기저기 불완전한 데가 있습니다. 그러나 그들은 하나님의 단련과 가르침을 받으면서 믿음과 사랑의 사람들로 바뀌었습니다.

호세아는 갈 대로 간 고멜을 더는 사랑할 수 없었을 것입니다. 그러기에 하나님께서 "그 여자를 사랑하라"(1절)고 하셨습니다. 그때 비로소 호세아는 고멜을 사러 나갔습니다. 이것이 중요한 포인트입니다. 우리는 고멜을 사랑할 수 없습니다. 우리는 나를 사랑하지 않는 자를 진정으로 사랑하지 못합니다. 더구나 나에게 해를 끼치고 악한 짓을 하는 자를 사랑하지 않습니다. 인간은 본성적으로 악한 자와 화해를 원치 않습니다. 부부 사이에도 상대방의 부정이 드러나면 쉽게 용서하지 못합니다. 또 여러 번 배신을 당하면 마음을 줄 수 없습니다. 어떻게 할 수 없는 상황이라 같이 보고 사는 것이지 마음은 이미 떠난 경우가 적지 않습니다. 인간은 원수를 사랑하지도 않고 그럴 능력도 없습니다. 그러나 하나님께서는 원수를 사랑하십니다. 요한복음 3장 16절이 무엇을 말합니까? 하나님께서 세상을 이처럼 사랑하신 때가 언제입니까? 세상이 변화된 때입니까? 세상 죄인들이 타락하여 하나님을 계속 대항하고 있음에도 이 세상을 사랑하신다고 하셨습니다. 지금은 이 세상이 나아졌습니까? 죄인들이 하나님을 사랑하는 세상입니까? 물론 그렇지 않습니다. 그러나 하나님께서는 여전히 요한복음 3장 16절을 이 세상을 향해 외치고 계십니다.

호세아는 고멜을 데리고 와서 한 지붕 밑에서 살았습니다. 비록 동침하지 않았지만 놀랍게도 고멜은 점점 달라지기 시작했습니다. 자신의 과거를 뉘우치는 기색이었고 조용해서 가보면 혼자 엎드려 여호와의 이름을 부르고 있었습니다. 호세아를 대하는 언행이 부드러워졌고 아이들을 사랑으로 잘 챙겨 주었습니다. 그리고 날마다 호세아에게 용서를 구하며 호세아가 자기 때문에 얼마나 괴롭고 힘들었겠냐고 사죄하며 오히려 위로하였습니다. 그리고 쉬지 않고 자기를 노예의 속박에서 해방하고 다시 아내로 맞아 주어서 감사하다고 거듭 말하였습니다. 그 후로 고멜은 다른 남자를 만나려고 집을 나간 적이 없었습니다. 고멜의 귀가는 진정한 것이었습니다.

호세아는 이 같은 고멜의 변화를 보고 크게 깨달은 것이 있었습니다. 호세아는 하나님께서도 이스라엘을 그렇게 대하시고 회복시킬 것을 선지자의 통찰로 볼 수 있었습니다. 그래서 그는 하나님께서 자기 백성에게 내릴 "많은 날 동안"의 징계와 근신의 기간을 거친 후에는 반드시 온전한 회복이 올 것을 예상하였습니다. 그는 마침내 이스라엘 백성이 해묵은 우상 숭배의 악습에서 떠나 여호와의 품으로 영원히 귀향하게 될 것을 내다보며 굳은 확신으로 외쳤습니다. 호세아는 고멜에 대한 자신의 사랑을 자신할 수 없었지만 고멜에 대한 하나님의 사랑은 믿었습니다. 그는 자신의 사랑의 능력이 아닌, 하나님의 사랑의 능력이 고멜을 변화시킬 것이라고 낙관하였습니다.

> "그 후에 이스라엘 자손이 돌아와서 그들의 하나님 여호와와 그들의 왕 다윗을 찾고 마지막 날에는 여호와를 경외하므로 여호와와 그의 은총으로 나아가리라"(3:5).

이 약속은 하나님의 사랑으로 회복되는 이스라엘 백성의 복된 미래를 먼 안목으로 바라본 것입니다. 여호와께서는 이스라엘이 앗수르의 정복과 포로 생활을 통해 불신실에 대한 형벌을 충분히 받고 나면, 그들을 회복하실 것이었습니다(참고. 신 4:25-31). 호세아는 하나님과 이스라엘과의 관계가 완전히 치유되고 회복될 먼 장래의 사건들을 선지자의 영감으로 멀리서 미리 내다보고 있었습니다.

이것은 우리에게 매우 중요한 교훈을 던져 줍니다. 전혀 불가능한 것으로 보였던 이스라엘 백성의 회복과 치유를 호세아가 어떤 과정을 거쳐서 깨달았습니까? 고멜과의 원치 않던 불행한 결혼을 통해서 깨달았습니다. 하나님께서는 호세아와 고멜과의 불행한 결혼을 하나님의 구속의 대 드라마를 예시하기 위한 실물

교재로 사용하셨습니다. 호세아가 고멜을 만난 것은 자기 잘못이 아니었습니다. 하나님께서는 그의 불행을 사용하여 수많은 주의 백성에게 메시아에 대한 소망을 갖게 하셨습니다. 그리고 죄중에 빠진 그의 백성에게 하나님의 회복을 대망하며 용기를 얻게하셨습니다. 우리가 하나님의 뜻 안에 있으면 우리의 불행이 다른 사람들에게 복이 될 수 있습니다. 그리고 호세아의 경우처럼, 우리 자신들도 하나님의 크신 사랑을 깨닫고 복된 삶을 살 수 있습니다.

하나님께서는 언약을 지키십니다.

이스라엘 백성은 소중히 여기는 것들을 빼앗길 것이라는 통보를 하나님으로부터 받았습니다. 그들은 언약 백성으로서 여러 가지 특권을 누렸습니다. 그러나 대부분 여호와 경배를 바알 경배로 대치하고 하나님의 구원의 능력을 기념하는 데 사용됐어야 할 돌기둥과 같은 종교적 상징물들을 바알을 섬기는데 오용하였습니다. 이러한 부패한 행습은 율법에서 금지되었음에도(신 6:21-22) 나라 전체에 만연된 관습이었습니다. 그래서 하나님께서는 이스라엘 백성을 이방 나라의 통제 아래에 두시고 그들의 모든 특권과 악습을 철저히 규제하셨습니다.

미국 T.V에 매우 못된 십 대들을 다루는 프로그램이 있었습니다. 여기 나오는 아이들은 부모를 때리고 난잡한 성관계와 마약을 일삼는 패륜아들입니다. 이들의 외양과 언행은 도무지 눈 뜨고 볼 수 없을 정도입니다. 부모들은 빗나간 자식들을 바로잡아 보려고 별짓을 다 해보지만 아무 효과가 없습니다. 그래서 이런 아이들을 고치기 위해 일정 기간 보내는 장소가 있는데 '부트 캠프(Boot camp)' 라고 부릅니다. 일종의 신병 훈련소나 교육대와 같은 곳입니다. 여기에 가서도 아이들은 행패를 부리고 조교들의 말을 듣지 않습니다. 그러나 엄격하고 무서운 단련을 받으면서 점점 기가 꺾이고 자신들의 잘못을 깨달아 사람이 되어 나옵니다. 우리나라의 논산 훈련소를 옛날에 '인생 재생창' 이라고 불렀습니다. 일단 훈련소에 입소하면 모든 자유가 통제되고 조교들의 철저한 훈련 프로그램에 따라 움직여야 합니다. 자기 집에서 하던 버릇대로 늦잠을 자거나, 아무 때나 집을 나가거나, 원하는 일을 마음대로 할 수 없습니다. 이러한 통제된 삶은 매우 불편하고 고통스럽습니다. 그러나 훈련을 다 받고 나면 군인으로서의 기본기가 닦이고 정식으로 배치를 받아 명실공히 떳떳한 군인 행세를 하게 됩니다.

"그 후에" 라는 말은 이러한 단련의 기간이 지났음을 말합니다. 즉, "많은 날 동안"(3:4) 징계를 받고 이제 하나님의 백성으로서 제 구실을 할 수 있게 되었음을 시사합니다. 그럼 그 후에는 어떻게 되는 것일까요? 한 마디로 이스라엘 백성이 제정신으로 돌아와서 우상을 버리고 하나님만 경외하는 언약 백성의 참모습으로 회복됩니다. 이것은 하나님께서 그의 언약 백성에게 주셨던 약속의 성취입니다. 하나님께서 시내 산에서 모세를 통하여 이스라엘 백성에게 주셨던 언약에는 이런 말씀이 있었습니다.

"그들이 나를 거스른 잘못으로 자기의 죄악과 그들의 조
상의 죄악을 자복하고 또 그들이 내게 대항하므로 나도
그들에게 대항하여 내가 그들을 그들의 원수들의 땅으로
끌어 갔음을 깨닫고 그 할례 받지 아니한 그들의 마음이
낮아져서 그들의 죄악의 형벌을 기쁘게 받으면…내 언약
을 기억하고 그 땅을 기억하리라…그런즉 그들이 그들의
원수들의 땅에 있을 때에 내가 그들을 내버리지 아니하며
미워하지 아니하며 아주 멸하지 아니하고 그들과 맺은 내
언약을 폐하지 아니하리니 나는 여호와 그들의 하나님이
됨이니라"(레 26:40-45).

하나님의 사랑은 언약에 기초한 치유적인 방법을 사용합니다.
그래서 그릇된 관계의 교정을 위해서 언약 백성의 특권이 박탈되
고 징계의 회초리가 가해지는 것은 언약에서 경고된 박탈과 회복
의 패턴에 근거한 것입니다(신 4:1-40; 30장). 하나님께서는 자기 백
성의 탈선을 방관하시지 않습니다. 하나님의 사랑은 징계적입니
다. 그러나 징계는 회복을 위한 치유의 방법이지 징벌 자체가 목
적이 아닙니다. 하나님께서는 징계를 통해서 회개에 이르도록 도
우십니다.

하나님께서 자기 백성의 배도를 징계하시는 것은 언약의 약속
을 지키시는 것이기에 하나님의 신실하심에 대한 증거입니다. 자
기 백성이 돌아오게 되는 일도 언약에서 약속하신 것입니다. 중

요한 것은 언약에서 명시된 박탈과 회복의 패턴은 먼 미래에까지 파급되면서 성취되는 축복이라는 것입니다.

예를 들어, 언약 백성이 하나님을 떠나 우상 신을 섬기거나 다른 죄악에 빠지면 그들이 받은 특권과 축복이 박탈됩니다. 그래서 비록 하나님께서 언약 백성의 수적 성장을 약속하셨지만(호 1:10) 그들의 죄가 징계와 심판을 받기 전에는 성취될 수 없었습니다(호 1:2-9). 또한, 단일 지도자 아래에서 북이스라엘과 남부 유다가 통일 왕국을 이룰 것이라는 약속은(호 1:11) 하나님께서 부패한 왕들을 심판하실 때까지는 실현되지 않을 것이었습니다(호 8:4; 10:7; 10:15; 13:10-11).

이러한 패턴은 지금도 하나님의 백성에게 그대로 적용됩니다. 우리가 하나님을 떠나 세속적인 사람이 되면 신자로서 누리는 특권과 축복이 박탈됩니다. 구체적인 예를 들면, 우선 하나님께서 주시는 심령의 평안이 없습니다. 기도의 문이 닫히고 주님의 임재와 돌보심을 느끼지 못합니다. 하나님과 가깝다는 의식이 사라지고 하나님의 말씀에서 멀어집니다. 이런 상태로 오래 가면 여러 형태의 죄악이 뿌리를 내리고 자신의 삶을 속박하기 시작합니다. 하나님께서는 언약에서 경고하신 대로 어긋난 자녀들에게 '많은 날 동안'의 단련을 거쳐 회복의 길에 오르게 하십니다. 그래도 자기 길을 고집하고 회개하지 않는 자녀들은 우상의 나라에서 어리석은 삶을 마치도록 심판하십니다.

이것은 교회에서도 같은 원리로 적용됩니다. 강단의 메시지가 세속 사상을 담은 이야기로 짜이거나 성경 본문을 제대로 강해하지 않으면 교인들이 복음의 능력을 체험하지 못합니다. 세속적인 경영 기법에 따라 교회를 운영하면 성도들은 생명수를 마시지 못하여 영적 빈혈을 일으킵니다. 그 결과, 회중의 삶은 세속적이 되고 영적 활력이 없으며 교회 생활은 타성에 의한 습관성 종교 행위가 되어 사회의 멸시를 받습니다.

교회는 하나님의 말씀 위에 세워진 신앙 공동체입니다. 예수님을 머리로 모시고 각 지체가 서로 협력하며 사랑과 순종과 거룩함을 익히는 곳입니다. 그러나 교회가 고멜의 냄새를 풍기면 아무도 교회를 존중하지 않습니다. 누구보다도 교회의 머리이신 주님이 싫어하시고 징계하십니다. 당장은 아닐지 몰라도 주님의 채찍은 오래 참으신 후에 반드시 내립니다. 각 신자의 삶과 공동체로서의 교회의 삶에서 고멜의 옛 행습을 몰아내는 것만이 하나님의 무서운 징계와 단련을 피하는 길입니다.

이스라엘 백성의 복귀는 다윗 왕을 찾기 위한 것입니다.

이스라엘 백성이 돌아와서 하는 일은 "그들의 하나님 여호와와 그들의 왕 다윗"을 찾는 것이라고 했습니다. 그런데 이 말은 시대착오로 들립니다. 다윗 왕은 북부 이스라엘과 남부 유다가 갈라지기 이전의 왕이었습니다. 호세아 시대는 이미 남북이 분열된 때였고 더구나 이스라엘 자손이 여호와께로 다시 돌아오는 때는 "많은 날 동안"(3:4)의 세월이 지난 "그 후"의 일입니다. 그렇다면 왜 당시에 있지도 않은 다윗 왕을 찾는다고 했을까요?

첫째, 종말론적 약속의 성취를 예고한 것이기 때문입니다.

구약 선지자들은 이스라엘 백성이 타국의 압제를 받은 후에 다시 귀향하여 다윗의 통치로 복귀한다고 전했습니다. 그들은 장차 북부 이스라엘과 남부 유다가 통일 왕국을 이룰 것이라고 줄곧 예언하였습니다. 그들은 한 걸음 더 나아가 이스라엘 백성만이 아니고 만국 백성이 하나님의 통치를 받게 될 날이 올 것이라고 예고하였습니다. 본문의 예언은 먼 후일까지 적용되는 종말론적인 언약의 성취를 안고 있는 것으로서 후기 선지자들에 의해서도 자주 예고되었습니다.

> "보라 나는 그들을 북쪽 땅에서 인도하며 땅 끝에서부터
> 모으리라…큰 무리를 이루어 이 곳으로 돌아오리라" (렘
> 31:8)

이스라엘은 남북이 갈라지기 이전에 사울을 초대 왕으로 삼고 왕정 시대를 맞이하였습니다. 그러나 사울 왕은 하나님을 순종하지 않다가 버림을 받았고, 다윗이 새 왕으로 뽑혀 하나님께서 원하시는 이상적인 왕이 되었습니다. 그 후 북이스라엘에도 많은 왕이 나왔지만, 다윗 왕의 수준에 이르지 못하였습니다. 그뿐만 아니라 그들이 세운 왕조는 다윗 왕가처럼 하나님께서 맹세하시고 지켜주시는 영원한 왕권이 아니었습니다(시 89:3-4).

그래서 북이스라엘이 "그들의 왕 다윗"을 찾는다는 것은 하나

님의 구원 계획에 의해 세워진 다윗 왕조를 늦게나마 인정한다는 뜻입니다. 이것은 북이스라엘이 BC 931년 여로보암의 반역으로 솔로몬의 아들인 르호보암 때 남부 유다에서 독립하여 북쪽에 새 왕국을 세운 것이 옳지 않다는 것을 시인하는 것입니다. 여로보암은 북쪽에 별도로 성전을 짓고, 새로운 절기를 제정하였으며, 레위 자손이 아닌 일반인들로 제사장들을 삼았습니다. 그는 금송아지 우상을 단과 벧엘에 세워 백성이 남부 유다의 예루살렘 성전에 참배하지 못하게 하였습니다. 이제 다윗 왕을 '그들의 왕'이라고 부른 것은 이러한 분리가 잘못된 일임을 고백하는 것이었습니다(왕상 12:25-33).

그런데 다윗 왕을 찾는 것은 당시의 이스라엘 백성에게만 적용되는 일이 아닙니다. 근접한 미래로 본다면, 이 예언의 성취는 이스라엘 왕국이 앗수르에 의해 패망되었을 때 일부 이스라엘 백성이 남쪽의 다윗 왕국으로 회귀한 것입니다. 히스기야 왕은 유다의 종교개혁 동안에 전국적인 유월절 기념 준수를 위해 북이스라엘 백성의 참여를 권유하여 일부가 예루살렘으로 내려왔습니다(대하 30:6, 11, 18-20). 요시아의 종교 개혁에서도 북이스라엘까지 확대하여 바알 우상들을 파괴했습니다(대하 34:6-7). 유다 백성이 포로에서 귀국한 이후에도 북이스라엘 백성이 예루살렘에서 유다 백성과 함께 섞여 살았습니다(대상 9:3). 에스겔 선지자는 유다와 이스라엘의 통일 왕국 시대를 내다보면서 "유다와 그 짝 이스라엘"이라고 표현함으로써 두 나라를 하나의 언약 백성으로 간주하였습니다(겔 37:16-22).

이러한 현상은 비록 유다와 이스라엘이 분열 왕국으로 존재했었고 각각 타민족의 지배를 받았지만 같은 하나님의 언약 백성이라는 인식이 국민 전체에 배여 있었음을 시사합니다. 이 사실을 단적으로 보여주는 구약의 한 대표적인 실례는 에스라와 함께 바벨론에서 예루살렘으로 귀향한 백성이 열두 지파의 수효대로 열두 마리의 수송아지를 번제로 바친 것입니다(에스라 8:35; 비교. 행 26:7). 그런데 이러한 움직임은 북이스라엘 백성이 실제로 남부 유다로 돌아왔다는 역사적인 증거는 되지만, 절대다수의 백성이 함께 통합된 것은 아닙니다. 중요한 것은 북이스라엘 백성이 남쪽의 다윗 왕가의 정통성을 인정하고 여호와 하나님을 유다 백성과 함께 섬겼다는 사실입니다. 이런 의미에서 이스라엘 자손의 예루살렘 복귀는 비록 작은 수효일지라도 앞으로 있게 될 다윗 왕통의 메시아를 수반으로 하는 통일 왕국을 내다보게 하는 사건이었습니다.

둘째, 다윗 왕은 이스라엘의 최선의 왕으로서 메시아를 예표하기 때문입니다.

호세아는 일찍이 1장 11절에서 유다 자손과 이스라엘 자손이 한 우두머리를 세우고 포로 생활에서 풀려나서 큰 나라를 이루게 될 것이라고 예고했습니다. 여기서 '한 우두머리'는 이스라엘의 부패한 왕들이 아닌 새 시대를 다스릴 지도자입니다.

본 예언은 가깝게는 이스라엘 자손이 바벨론 포로에서 귀환할 때에 스룹바벨을 우두머리로 삼고 예수아를 대제사장으로 삼아 새 출발을 시도했던 사건을 가리킵니다(에스라 3:2; 4:3; 학개 1:1, 14; 2:1-9). 그러나 더 나아가서는 다윗이 목자가 되어 언약 백성을 하나로 모아 다스리는 새 시대를 바라본 예언입니다(겔 34:23-24; 37:24-28). 그래서 '한 우두머리'는 다윗 왕으로 예표 되는 예수 그리스도로서 궁극적으로 하나님의 언약 백성을 영도할 메시아입니다(렘 23:5-6; 30:9).

그러니까 호세아 1장 11절의 말씀도 3장 5절에서처럼 하나님의 백성에 대한 가까운 장래와 먼 미래가 다 포함된 예언입니다. 즉, "이스르엘의 날이 클 것"(1:11)이라는 의미는 호세아 시대의 관점에서 보면, 북부 이스라엘과 남부 유다가 한 우두머리 아래에서 통일되는 것입니다. 이것은 그들이 적국의 포로 생활에서 본국으로 귀환하여 하나의 언약 백성으로 회복될 것을 가리킵니다. 그러나 신약의 관점에서 보면, 메시아를 믿는 신자들이 하나님 나라의 새로운 백성으로 번창할 것을 가리킵니다.

이스라엘의 회복은 궁극적으로 예수 그리스도의 사역을 통해서 성취됩니다.

호세아 1장 10-11절과 3장 5절에서 언급된 예언들은 신약의 전망대에서 보면 한눈에 그 성취를 확인할 수 있습니다.

첫째, 호세아가 말하는 이스라엘 자손의 인구 증폭이나 큰 나라에 대한 비전은 전 세계적인 것입니다.

이 예언의 약속은 단순히 이스라엘 자손이 본국으로 돌아오고, 남북이 통일되며, 다윗 왕통이 인정을 받는 선에서 그치는 것이 아닙니다. 이것은 "마지막 날"에 대한 종말론적인 비전이기 때문에 사실상 세상 끝날까지 계속되면서 반복하여 적용되고 성취되는 대 파노라마의 구원 프로그램입니다.

"이스라엘 자손의 수가 바닷가의 모래같이 되어서 헤아릴 수 없고 셀 수도 없을 것"(1:10)이라는 말은 언약 백성의 먼 장래를 가리킵니다. 왜냐하면 당시의 북부 이스라엘과 남부 유다의 인구는 전쟁과 포로로 격감하였기 때문입니다. 그리고 앗수르의 정복 이후로 북이스라엘에서 남쪽으로 피난하여 정착한 인구나 바벨론에서 본국으로 귀향한 인구도 전체 인구에 비교하면 매우 적은 편이었습니다. 여기서 우리는 구속사의 매우 중요한 전환점이 있음을 알 수 있습니다. 즉, 인구 폭증에 대한 예언은 원래의 언약 백성이 아닌 이방인들이 포함될 것이라는 시사입니다. 이것은 처음부터 아브라함과 그의 후손에게 하나님께서 약속하신 언약이었습니다(창 12:2; 13:16; 15:5; 22:17; 26:24; 28:14, 32:12).

그럼, 언약 백성에 대한 인구 폭증에 대한 예언은 어떻게 성취되는 것일까요?

신약 시대의 복음 전파를 통해서 전 세계 각 곳의 사람들이 하나님께로 나아옴으로써 성취됩니다. 이스라엘 백성에게 한정됐던 언약 백성은 만국 백성을 포함하게 되었고 그리스도의 몸인 교회는 예수님의 새 언약 백성으로 채워집니다(롬 9:24-26). 이들은 예수 그리스도를 믿기 때문에 모두 아브라함의 씨입니다. 그래서 교회는 아브라함을 위해서 준비된 유업을 상속하고 하나님의 약속들을 성취하는 통로입니다(갈 3:29).

둘째, 신약의 관점에서 볼 때, 호세아 선지자가 예고한 "이스르엘의 큰 날"(호 1:11)은 예수님에 의해 성취되었습니다.

이스라엘 자손이 마지막 날에 다윗을 찾고 여호와를 경외하며 그의 은총으로 나아가는 일은(3:5) 다윗의 후손인 예수 그리스도의 복음과 그의 다스림을 받는 신약 교인들의 회심으로 실현되었습니다. 우선 사마리아 백성에게 복음이 전해져서 유대인과 사마리아인들 사이의 반목이 해소되었고, 더 나아가 이방인들까지 하나님의 백성이라고 불렀습니다(벧전 2:10). 이로써 진정한 의미에서 "내 백성이 아니었던 자에게 향하여 이르기를 너는 내 백성이라 하리니 그들은 이르기를 주는 내 하나님이시라 하리라"(호 2:23)는 말씀이 성취되었습니다.

물론 엄밀한 의미에서는 이 약속의 성취는 아직도 진행 중입니다. 예수님의 재림 이전까지 열국의 수많은 사람이 유대인들을 포함하여 십자가의 속죄를 믿고 새 언약 백성으로 영입될 것이기 때문입니다(롬 10:1; 11:26; 계 7:9 이하).

이러한 미래의 축복들은 예수 그리스도의 십자가 사역을 통해 이미 세상에 나타났으며 앞으로도 계속될 것입니다. 즉, 예수님이 다윗으로 예표 된 메시아로 세상에 오셔서 전 세계에 흩어진 자기 백성을 십자가 아래로 모으시고 성령으로 새롭게 하십니다.

예수님은 빛과 사랑의 나라를 세우시고 아브라함의 후손을 재구성하여 이스라엘 백성과 이방인들을 구속받은 하나님의 새 백성으로 다스립니다. 이것은 하나님께서 이스라엘 백성에게서 박탈한 것들을 새로운 축복으로 회복시켰음을 의미합니다.

예수님은 이스라엘이 잃은 것을 자신의 몸으로 회복시키십니다.

이스라엘은 왕을 잃었습니다. 그러나 예수님은 우리의 왕이시며 지도자입니다. 예수님은 이스라엘의 가장 이상적인 왕이었던 경건한 다윗의 자손이면서 동시에 그의 원천입니다(계 22:16). 다윗은 앞으로 오실 메시아를 "나의 주"라고 불렀고(마 22:43-44; 행 2:25) 그분의 영원한 왕국에 소망을 걸었습니다(삼하 7: 18-29; 시 89:3-4). 이제 예수님은 하나님의 새로운 다윗으로 오셔서 자기 백성을 사방에서 모으고 의와 진리와 화평으로 다스리십니다.

이스라엘은 더 이상 주상(돌기둥)을 세울 수 없었습니다. 그러나 예수님 자신이 우리의 돌기둥이 되십니다. 예수님은 열국의 백성을 구속하기 위해서 아들을 희생시킨 하나님의 무한한 사랑을 상기시킵니다. 그래서 그는 하나님의 영원한 은혜의 돌기둥입니다.

이스라엘은 에봇이 없이 살아야 했습니다. 그러나 예수님은 우리의 에봇입니다. 에봇은 제사장이 입었던 의식용 복장으로서 하나님께 제사를 올리고 그분의 뜻을 물을 때 사용되었습니다.

그러나 이제는 예수님 자신의 존재와 가르침이 하나님의 뜻입니다. 우리는 예수님을 통해서 하나님을 섬기며 우리를 향한 하나님의 뜻이 무엇인지를 알 수 있습니다.

이스라엘은 드라빔을 상실하였습니다. 그러나 예수님은 우리가 섬기는 드라빔입니다. 예수님은 보이지 않는 하나님의 형상이기에(요 1:18; 딤전 6:16) 예수님을 본 자는 하나님을 보았고 예수님을 믿고 섬기는 자는 하나님을 믿고 섬기는 자입니다(요 14:9; 17:3).

예수님은 하나님의 언약의 중심이며 성취입니다. 이스라엘 자손이 돌아오는 것은 지리적으로 타국의 포로에서 귀국하는 것만이 아니고, 우상 숭배와 불순종으로부터 하나님께로 나오는 영적 갱신을 의미합니다. 이러한 영적 부흥은 이방인들에게까지 미쳐서 아브라함의 영적 자손이 하나님의 약속대로 하늘의 별과 바닷가의 모래처럼 무수히 많아질 것입니다. 또한, 바울이 예고한 대로, 예수 그리스도를 배척했던 유대인들도 십자가 복음으로 회심하게 되는 놀라운 부흥이 일어나게 될 것입니다(롬 11:12, 15, 25-33).

하나님께서는 자기 백성을 포기하시지 않습니다. 신실하신 하나님은 자기 백성에게 전적으로 투신하셨기에 언약을 지키시며(레 26:44) 언제나 놀라운 지혜와 사랑으로 주님께 속한 자들의 회복과 성장을 위해 헌신하십니다. 그래서 이 같은 하나님의 부르심에 응하는 하나님의 자녀들은 불의와 실패에도 불구하고 "여호와와 그의 은총으로"(3:5) 나아가는 회복과 부흥을 체험하게 됩니다. 하나님의 사랑은 자녀들의 유익을 위해서 필요하다면 징계도 하고 제한도 합니다. 그리고 이것저것 좋은 것들을 앗아가기도 합니다. 그러나 하나님께서는 자기 백성을 영영 버리시지 않습니다. 하나님께서는 비록 자기 백성이 다른 신들을 섬기는 건포도 사랑에 빠졌을지라도 그들을 계속 사랑하십니다. 그리고 때가 되면, 그들을 죄와 불순종의 길에서 돌아서도록 부르시고 하나님의 품으로 귀환하게 하십니다.

우리가 하나님께 소망을 두어야 하는 까닭이 무엇입니까? 이스라엘의 경우처럼, 우리도 사람의 힘으로는 가망이 없는 상태에 빠질 수 있기 때문입니다. 죄의 속박에서 해방되려면 전능하신 하나님의 기적적인 능력의 개입이 있어야 합니다. 이스라엘이 강대국의 포로에서 돌아오는 일이 에스겔의 표현처럼 마른 뼈가 무덤에서 살아 나오는 일이었듯이(겔 37:2-3, 12-13), 죄인이 하나님께로 돌아오는 일은 죽은 자의 부활과 같은 사건입니다. 그래서 시편 저자도 여호와를 "사망의 문에서 일으키시는 주"(시 9:13)라고 하였고 "우리에게 여러 가지 심한 고난을 보이신 주께서 우리를 다시 살리시며 땅 깊은 곳에서 다시 이끌어 올리시리이다"(시 71:20)라고 고백했습니다.

오직 생명의 주님만이 죽은 자나 다름없는 우리를 다시 소생시킬 수 있습니다. 우리가 어떤 죄악과 환난에 있든지 여호와의 언약을 신뢰하면, 하나님의 은총으로 형편이 역전되는 거대한 변화가 일어납니다. 이것은 이스라엘의 역사에서 증명되었고 2천 년의 기독교 역사와 우리 개인의 삶에서 체험으로 입증되고 있습니다. 옛 언약을 성취하신 예수님은 우리의 새로운 패러다임으로 지금도 우리를 탈선과 타락의 구렁텅이에서 구출하고 계십니다. 이스라엘처럼 불순종과 우상 숭배는 언약의 저주를 일으킵니다. 그러나 회개하고 돌아오는 백성은 저주가 변하여 복이 되는 것을 체험합니다(신 23:5; 느 13:2).

이러한 구원의 역사가 주님의 약속대로 진행되는 것을 볼 때, 우리는 이 죄 많은 세상에 살면서도 하나님의 나라와 구원이 완성되어 우리가 모두 새 하늘과 새 땅에서 주님과 함께 영원히 살 것을 믿지 않을 수 없습니다. 주님께서는 우리를 날마다 진리의 말씀과 교훈으로 새롭게 빚어가십니다. 그러므로 주님의 크신 구원을 항상 감사하며 우상으로부터 우리 자신을 지킴으로써 언약 백성의 축복과 특권을 박탈당하지 않도록 힘써야 하겠습니다.

18장

하나님을 아는 것은 무엇인가?
호세아 4:1-19

본 장에서부터 마지막 장까지는 호세아가 이스라엘 백성을 고발하고 그들의 우상 숭배를 경고하며 하나님의 회복의 약속을 선포하는 내용입니다. 그는 이스라엘 백성이 얼마나 하나님께 불신실한지를 낱낱이 들추어냅니다. 그러나 그는 자기 백성에 대한 하나님의 불붙는 긍휼과 헌신을 강조하면서 백성의 회개를 촉구합니다.

"내 백성이 지식이 없으므로 망하는도다"(호 4:6)

"그러므로 우리가 여호와를 알자 힘써 여호와를 알자….."
(호 6:3)

호세아는 처음에는 "여호와께로 돌아가자"고 하였고 이제는 "여호와를 알자 힘써 여호와를 알자"고 합니다. 이스라엘 백성은 여호와를 아브라함 때부터 알았습니다. 그렇다면 모든 이스라엘 백성이 여호와를 잘 알 터인데 왜 호세아는 새삼스럽게 여호와를 알자고 호소하는 것일까요? 여호와 종교가 부패했기 때문입니다.

여호와 종교와 우상 종교는 어떻게 다른가?

우리는 신(神)은 인간도 아니고 보이지도 않기 때문에 알 수 없는 존재라고 생각하기 쉽습니다. 그러나 호세아는 하나님을 알 수 있는 분으로 전제하였습니다. 이것은 인간이 스스로 연구해서 하나님을 알 수 있다는 말이 아닙니다. 인간 종교는 모두 인간의 상상과 소원을 투사하여 제작한 것입니다. 그러나 여호와 종교는 인간이 만든 것이 아니고, 하나님께서 스스로 자신을 드러낸 것입니다. 그래서 계시 종교라고 구별하여 부릅니다.

이스라엘 백성이 남달리 탁월해서 하나님을 안 것이 아닙니다. 하나님께서 그들에게 율법을 주시고 언약을 맺으셔서 하나님을 모르는 이방 나라에 빛이 되도록 택하셨으므로 여호와 하나님을 먼저 알게 된 것입니다. 호세아가 본문에서 하나님을 알자고 말한 것은 처음으로 하나님을 알아야 한다고 제안하는 것이 아니고, 이미 그들에게 알려진 여호와 하나님을 바르게 알아야 한다는 것입니다. 이것은 이스라엘 백성에게 하나님을 아는 일에서 문제가 생겼음을 의미합니다. 이 문제는 어떤 것일까요? 한 마디로 우상 숭배를 한 것입니다. 그들은 인간의 욕망에 기초한 부패한 이방 종교의 행습을 닮아 하나님을 섬기려고 했습니다. 그래서 이스라엘 백성에게 하나님을 알자고 한 말은 우상 숭배에서 탈피해야 한다는 뜻입니다.

조금 구체적으로 설명하면 이런 것입니다.

우상 종교의 특징은 하나님과의 인격적인 교류가 없는 것입니다. 우상은 인격체가 아닙니다. 이사야 선지자는 우상의 무익성을 신랄하게 지적하였습니다. 우상은 인간이 원하는 대로 목공이나 철공들이 사람이나 동물의 모습과 비슷하게 손으로 만든 신상입니다. 그리고 "그 앞에 엎드려 경배하며 그것에게 기도하여 이르기를 너는 나의 신이니 나를 구원하라"(사 44:17)고 말합니다. 우상 종교에도 선지자가 있고 제사장이 있습니다. 그러나 이들은 인격적인 하나님을 알지 못하므로 자신들의 아이디어나 신도들이 듣기를 원하는 말들을 예언이라도 하듯이 말하며 복을 빌어 줍니다. 사탄은 이들의 어리석음과 세속적 욕망을 이용하여 더욱 큰 무지와 속임에 빠지도록 신도들을 유혹합니다.

우상 종교는 근본적으로 기복 신앙에 바탕을 둔 것입니다. 하나님의 영광과 하나님 나라의 복지를 원하기보다는 경배자의 영광과 복지가 우선입니다. 그래서 신으로부터 항상 무엇을 얻어내기 위해서 제사를 올리고 소원 성취를 기원합니다. 우상에게 많이 갖다 바치고 정성을 보이면 좋은 결과가 온다고 믿습니다.

우리나라의 큰 무당으로 알려진 어떤 분은 무당이란 소복을 입고 맑은 물을 떠놓은 할머니가 손자를 낫게 해 달라면서 기도하는 것과 같다고 했습니다. 그분은 무당이 어려운 사람과 가난한 사람 혹은 병든 사람 보살피고 거둬주라고 비는데 방식이 다를 뿐이지 기독교나 불교와 차이가 없다고 했습니다. 사실상 많은 사람이 여호와 종교를 이런 기복 신앙과 구별하지 못합니다.

우상 종교에는 도덕이 중요하지 않습니다. 도덕성을 강조하는 인간 종교라도 그 사상은 절대자의 성품이나 인격에서 나온 것이 아니기에 모순되며 일치성이 없습니다. 그래서 이사야 선지자는 우상 종교의 허구성을 지적한 후에 이스라엘의 하나님은 만물을 지으신 창조주며 역사를 주관하는 주권자이심을 상기시켰습니다(사 44장). 여호와가 어떤 분이라는 것은 인간 역사를 통해서 구체적으로 실증되었습니다. 여호와 하나님은 예언한 것을 그대로 성취시킵니다. 이것은 여호와가 역사의 주인이시며 인간 만사를 통제하시는 분이라는 증거입니다. 그러나 우상 종교에서는 창조주의 신분으로 자기 뜻을 드러내며 인간과의 관계를 역사 속에서 진행시키는 신이 없습니다. 그래서 이스라엘의 선지자들은 모세를 필두로 항상 출애굽을 상기시키고 그처럼 자기 백성을 역사 속에서 인도하시고 인격적인 관계를 맺으면서 구원하는 신이 세상에 없다고 했습니다.

"어떤 신이 와서 시험과 이적과 기사와 전쟁과 강한 손과 편 팔과 크게 두려운 일로 한 민족을 다른 민족에게서 인도하여 낸 일이 있느냐 이는 다 너희의 하나님 여호와께서 애굽에서 너희를 위하여 목전에서 행하신 일이라 이것을 나타내심은 여호와는 하나님이시요 그 외에는 다른 신이 없음을 네게 알게 하려 하심이니라"(신 4:34-35).

우상 신의 특징은 이 세상에 대해서 무엇을 어떻게 하겠다는 마스터 플랜이 없고 특히 세상의 숱한 죄의 문제들에 대한 근본적인 구제책이 없습니다. 그들에게는 세상 죄를 지고 가는 대속주가 없습니다. 또한 역사가 가는 길을 하나님의 뜻에 따라 참되게 예고하는 예언자들도 없습니다. 그래서 경배자들은 참 하나님의 뜻을 알지 못합니다. 비록 고상한 수준으로 보이는 도덕 종교의 틀을 가진 경우에도 역사를 통해 드러난 인격적 계시에 바탕한 것이 아니므로 신뢰할 수 없습니다. 그들의 신(神)은 역사 속에서 증명될 수 없는 인간들의 아이디어에 불과합니다. 이스라엘 백성은 이러한 우상 종교의 영향을 받아 점차로 여호와 종교의 본질에서 멀어지기 시작했습니다. 그뿐만 아니라 여호와 종교를 가나안 종교의 형태로 각색하고 우상 신의 기호에 맞추어 하나님을 대하였습니다. 그래서 하나님께서는 이러한 심각한 위험에 대해서 출애굽 때부터 이스라엘 백성에게 누누이 경고하셨습니다.

> "네가 만일 네 하나님 여호와를 잊어버리고 다른 신들을
> 따라 그들을 섬기며 그들에게 절하면 내가 너희에게 증거
> 하노니 너희가 반드시 멸망할 것이라"(신 8:19).

여호수아는 가나안 정복을 끝낸 후에 동일한 말로 이스라엘 백성 전체에게 이 말씀을 상기시켰습니다.

> "만일 너희가 너희의 하나님 여호와께서 너희에게 명령
> 하신 언약을 범하고 가서 다른 신들을 섬겨 그들에게 절

하면 여호와의 진노가 너희에게 미치리니 너희에게 주
신 아름다운 땅에서 너희가 속히 멸망하리라 하니라"(수
23:16).

이스라엘 백성이 우상 숭배에 젖었다는 것은 하나님과 인격
적인 교류가 없이 세속적인 기복 신앙과 의식 종교에 빠져 하나
님의 언약이 지닌 의미를 외면하고 진리를 따라 살지 않게 되었
다는 뜻입니다. 이런 상태를 보고 성경에서는 죽었다고 표현합니
다. 말을 바꾸면, 하나님의 생명과 하나님께서 약속하신 유업을
누리지 못하는 상태라는 것입니다. 그래서 하나님께서는 신명기
에서 백성이 생존하며 번성하려면, 하나님께로 돌아와야 한다고
권고하셨습니다.

"내가 생명과 사망과, 복과 저주를 네 앞에 두었은즉 너와
네 자손이 살기 위하여 생명을 택하라"(신 30:19).

이 말씀은 사실상 하나님께서 에덴동산에서 지음을 받았던 아
담에게 주셨던 말씀입니다. 창세기 2:16-17절은 내용상 같은 말
입니다. 창세기 2장 7절을 보십시오.

"여호와 하나님이 땅의 흙으로 사람을 지으시고 생기를
그 코에 불어넣으시니 사람이 생령이 되니라"(창 2:7).

인간은 원래 하나님의 생명을 받아 누릴 수 있는 놀라운 특권

을 부여받은 존재였습니다. 인간은 단순히 생령이 된 것으로는
온전하지 않습니다. 하나님의 생명을 받아야만 인간 창조의 목
적과 의도가 살아납니다. 즉, 하나님의 생명을 드러내면서 하나
님과 교제를 하고 하나님의 마음과 뜻을 깨달으며 따르는 삶이어
야 합니다. 인간은 하나님의 생명을 누릴 때 귀한 존재가 됩니다.
그래서 하나님께서는 아담을 지으신 후에, 그러니까 아담이 생령
이 된 후에 하나님의 생명을 누릴 수 있는 옵션을 주셨습니다. 그
것이 창세기 2장 16-17절에 나오는 말씀입니다. 하나님을 순종
하는 길은 생명의 길이며, 불순종하는 길은 사망의 길이라는 것
입니다. 신명기에서도 동일한 말씀을 하셨습니다. 즉, 생명을 택
하라는 것입니다. 생명을 택하는 것은 우리의 선택입니다. 인간
에게는 생명을 택하지 않을 자유가 있습니다. 유감스럽게도 많은
사람이 생명이 아닌 죽음을 택합니다.

선악과는 하나님이 아닌 것을 택하는 것입니다. 이스라엘 백
성은 생명이 아닌 우상을 택하였습니다. 그래서 그들은 죽음을
체험하였습니다. 그들은 죽은 자들처럼 하나님과 산 교제를 갖지
못하였습니다. 이스라엘 백성은 이방 종교의 그릇된 사상과 행습
에 젖었습니다. 그 결과가 무엇이었습니까? 하나님께서 그들을
통해 이방의 빛이 되게 하신다는 구원의 뜻을 무시하고 자신들
의 거룩한 소명을 망각하였습니다(사 49:6). 그들은 하나님을 배우
지도 않았고 그분의 명령에 순종하지도 않았으며 이방 나라에 아
무런 빛이 되지 못하였습니다. 그래서 호세아는 이스라엘 백성을
향해 하나님을 알라고 외쳤습니다. 그것이 하나님의 생명을 다시

누리는 유일한 길이기 때문입니다.

하나님을 아는 지식은 어떤 것입니까?

호세아서에서 말하는 하나님을 아는 지식은 하나님의 속성을 아는 것입니다(2:19-20). 이것은 하나님의 내적 본성에 속하는 부분들을 체험적으로 깊이 아는 것을 가리킵니다. 예로써 하나님의 공의, 정의, 은총, 긍휼히 여기심, 진실하심(2:19; 4:1) 등의 성품을 배우고 실천하여 아는 것입니다. 그래서 하나님을 아는 지식이 없다는 것은 이러한 하나님의 두드러진 속성을 드러내는 삶을 살지 않는다는 말입니다. 하나님이 공의로우신 분임을 알려면 그분의 공의를 실천할 때 하나님의 공의가 어떤 것인지를 체험적으로 확인할 수 있습니다. 하나님의 사랑도 백성이 그분의 사랑에 따라 사랑을 실천할 때 하나님이 사랑이시라는 사실을 실제로 깨닫습니다. 달리 표현하면, 이스라엘 백성은 이 같은 하나님의 성품이 배여 있는 언약의 율법을 지키지 않았으므로 그들이 지식을 버렸다고 하였고 지식이 없으므로 망한다고 하였습니다(4:6).

"내 백성이 지식이 없으므로 망하는도다 네가 지식을 버렸으니"(4:6)라는 말은 하나님의 온전한 성품을 반영하는 율법을 지키지 않은 것을 가리킵니다. 이것은 율법 조문 자체의 준수보다 그 법 뒤에 서 계신 거룩하시고 의로우신 하나님의 속성을 배척하는 것을 뜻합니다.

"나는 인애를 원하고 제사를 원하지 아니하며 번제보다 하나님을 아는 것을 원하노라"(6:6)는 말씀도 하나님의 인애라는 기본 속성에 대한 무지와 관련해서 하나님을 아는 것이 언급되었습니다. 이스라엘 백성은 하나님의 인애를 닮지 않고 무시했기에 그들의 인애는 하루아침도 지속되지 못하였습니다(6:4).

이스라엘 백성은 고멜이 호세아를 대했듯이 하나님을 대하였습니다. 고멜에게는 호세아를 아는 지식이 없었습니다. 고멜은 호세아의 사랑을 실제로 누려보지 않았으므로 남편이 자기를 사랑하는 분이라는 사실을 체험적으로 전혀 알지 못하였습니다. 결국, 고멜은 호세아를 남편으로 삼았으면서도 남편을 알지 못한 여자였습니다. 이러한 지식이 없는 것이 고멜이 전락한 삶에서 쉽게 돌이킬 수 없었던 주된 원인이었습니다.

사회도 하나님의 의로운 속성이 반영되지 않으면 망할 수밖에 없습니다. 이스라엘은 하나님을 아는 지식 대신에 우상 숭배를 하였고 온갖 범죄로 가득하였습니다. 하나님을 배척하면 사회에 악영향이 옵니다. 호세아서 4장에서 이 점을 적시하고 있습니다. 하나님을 아는 지식의 결핍은 사회악을 초래한다는 것이 호세아서 4장의 주장입니다. 4장 1절에서 "이 땅에는 진실도 없고 인애도 없고 하나님을 아는 지식도 없고"라고 했습니다. 그런데 그다음 절에서 무엇이 나옵니까? "오직 저주와 속임과 살인과 도둑질과 간음뿐이요 포악하여 피가 피를 뒤이음이라"고 했습니다. 그런데 그다음 3절에 또 무엇이 나옵니까? "그러므로 이 땅이 슬퍼하며 거기 사는 자와 들짐승과 공중에 나는 새가 다 쇠잔할 것이요 바다의 고기도 없어지리라"고 하였습니다.

현재 지구에 생존하는 동물의 절반 이상이 얼마 가지 않아 멸종한다고 합니다. 하나님의 지식 결여와 자연계의 자원 결핍은 직접적인 상관관계가 있습니다. 지금까지 인류 역사에서 멸종된 동식물 중에서 하나라도 다시 생겨난 것이 있습니까? 오히려 있던 것들이 계속해서 사라지고 있지 않습니까? 하나님의 성품을 체험적으로 아는 지식이 무시되고 인간의 죄악이 늘어날수록 세상은 점점 더 궁핍해집니다. 하나님의 생명을 누리는 지식이 없는 세상은 망할 수밖에 없습니다(4:1).

하나님의 의로운 속성을 알고 이를 삶 속에서 나타내지 않으면 아무것도 점증하는 죄의 파급과 결과를 막지 못합니다. 그래서 하나님을 아는 지식은 개인뿐만 아니라 사회와 국가의 건전한 존속을 위해 반드시 필요합니다. 이스라엘 백성은 하나님을 이렇게 알지 않았으므로 사회가 부패하였고 마침내 적국에 포로로 잡혀갔습니다(호 4:1, 6; 5:13).

그래서 백성을 바르게 가르치는 영적 지도자들이 있어야 합니다. 이스라엘에는 제사장들을 중심으로 언약 교육이 시행되도록 사회가 짜여 있었습니다. 제사장은 율법을 가르치고 백성에게 하나님의 의로운 성품을 드러내도록 지도해야 했습니다. 그러나 이스라엘의 제사장들은 부패하여 우상 숭배의 길로 가는 백성을 오히려 부추기고 그들을 통해서 물질적 이득을 챙겼습니다(4:7-8). 지도자와 백성이 서로 악영향을 주고받았습니다. 이스라엘은 극도로 썩었고 "백성이나 제사장이나 동일"(4:9)하게 되었습니다.

오늘날도 마찬가지입니다. 교인들은 세상의 오염된 물을 날마다 마시고 살기에 세상 따라가는 삶이 몸에 익어 있습니다. 그래서 대부분 세상의 가치관에 별다른 저항을 느끼지 않습니다. 그렇다면 교회 지도자들이 이런 악영향으로부터 교인들을 보호하기 위해 하나님의 복음을 깊이 강론하고 의로운 길을 제시해야 할 것입니다. 그런데 하나님의 길을 선명하게 가르치지 않고, 그릇된 생활에 마찰을 주지 않는 듣기 좋은 말이나 세상 가치관에 영합하는 메시지를 준다면 그 회중이 어떻게 되겠습니까? 겉으로는 평안한 듯하여도 속은 썩어가고 그대로 두면 지도자들과 함께 심판을 받게 될 것입니다.

하나님을 아는 지식은 단순히 사실을 아는 것이 아닙니다.

이스라엘 백성은 여호와 하나님이 그들의 조상을 부르셨고 그들과 언약을 맺었으며 율법을 주셨다는 사실을 누구나 알았습니다. 그러나 그들에게는 심각한 문제들이 있었습니다.
- 그들은 하나님을 인격적이고 개인적으로 알지 못하였습니다.
- 그들은 하나님을 매일의 삶 속에서 인정하거나 의식하지 않았습니다.
- 그들은 하나님의 성품을 배우지도 않았고 하나님의 은혜를 아는 체험적인 지식이 없었습니다.

• 그들은 하나님의 뜻을 몰랐고 하나님의 인도와 통제를 받으면서 사는 삶이 무엇인지를 몰랐습니다.

• 그들은 이스라엘의 구원 역사를 알고 있었을지라도 이를 상기하거나 교훈을 받지 않았습니다.

• 그들의 나라와 개인의 삶 속에서 하나님이 현재 행하시는 일에 관심이 없었습니다.

• 그들은 성소에서 제물은 바쳤을지라도 하나님을 찾지는 않았습니다.

• 그들은 자기들의 일에는 갖출 것을 다 갖추면서도 하나님의 일에는 형식적으로 제사를 드릴 뿐이었고 하나님의 구원 사역과 거룩한 삶에는 무관심하였습니다.

이런 백성의 상태를 이사야 선지자는 매우 적절하게 지적하였습니다.

"그들이 연회에는 수금과 비파와 소고와 피리와 포도주를 갖추었어도 여호와께서 행하시는 일에 관심을 두지 아니하며 그의 손으로 하신 일을 보지 아니하는도다. 그러므로 내 백성이 무지함으로 말미암아 사로잡힐 것이요 그들의 귀한 자는 굶주릴 것이요 무리는 목마를 것이라"(사 5:12-13).

하나님을 아는 것은 형식적인 제사로 되지 않습니다. 제사 제도를 죄악의 수단으로 오용하는 것도 안 될 일이었습니다(4:7-8).
요즘 말로 한다면 교회는 출세의 발판도 아니고, 돈을 버는 곳도
아닙니다. 이스라엘 백성은 여호와 하나님께서 행하시는 일에 무
관심했기에 하나님과 동행할 수 없었고 그분의 뜻에 무지할 수밖
에 없었습니다. 그래서 그들은 여호와 하나님에게도 이방 신을
섬기듯이 위선과 속임의 제사를 드려도 된다고 생각하였습니다
(5:6).

　우리도 이런 식으로 하나님을 대할 수 있습니다. 기복 신앙과
번영주의에 젖어 있으면, 하나님을 믿는 것을 어떻게 하면 세상
에서 잘 될 수 있는지를 배우는 것처럼 오해합니다. 이런 자세로
교회에 다니는 것은 여호와 종교를 믿는 것이 아닙니다. 하나님
을 인격적으로 알지 못하고 하나님 나라와 복음의 진리에 관심이
없으면 하나님을 헛되이 경배하는 것입니다. 그러면 어떤 결과가
나타나겠습니까? 세속적 가치관에 휩쓸려서 자녀를 기르고 온통
자기중심의 관심거리에만 집착합니다. 자고 깨면 내 자식, 내 집,
내 돈벌이 등에 대한 생각으로 머리가 가득합니다. 그런 것이 중
요하지 않아서가 아닙니다. 그런 생활 문제들을 하나님의 성품과
복음의 진리와 하나님 나라의 발전에 아무 연관이 없이 세상적으
로 판단하고 독립적으로 결정하기 때문에 잘못된 것입니다. 하나
님의 일보다 내 일을 더 중시하는 것이 문제입니다. 그릇된 관심
과 절제 없는 집착과 우선권이 뒤틀린 삶을 살면서 무엇이 잘못
되었는지를 반성하지 않는 것이 문제입니다. 복음에 의해서 형성
된 가치관이 없으므로 그리스도의 성품을 반영하며 그리스도인
의 삶을 실천할 수 없는 것이 문제입니다.

그러면서도 이스라엘 백성처럼 자기는 하나님을 알고 믿는다고 생각하기 쉽습니다. 어느 정도 사실일 것입니다. 그러나 하나님을 아는 지식은 실제적인 내용과 체험적인 믿음 생활을 대동한 것이어야 합니다. 이 지식은 날마다 더해가야 하고 자라야 합니다. 우리에게 하나님을 아는 지식이 없으면 교회 다니는 것은 별다른 의미가 없습니다.

우리는 하나님을 알기 위해서 교회를 다녀야 하고, 교회를 다니면 하나님을 더욱 알아가야 합니다. 그리고 하나님을 알면 하나님의 성품을 반영해야 하고 하나님과 긴밀한 교류를 가져야 합니다. 그래야 신앙생활에 하나님의 생명이 흐릅니다. 우리가 하나님을 찬양하는 이유를 분명하게 가지고 살지 않으면, 주님이 나를 사랑하신다는 사실을 체험할 수 없습니다. 우리는 하나님을 어떻게 알고 있습니까? 호세아서가 말하는 하나님의 지식을 어느 정도 지니고 삽니까? 우리는 하나님을 반드시 알아야 합니다. 하나님을 힘써 알지 않으면 어떻게 된다고 했습니까? "내 백성이 지식이 없으므로 망한다"(4:6)고 했습니다.

하나님을 아는 지식이 없으면 기독교와 우상 종교의 차이도 모르고 기복 신앙에 머물게 됩니다. 하나님은 이것을 음부와 함께 희생을 드리고 음행하는 것이라고 하셨습니다(4:14). 그런 백성은 깨닫지 못한 백성이기에 망한다는 것이 호세아서의 경고입니다. 우리가 망하지 않기 위해서는 하나님을 바르게 알아야 합니다. 형식적이거나 피상적으로 아는 것이 아니고, 하나님의 진리와 선한 성품을 알고 그분의 모습을 반사해야 합니다. 그래야 진

정한 의미에서 새 언약 백성이고 하나님과 밀착된 교제를 하면서
사는 이상적이고 바람직한 성도들입니다. 말만 신약 교회의 교
인이라고 할 것이 아니고 실제로 하나님의 새 백성으로서 살아야
하겠습니다.

19장
바람에 날려간 사람들
호세아 4:4-19

호세아서 4장은 하나님께서 제사장을 위시하여 자기 백성의 죄악을 열거하는 장면을 묘사합니다. 이스라엘 백성은 시내 산에서 받은 하나님의 율법을 어기고 언약 백성의 도리를 행하지 않았습니다. 그런데 한두 가지 정도의 율법을 어긴 것이 아니고 율법 전체를 잊었습니다. 그들에게는 하나님을 경외하는 지식이 없었습니다. 나라 전체가 우상과 연합하여 음행을 일삼고 다산 종교의 부패한 의식에 참여하였습니다. 그래서 본 장은 그들이 회오리바람에 날려가서 멸망할 것이라는 하나님의 준엄한 심판으로 끝납니다.

이것은 성경이 다른 종교와 완연하게 다른 점이 있음을 증거합니다. 타종교의 경전을 보면 신(神)이 신도들의 삶이나 혹은 국가적인 차원의 신앙생활에 대해서 율법으로 통제하면서 정죄하거나 심판하지 않습니다. 물론 타종교에도 신도들이 어떻게 살아야 한다는 교훈들이 있고 이슬람교처럼 경전에 적힌 제도와 사상에 따라 법적인 체제로 발전시킨 경우도 있습니다. 그러나 성경에 나오는 하나님처럼 자기 백성이 실생활에서 율법에 따라 사는지를 점검하고 불순종을 할 경우 선지자를 통해 경고하거나 구체적인 심판을 내리지는 않습니다. 더구나 자국의 신이 타국의 역사까지 주관하면서 자기 백성을 정복민의 손에 넘기기도 하고 다시 불러오기도 하는 절대적인 주권을 행사하지 않습니다.

북이스라엘 백성은 율법을 지키지 않고 우상 숭배를 했기 때문에 앗수르에 망하였고 유다는 바벨론에 망하였습니다. 그런데 이러한 국가적 패망과 수치가 있기 훨씬 이전부터 하나님께서는 선지자들을 통해서 회개하지 않으면 그렇게 될 것이라고 예고하셨습니다. 세상의 어떤 종교의 신(神)도 신도들이나 자기 백성 전체를 이런 식으로 심판하면서 다스리지 않습니다.

이것은 무엇을 의미합니까? 성경의 하나님이 세상의 주인이시라는 증거입니다. 그분은 다른 나라에서 진행되는 역사의 방향까지 통제하면서 자기 백성을 이끌어 가시는 분입니다. 그래서 본문은 오늘날 우리에게도 매우 중요한 교훈을 줍니다. 현대 교회도 하나님의 길을 따르지 않으면 동일한 심판을 받을 것이기 때문입니다. 주님은 자기 백성과 인격적으로 교제하시는 분입니다. 그래서 자기 뜻을 드러내시고 자기 백성에 대한 사랑을 표현하시며 그릇된 길로 가는 자녀들을 징계하십니다.

이스라엘에는 제사장들이 부패하였습니다.

"그러나 어떤 사람이든지 다투지도 말며 책망하지도 말라 네 백성들이 제사장과 다투는 자처럼 되었음이니라 너는 낮에 넘어지겠고 너와 함께 있는 선지자는 밤에 넘어지리라 내가 네 어머니를 멸하리라"(4:4-5).

호세아서 4:4-19절은 부분적으로 원문이 많이 부식해서 원문 비평에 논란이 많은 부분입니다. 그래서 여러 가지 번역이 가능한데 여기서는 다음 번역을 따르기로 합니다.

"하나님께서는 분명 한 사람과 논쟁하신다. 하나님께서 질책하시는 한 사람이 있다. 제사장인 네가 곧 나의 논쟁 자다."(Christian Focus, Hosea)

어느 시대든 하나님의 종들을 박해하는 자들이 있습니다. 놀랍게도 참된 사역자들을 박해하는 자들은 종종 교회 안에 있습니다. 호세아 시대는 제사장이 하나님의 말씀을 전하는 선지자를 괴롭혔습니다. 예수님도 당시의 종교 지도자들로부터 격렬한 반대와 방해를 당하셨습니다. 예수님을 십자가로 끌고 가는 데 앞장섰던 자들은 제사장들을 비롯한 이스라엘의 종교 지도자들이었습니다. 종교 개혁 전후에도 하나님의 종들을 투옥하고 죽였던 자들은 크리스천 왕들이나 혹은 교회 지도자들이었습니다.

제사장이 선지자를 박해하는 것은 모순입니다. 그러나 높은 자리에 앉은 종교 지도자들은 단 한 사람이라도 자신의 권력을 악용하면 교회나 개별 신자에게 큰 해를 끼칠 수 있습니다. 이것은 세상 권력자들의 경우도 마찬가지입니다. 네로 황제, 히틀러, 스탈린 등을 위시하여 지금까지 세상의 독재자들이 저질은 만행을 생각해 보십시오. 상상하기 어려운 해악을 인류에게 끼치지 않았습니까? 호세아 시대에도 이스라엘에는 악한 제사장들이 세력을 잡고 여호와 종교를 부패시키며 백성을 죄악의 구렁텅이로 밀어 넣으면서 선지자들을 학대하였습니다. 호세아 선지자를 괴롭힌 제사장은 대제사장이었을 것이며 그의 모친도 영향력이 커서 사악한 짓을 한 자였습니다.

하나님께서는 불의를 반드시 심판하십니다.

하나님은 이스라엘 백성과 언약을 맺으신 이후로 그들의 역사에서 줄곧 인격적인 관계를 유지하셨습니다. 다시 말해서 하나님께서는 자기 백성을 율법으로 다스리시면서 선지자들을 통해 하나님의 계획과 뜻을 알리시고 사랑의 권면을 하시며 악에 대한 징계와 회개를 촉구하셨습니다. 하나님께서 불의를 심판하시는 것은 이러한 인격적인 관계 속에 포함된 하나님의 의로운 성품의 표출입니다. 하나님은 거룩하시므로 죄를 간과할 수 없습니다. 아무리 지위가 높은 대제사장이라도 하나님의 공의의 심판을 면할 수 없습니다.

"너는 낮에 넘어지겠고 너와 함께 있는 선지자는 밤에 넘어지리라 내가 네 어머니를 멸하리라"(4:5).

대제사장도, 그를 지원하는 한동아리의 선지자도, 또 그의 모친도 모두 심판의 대상입니다. 같이 모여서 집단을 이루며 자신들의 이권 보호를 위해 상부상조(相扶相助)할 때에는 든든하다고 여기겠지만 하나님께서는 그들을 모두 몰아서 심판하십니다. 하나님의 심판은 언제나 직접적인 원인을 밝힙니다.

제사장이 심판을 받는 이유는 하나님의 말씀을 가르치지 않았기 때문입니다. 이스라엘 백성은 하나님에 대한 산 지식이 없으므로 망한다고 했습니다(4:6). 그런데 이것이 누구의 책임입니까? 일차적으로는 당연히 말씀을 맡은 자의 책임입니다. 제사장은 율법을 맡고서도 백성이 마땅히 알아야 할 여호와 하나님에 대한 지식을 공급하지 않았습니다. 제사장은 하나님의 지식을 버렸고 잊었다는 지적을 받았습니다(4:6). 그래서 하나님께서는 제사장을 버리시고 그의 자녀들을 잊으시겠다고 하셨습니다. "네 자녀들"(6절)은 제사장의 권속이나 그의 동조자들을 가리키는 듯합니다.

제사장은 타이틀만 좋았지 자신의 소명에 불충하였습니다. 그들은 단순히 근무 태만 정도가 아니고 적극적으로 백성의 우상숭배를 권장하였고 그들이 바치는 제물로 재산을 축적하였습니다(8절). 물론 제사장들은 율법의 규정에 따라 헌물의 일부를 먹을 수 있었습니다(레 6:17-23). 이것은 그들의 성전 봉사에 대한 삯이었습니다. 그러나 그들은 욕심을 부리고 자기들의 몫 이상을 챙겼습니다. 제사장 집안은 특권과 이권으로 번성하였습니다. 그러나 그들은 잘 먹고 잘살수록 하나님께 죄를 더 범하였습니다(7절).

엘리 제사장의 아들들이 하나님의 징벌을 받아 죽은 까닭도 탐욕에 빠졌기 때문이었습니다. 그들은 백성의 제물과 회막 문에서 수종 드는 여인들을 탐하였다가 돌이킬 수 없는 심판을 받았습니다(삼상 2:12-17, 22-26, 34; 4:11, 17). 이 사건은 이스라엘의 제사장들에게 무서운 경고가 됐어야 했음에도 후세대의 제사장들은 마음이 부패하여 같은 죄악을 되풀이하였습니다. 이들은 여호와 종교의 순수성을 보존하는 책임이 있었지만, 이방 신의 경배를 조장하며 이득을 챙겼습니다. 이들은 하나님의 영광을 반영하기보다는 하나님의 이름에 욕이 되게 하였습니다(7절). 재정 비리가 심각한 우리나라 교회의 부패한 지도자들은 깊이 반성해 보아야 할 일입니다.

그럼 이들이 어떤 심판을 받았습니까? 하나님의 심판은 비례원칙이 적용되는 보응입니다(눅 12:47-48; 호 4:9; 계 22:12; 마 16:27). 제사장이 율법을 버렸으므로 하나님께서도 그들을 버려 제사장이 되지 못하게 하셨습니다. 그들이 율법을 배척하고 잊었으므로 그들의 자녀들을 하나님께서도 잊으신다고 하셨습니다. 자녀들을 하나님께서 잊으신다는 말씀은 제사장직과 그 특권이 종식된다는 의미이며 더 나아가 자식이 끊어지는 저주를 시사합니다(신 32:23-26). 그들은 번성할수록 범죄하기 때문에 하나님께서는 그들의 영광이 치욕으로 바뀌게 하십니다. 그들이 먹고 또 먹어도 계속 공복이 되게 하시고, 음행으로 다산의 축복을 시도하여도 수효가 늘지 않게 하십니다. 그래서 "내가 그들의 행실대로 벌하며 그들의 행위대로 갚으리라"(9절)고 했습니다.

현대 교회와 강단 메시지

이제 지금까지의 본문을 현대 교회에 비추어 반추해 보도록 합니다. 이스라엘의 제사장들은 자신들의 높은 직분과 영향력을 과시하는 교만에 빠졌습니다. 그들은 백성의 제물을 착취하였고 우상 숭배를 이용하여 재물을 모았습니다. 그들은 백성에게 율법을 가르치지 않아 여호와 경배가 혼합종교로 부패하게 한 장본인들이었습니다. 그래서 그들은 언약에서 경고했던 저주의 형벌에 속하는 심판을 받았습니다(참조. 레 26장; 신 28:20-68).

제사장들의 결정적인 잘못이 있다면 무엇이겠습니까? 그들이 제사장 복을 입지 않거나 예배를 인도하지 않거나 제사 행위를 맡지 않은 것일까요? 하나님께서 크게 노하신 까닭이 무엇입니까? 제단에 바치는 제물이 적거나 제사장들이 없거나 혹은 신자들이 모이지 않았기 때문일까요? 그런 것과는 전혀 상관이 없습니다. 문제가 된 것은 한 마디로 "하나님을 아는 지식"(4:1)이 없기 때문이었습니다. 제사장들은 율법을 가르치지 않았고, 백성에게는 말씀이 없었으므로 육욕을 따라 우상들을 섬겼습니다. 이것을 다른 말로 '음행'이라고 했습니다. 실제로 바알 경배와 같은 우상 집회에서 성전 매춘부와의 의식적인 음행이 있었고 신자들끼리도 음란한 행위를 일삼았습니다. 그래서 "에브라임이 우상과 연합"(4:17)했다고 표현했습니다. 여호와 종교가 우상 종교로 탈바꿈한 것입니다. 무엇이 이런 지경에 이르게 하였을까요?

이스라엘의 근본적인 문제는 말씀의 부재였습니다. 그리고 더 따져 보면 말씀을 맡은 자들에게 말씀이 없는 것이었습니다. 이 것은 말이 되지 않습니다. 하나님께서 말씀을 주시지 않았다면 몰라도 시내 산에서 넘치도록 주셨는데도 말씀이 없다는 것은 주신 말씀을 싹 무시해 버렸기 때문입니다. 그래서 하나님께서는 이렇게 한탄하셨습니다.

"내가 그를 위하여 내 율법을 만 가지로 기록하였으나 그들은 이상한 것으로 여기도다"(호 8:12).

여기서 '이상한 것'으로 여겼다는 말은 아무 상관이 없는 것으로 취급했다는 뜻입니다. 율법에는 수천 가지의 규례들이 있습니다. 또 율법이 선지자들을 통하여 해석되고 적용된 경우도 헤아릴 수 없이 많습니다. 그런데도 제사장들은 율법 책에 손을 대지 않았습니다. 그들은 의식만 행하고 대접만 받았습니다.

세상에서 가장 힘든 직업의 하나는 목사직입니다. 또 가장 쉬운 직업의 하나도 목사직입니다. 설교를 제대로 준비하고 목회를 하려면 땀이 흘러야 합니다. 그러나 설교를 별로 준비하지 않고도 아주 쉽게 밥을 먹을 수 있습니다. 이것은 목사직을 비하하는 말이 아닙니다. 목사가 설교만 잘하면 되느냐고 물을지 모릅니다. 물론 목회에는 다른 일들도 많습니다. 그러나 목사는 무엇보다도 설교의 부름을 받은 사람입니다. 다른 일들은 모두 이차적입니다. 그래서 다른 부분에서 부족하여도 강단에서 말씀을 가르치고 강해하는 일에 충실하면 자기 본분을 행한다고 보아야 합니다. 목사는 교회 일을 다 맡아서 하는 자가 아니고 말씀을 강론하는 책임을 맡고 "하나님을 아는 지식"(4:1)을 가르치는 구체적인 소명을 받은 종입니다.

교회는 가르침에서 시작됩니다. 하나님을 아는 지식이 교회의 기본이며 바탕입니다. 받침대가 비뚤어졌거나 힘이 없으면 물건을 올려놓을 수 없듯이 목회자의 강단 사역도 허약하면 영적 받침대의 역할을 하지 못합니다.

목회자가 말씀을 강해 하지 않는 것은 큰 죄악입니다.

설교하지 않고서 목회를 하는 분은 한 명도 없을 것입니다. 교회마다 예배 순서에 설교하는 시간이 있습니다. 그런데 성경 역사를 보면 제사장도 있고 목사도 있는데 말씀이 없는 경우가 많았습니다. 중세 시대를 흔히 암흑시대라고 합니다. 그러나 교회음악이나 미술 및 건축은 큰 발전을 한 시대입니다. 교인 수로 보아도 유럽은 절대다수가 신자들이었고 기독교가 국교였습니다. 당시에는 세례를 받지 않은 자들이 거의 없을 정도였습니다.

그런데 왜 암흑시대라고 합니까? 그 이유는 여러 가지입니다. 로마 교황청과 세속 정권 사이의 권력 다툼, 잦은 전쟁, 영주들의 횡포와 백성의 무지, 만연한 미신과 도덕적 타락 등이 중세기를 깊은 어둠에 잠기게 하였습니다. 그런데 정말 세상을 어둡게 한 것은 말씀의 부재였습니다. 강단을 맡은 자들은 말씀보다는 의식과 권위에 치중하였고 신자들에게 하나님을 아는 지식을 넓혀 주는 데에는 관심이 없었습니다. 일반 신자들이 대부분 문맹자인데도 글을 가르쳐 성경을 읽을 수 있게 하지 않고 무식한 상태에 머물게 하였습니다. 지금은 물론 그런 시대가 아닙니다. 그러나 성경을 손에 잡고 글을 읽을 수 있어도 여전히 문맹자가 될 수 있습니다.

목회자는 대부분 신학 교육을 받았습니다. 그런데도 강단에 서면 성경을 강해 한다기보다는 어디서나 들을 수 있는 통속적인 도덕 강좌의 수준을 넘지 못하는 경우가 허다합니다. 설교 때 내용도 없고 본문과 상관도 없는 이야기들을 이리저리 엮어내기도 하고, 목회자의 개인적인 욕구를 의도적으로 투입하는 기회로 삼기도 합니다. 설교가 일반 서적들에서 볼 수 있는 성공 비법이나 심리 치료법과 별로 다르지 않게 들리는 경우도 있습니다.

성경을 본문에 따라 충실히 강해 하면서 복음의 빛이 드러나게 하고 하나님이 어떤 분이신지를 깨닫게 하며 구원의 확신과 기쁨 속에서 하나님을 찬양하고 경배하게 하는 메시지가 보편적이어야 할 텐데 현실은 그와 거리가 먼 듯합니다. 만약 설교를 들을수록 은혜가 떨어지고 복음의 영광이 보이지 않으며 구원의 확신이 줄어든다면 무엇이 크게 잘못된 것입니다. 복음 메시지를 전할 때마다 새롭게 배우고 깨닫는 것이 있고 진리가 확인되며 과연 하나님께서 위대하시다는 것을 확신해야 정상입니다.

　설교자의 연약함으로 인해서 복음이 항상 "능력과 성령과 확신으로"(살전 1:5) 전해지지 않을지 모릅니다. 그러나 적어도 신자들이 설교를 듣고 나서 복음을 자랑스럽게 여기면서 새롭게 살아야 하겠다는 마음을 일으켜야 합니다. 강단 메시지를 통해서 감사와 회개와 기쁨과 격려와 감격이 있어야 합니다. 그런데 아무리 오래 교회를 다녀도 그 말씀이 그 말씀이라면 어떻게 성도의 영혼이 자라며 교회가 성숙할 수 있겠습니까? 하나님의 말씀이 진정으로 진리며 생명이라면 죽은 영혼을 살릴 수 있어야 하고, 넘어진 영혼을 일으키며, 죄인을 의롭고 경건한 자로 변화시킬 수 있어야 할 것입니다. 물론 복음을 듣는 자가 자신의 의지로 이를 거부하거나 영적 교만으로 말씀을 무시할 수 있습니다. 어둠에 속한 자들은 빛으로 나오기를 두려워하고 피합니다. 그럴지라도 말씀을 전하는 설교자는 자신의 소명에 충실해야 합니다.

　말씀을 맡은 자가 복음을 강론하는 일에 심혈을 기울이지 않고 다른 여러 일에 에너지를 소비하며 세속적인 교회 성장에 급급하다면 자신의 일차적인 소명인 말씀 강해에 불신실한 것입니다. 그렇게 되면 비정상적인 교인들로 가득한 세속적인 교회가 됩니다. 이것이 하나님께서 이스라엘의 제사장들을 심판하신 까닭이었습니다. 교회는 하나님께서 가장 중시하시는 일을 최우선으로 삼아야 합니다. 목회자가 성경 강해를 통해서 '하나님을 아

는 지식'을 공급하지 않으면 망한다는 것이 하나님의 경고입니다
(4:6). 겉으로 보면 강대상의 설교가 부실해도 교회는 건재한 듯이
보일 수 있습니다. 사람들이 많이 모이는 인기 있는 교회가 될 수
있습니다. 그런데 복음 메시지가 강단에서 나오지 않는데도 사람
들이 많이 모이는 것은 무엇이 잘못된 것입니다. 이것은 인기 위
주의 희석된 메시지가 전해질 때 나타나는 일반적인 현상입니다.

　복음이 없는 부흥은 부흥이 아니라 악과 부패가 크게 진행되
고 있다는 뜻입니다. 아무리 교회당 건물이 번드르르하고 봉사
활동이 많아도 강단의 말씀이 살아 있지 않으면 하나님이 보실
때는 죽은 교회입니다. 말씀이 죽어 있으면 교회당은 서 있어도
신자들은 넘어져 있고, 헌금은 쏟아져도 성도들의 영혼은 궁색하
며, 찬송가는 불러도 하나님의 귀에는 들리지 않습니다.

　이스라엘 백성은 크고 많은 제단에 부지런히 제물을 바쳤지만
제사장들은 율법을 제대로 가르치지 않고 딴짓을 했기 때문에 백
성은 하나님을 인격적으로 만날 수 없었고 영혼이 메말라 버렸습
니다. 이것은 신자들을 탓하기 이전에 제사장들이 먼저 져야 할
책임이었습니다. 하나님의 말씀을 주의 백성에게 우선적으로 가
르치지 않는 것은 심각한 불순종입니다. 강단에서 복음을 강론하
는 일을 최우선으로 여기고 이 일에 헌신하지 않는 사역자나, 말
씀 강해의 은사와 능력이 없음에도 매주 강단에 올라가는 일을
두려워하지 않는 자들은 하나님의 엄중한 심판을 받을 것을 각오
해야 합니다.

신자들이 말씀을 받지 못하면 우상 숭배자가 됩니다.

"음행과 묵은 포도주와 새 포도주가 마음을 빼앗느니라"
(4:11).

진리의 말씀이 바르게 강론되지 못하거나 하나님의 말씀이 마음에 담겨 있지 않을 때 나타나는 첫 번째 현상은 강력한 육욕의 발동입니다. 이스라엘은 감당하기 어려운 육신의 정욕에 이끌려 가나안의 다산 종교에 깊숙이 빠져들었습니다. 이들의 영적 음행은 다산 종교의 특징인 실제적인 음행으로 이어졌고 제사장 가문도 이러한 음란한 행위에 가담하였습니다(4:10). 율법에 의하면 제사장은 하나님의 거룩한 품성을 대변하는 자였습니다. 그래서 "자신을 더럽혀 속되게"(레 21:4) 할 수 없었고 제사장의 딸이 행음하면 화형에 처하라고 했습니다(레 21:9). 그런데 호세아 시대에 한 명도 그런 형벌을 받은 자가 없었습니다. 제사장이 율법을 무시했기 때문입니다.

음행과 술은 동반자입니다. 원래 포도주는 나실인 서약을 한 사람을 제외하고는 마실 수 있었습니다. 성경은 술 자체를 금지하지 않습니다. 다만 술의 긍정적인 측면과 무절제할 때 오는 해악을 아울러 지적합니다(시 104:15; 엡 5:18). "묵은 포도주와 새 포도주"를 즐긴다는 것은 무절제한 과음을 가리킵니다. 산당에서 퍼마시던 음주 습관은 평소에도 계속되었고 그 결과 이스라엘 백성은 마음을 빼앗겨 건전한 판단력과 자제력을 잃었습니다. 세상에는 하나님의 말씀이 없는 신자들의 마음을 공격하여 빼앗는 것이 많습니다. 음행과 음주가 그런 것들에 속합니다. 신자들이 말씀의 능력을 체험하지 못하면 다급할 때 하나님을 찾지 않고 미신을 찾습니다.

> "내 백성이 나무에게 묻고 그 막대기는 그들에게 고하나니…"(4:12).

'나무'는 제사장의 지팡이거나 혹은 신령하다고 여기는 종교용 생목인 듯합니다. '막대기'는 제단 옆에 세워둔 아세라 여신 목상을 가리킵니다. 이스라엘의 제사장은 백성이 조언과 인도를 원할 때 율법에서 금하는 이교의 관습을 소개하였습니다. 제사장은 여호와께 제사를 드린다는 명목으로 백성의 속죄 제물을 받으면서도 이교의 요소들을 혼합시켰습니다(4:8; 신 16:21).

놀랍게도 교회에 다니는 신자들 가운데 무당을 찾거나 점을 보는 분들이 있습니다. 혹은 이와 비슷한 생각으로 예언의 은사를 가졌다고 하는 사람들을 찾아가서 묻기도 합니다. 물에 빠진 사람은 지푸라기라도 붙잡는다는 말이 있듯이, 다급하면 마음이 약해지는 것은 충분히 이해할 수 있습니다.

레이건 대통령의 부인이었던 낸시(Nancy)는 크리스천이었지만 남편이 총격을 맞고 암살을 당할 뻔한 이후로 너무도 불안하여 불면의 나날을 보내다가 마침내 점성술사를 찾아갔었다고 고백하였습니다. 요즘은 무당이 상당한 인기와 인정을 받는 세상이 되었습니다. 그런데 크리스천이 무속 문화에 이끌린다면 호세아 시대의 백성이 나무나 막대기를 찾아가서 이것저것을 물은 것과 다르지 않습니다. 하나님의 말씀이 마음에 담겨 있지 않으면 하나님의 인도를 받지 못합니다. 그때 어둠의 세력이 들어와서 미신 쪽으로 마음이 끌리게 합니다. 이것이 현대판 음행이고 우상숭배입니다.

교회가 하나님의 말씀을 첫째로 삼지 않으면 예배의 순수성이 사라집니다.

"그들이 산 꼭대기에서 제사를 드리며 작은 산 위에서 분향하되…나무 그늘이 좋음이라 이러므로 너희 딸들은 음행하며 너희 며느리들은 간음을 행하는도다"(4:13).

바알 종교는 도덕을 상관하지 않습니다. 주된 관심은 풍작입니다. 그래서 다산(多産) 종교라고 부릅니다. 자녀든 농사든 가축이든 많이 생산하고 수확하는 것이 목적입니다. 그래서 음행도 다산을 위한 의식의 하나였고 육욕을 자극하는 공인된 종교 행위로 간주했기 때문에 인기가 높았습니다. 산꼭대기의 나무 그늘은 문란한 종교 축제를 위한 적합한 장소를 제공하였습니다. 그곳에서 점도 치고 술도 실컷 마시며 시원한 그늘에서 난잡한 행위들을 일삼았습니다.

예배의 순수성은 말씀이 원색으로 충실하고 분명하게 전달되지 않는 상황에서는 유지될 수 없습니다. 거룩한 백성으로 부름을 받은 사람들이 이렇게 타락한 까닭은 하나님의 말씀을 떠났기 때문이었습니다. 이 같은 종교적 혼합주의와 관능적 부도덕은 거룩하신 하나님의 성품에 침을 뱉고 언약 백성에 대한 하나님의 선한 계획을 내던지는 죄악이었습니다. 이런 상태는 급기야 이스라엘을 망하게 하였습니다. 오늘날도 교회가 하나님의 말씀을 업신여기고 세속적인 사상에 물든 운영을 하면 마찬가지 결과를 초래할 것입니다.

예수 그리스도를 믿는 신자라도 하나님과 복음에 대한 이해가 천박하면 신앙생활의 많은 부분에서 세속 사상을 노출합니다. 그리고 오래 가면 모든 일에서 하나님을 신뢰하며 오직 주님만을 사랑하려는 중생 된 영혼의 갈망이 사라집니다. 그 대신 자신을 위한 극히 본능적인 유익에 매달리며 하나님을 마치 바알 신처럼 대하게 됩니다. 이것이 혼합주의 신앙입니다.

하나님께서 왜 우리를 창조하셨고 어떻게 구원하셨으며 무슨 목적으로 우리를 인도해 가시는지를 배우지 못하면 어떻게 될까요? 마치 "묵은 포도주와 새 포도주"(4:11)에 마음이 빼앗긴 사람처럼 분별력을 잃습니다. 말씀을 받지 못해서 복음의 능력과 하나님의 생명을 체험하지 못하면 어떻게 될 것 같습니까? 교회는 다니지만 믿음 생활의 활력을 상실합니다. 꾸준하고 신실한 말씀 강해로 영혼이 날로 새로워지지 못하면 어떤 일이 일어날까요? 복음의 가치관이 머리와 가슴을 변화시키지 못합니다. 종교는 강력한 사상입니다. 사상은 철저하지 못하면 무너집니다. 복음 사상으로 무장되지 못한 교회나 교인은 세속 사상을 밀어낼 수 있는 내재적인 힘이 없으므로 쉽게 어둠의 세력에 노출되고 타협합니다.

다산 종교는 인간의 본능을 자극하여 이기적인 만족을 구하게 하고 풍요의 소유를 인생의 최대 가치로 삼게 합니다. 이스라엘 백성은 그늘만 좋으면 어디서든지 이교에 물든 산당 예배를 위해 제물을 바쳤습니다. 그들은 물질만 늘어나게 한다면 구태여 여호와의 제단이 아니라도 좋다는 식이었습니다. 율법의 가르침도 필요 없고 하나님과의 인격적인 교제도 원치 않았습니다. 그들은 요란하고 광적인 바알 신에 현혹되어 자신을 쉽게 던져 주었습니다. 그들은 여호와 하나님도 이런 식으로 경배하면서 자신들의 욕구가 충족되기를 기대하였습니다. 그들은 우상 종교의 부패한 도덕을 즐겼고 풍작을 보장하는 거짓 선전에 소망을 걸었습니다.

우리는 기독교 신앙에서 가장 즐기는 것이 무엇인지를 진지하게 물어볼 필요가 있습니다. 우리는 왜 복음을 믿고 삽니까? 무엇이 좋아서 교회에 다닙니까? 우리는 과연 하나님을 어떻게 섬기고 있습니까? 나는 하나님을 바알 신처럼 대하지는 않습니까? 나의 삶과 사상은 어느 정도 기독교적입니까? 내가 성경을 읽고 주 하나님에 대해서 확신하는 것이 무엇입니까? 나는 교회에서 무엇을 배웁니까? 성경 말씀을 듣고 배우는 것이 가장 중요하다는 사실에 동의하므로 말씀에 전적인 관심을 두고 있습니까? 그렇다면 교회를 정할 때 무엇을 우선시하여야 하겠습니까?

무식하면 당하게 되어 있습니다. 내가 알지 못하면 누가 나를 속여도 속입니다. 내가 복음과 주님에 대해서 확신 있게 붙잡고 있는 것이 없으면 누구에 의해서도 이용을 당합니다. 교회도 나를 이용할 수 있고 목회자도 나를 이용할 수 있습니다. 사교나 이단 종교가 나를 잡아당깁니다. 세상도 나를 자기편으로 끌어들이려고 유혹합니다. 나 자신도 자기기만에 빠져 영적 이중생활을 하게 됩니다. 그런 삶은 불행합니다. 신자들은 복음으로 사상이 바뀌고 구원의 감동으로 영혼이 살아 있지 못하면 하나님과 친밀한 교제를 할 수 없고 이 세상을 주님과 함께 담대하게 살 수 없습니다. "완강한 암소처럼…우상과 연합"(4:16-17)하면 하나님께서 우리를 욕심에 넘기십니다. 복음 사상에 등을 돌리는 영적인 음행을 계속하면 하나님의 심판의 회오리바람이 갑자기 불어 닥칩니다. 하나님의 말씀을 경시하고 주님을 순수하게 경배하지 않는 자들은 강풍에 포위되어 꼼짝없이 휩쓸려 가는 운명을 피하지 못합니다. 이것이 이스라엘의 제사장과 백성의 죄에 대한 본 장의 마지막 경고입니다.

"바람이 그 날개로 그를 쌌나니 그들이 그 제물로 말미암아 부끄러운 일을 당하리라"(4:19).

나와 우리 교회는 지금 바람 날개에 실려 갈 처지는 아닙니까? 주님의 말씀으로 돌아가십시오. 주님께서 경고하신다는 것은 아직도 주님이 우리를 기다리신다는 뜻입니다. 회개하고 돌아서면 무서운 회오리바람은 일순에 사라지고 주님의 자비와 회복의 날개가 우리를 안전한 주의 품으로 실어 나를 것입니다.

20장

하나님의 철수

호세아 5:1-7

"제사장들아 이를 들으라 이스라엘 족속들아 깨달으라 왕
족들아 귀를 기울이라 너희에게 심판이 있나니 너희가 미
스바에 대하여 올무가 되며 다볼 위에 친 그물이 됨이라
패역자가 살육죄에 깊이 빠졌으매 내가 그들을 다 벌하노
라"(5:1-2).

본문에서 하나님의 심판 대상으로 열거된 자들은 모두 지배
계급들입니다. 제사장들은 종교 지도자들이고, '이스라엘 족속
들'은 일반 백성이기보다는 지파나 지역 대표자들이며, 왕족들은
정치 지도자들입니다. 하나님께서는 이스라엘의 각계각층의 리
더들이 올무와 그물로 사냥하는 것처럼 백성을 유인하고 이용했
다고 고발하십니다. 이스라엘의 지도자들은 백성을 돌보고 섬기
는 자들이 아니고 권력과 특권을 악용하며 자기 배만 채우는 악
한 무리입니다. 이들은 하나님께서 마련해 주신 종교 제도와 신

정 체제를 통해서 언약 백성에게 "하나님을 아는 지식"(4:1)으로 인도해야 하는 책임을 내던지고 오히려 백성을 사로잡는 그물과 올무가 되었습니다. 백성을 올무와 그물에서 건져내야 할 자들이 범행의 주체가 된 것입니다.

그런데 하나님께서 지도자들을 보시고 올무와 그물이라고 하신 것은 그들의 죄악이 더 방치할 수 없는 상태에 이르렀음을 시사합니다. 한 마디로 지도자들이 모두 썩어서 제거하지 않으면 그들이 쳐놓은 올무와 그물에 사람들이 계속해서 걸려들 것이었습니다. 그래서 하나님께서는 "패역자가 살육죄에 깊이 빠졌으매 내가 그들을 다 벌하노라"(5:2)고 선언하셨습니다. 이들의 죄악이 얼마나 사악한 것인지는 그들이 올무와 그물을 놓은 장소의 의미와 위치를 생각할 때 더욱 뚜렷해집니다.

미스바와 다볼

"미스바"는 사무엘이 이스라엘 백성을 집결시키고 영적 갱신을 시도했던 곳이었습니다. 사무엘은 여기서 사울을 이스라엘의 초대 왕으로 백성에게 소개하였습니다(삼상 10:1, 17, 24). 미스바는 사무엘 시대에는 하나님의 선한 뜻을 이루기 위해 백성이 모였던 곳이었습니다. 그래서 이런 전통을 안고 있는 미스바는 백성을 쉽게 소집하여 올무와 그물을 치기가 좋은 장소였습니다.

"다볼"은 이스르엘 계곡의 남동쪽에 위치한 산으로서 정상이 평평하여 바알 숭배 의식을 행하기에 적합한 장소였습니다. 사사 시대에는 이곳에서 드보라와 바락이 가나안 왕인 야빈과 그의 군대 장관인 시스라를 이겼습니다(삿 4:6, 12-16). 이스라엘의 지도자들은 좋은 전통이 있는 곳은 여호와 종교의 영적 센터로 더 발전시키고, 바알 산당이 있는 곳은 참 하나님을 위한 개혁의 장소로 일신시켜야 했음에도 그들의 관심은 오로지 올무와 그물에 쏠려 있었습니다.

지금도 큰 죄들은 권한이 많은 직책을 가진 지도층에서 대부분 자행되고 있습니다. 인류 역사에서 가장 끔찍하고 가공할 범죄를 저지른 자들이 누구입니까? 권력을 손에 넣은 자들이었습니다. 정치 권력이든, 종교 권력이든, 경제권이든 다른 사람을 지배할 수 있는 세력이 생기면 부패가 따라오기 마련입니다. 그래서 지도자의 자질이 중시되지 않을 수 없습니다. 이스라엘의 지도자들도 부패했기 때문에 정권 확보에 혈안이 되어 서로 싸우기만 하느라고 백성을 여호와의 길로 인도할 수 없었습니다. 하나님 나라의 리더십은 영예보다는 책임을 더 의식해야 하므로 함부로 차지해서는 안 됩니다. 지도자가 되려면 "하나님의 부르심을 받은 자"(히 5:4)라야 합니다. 야고보도 아무나 교회 지도자가 되어서는 안 된다고 경고했습니다(약 3:1). 지도자는 더 심한 심판을 받을 것이기 때문입니다(눅 12:48).

'음란한 마음'을 가진 사람들

"에브라임은 내가 알고 이스라엘은 내게 숨기지 못하나니

에브라임아 이제 네가 음행하였고 이스라엘이 더러워졌
느니라"(5:3).

이스라엘의 지도자들은 백성을 속이며 착취하였고 자기들의
이권을 실컷 챙겼습니다. 그럼 백성은 무죄할까요? 그들은 선의
의 피해자들입니까? 만일 그렇다면 하나님께서 이스라엘(에브라
임)이 음행하고 더러워졌다고 정죄하시지 않았을 것입니다. 윗물
이 고와야 아랫물이 곱다는 속담이 있습니다. 제사장들이 부패
해서 백성의 종교 생활을 인도하지 못하고 정치 지도자들이 국민
생활의 질서를 유지하지 못하면 사회는 자기 욕심에 따라 방종과
무질서의 길을 걷습니다.

교회 생활도 마찬가지입니다. 교회는 천사들이 모인 곳이 아
닙니다. 교인들은 일면으로는 구속받은 거룩한 성도들이지만 다
른 면으로는 세상의 옛 습관을 아직 완전히 버리지 못한 사람들
입니다. 그래서 각기 자기 욕심에 따라 이해득실을 따지며 세속
적인 사고와 행습으로 살려는 경향이 적지 않습니다. 그래서 교
회의 부패는 비록 영적 지도자들에게 중대한 책임이 있을지라도
교인들을 피동적인 희생자들로만 볼 수 없습니다.

예를 들어, 교인들 가운데 자기가 다니는 교회 문제로 큰 갈등
과 고민 속에서 괴로워하는 경우가 적지 않습니다. 말을 들어 보
면 도무지 다닐 수 없는 상황인데도 만날 때마다 동일한 불평을
하면서 교회를 떠나지 못하는 것을 봅니다. 나와 보았자 맘에 드
는 교회를 찾는 것이 그리 쉬운 일이 아닐 테니까 머뭇거리는 것

을 충분히 이해할 수 있습니다. 물론 교회는 함부로 옮겨서는 안 됩니다. 그러나 목회자와 교회에 대한 불평불만을 입에 달고 다니면서도 계속해서 다니는 것을 보면 무엇인가 그 교회에서 자기 욕심을 채워주는 어떤 것이 있는 듯합니다. 그것은 교회 욕을 하는 재미일 수도 있고, 교회에서 늘 가십거리가 생겨서 심심하지 않을 수 있거나 혹은 교우들을 찾아다니면서 넋두리로 시간을 보내는 취미일 수 있습니다.

십중팔구 이스라엘 백성은 제사장들과 왕족들이 부패하다고 늘 불평했을 것입니다. 그러면서도 그들은 미스바로 가서 세속적인 행사에 참여하였고 다볼산의 산당에서 이교도의 축제를 즐겼습니다. 누가 강제로 동원한 것도 아니었는데 자기들의 욕심에 끌려간 것이었습니다. 백성도 지도자들 못지않게 죄를 즐기기는 마찬가지였습니다. 서로 손뼉이 맞았기에 지도자들과 함께 여호와를 섬긴다는 명분을 걸고 바알 숭배를 탐닉하지 않았겠습니까? 이들은 다같이 육적이고 물질적인 이득을 위한 욕정에 불타올랐습니다.

그들은 "음란한 마음"(4절)을 가지고 있었습니다. 겉으로는 여호와의 제단을 찾는다고 했지만 마음은 바알의 물질과 향락에 붙잡혀 있었습니다. 그들은 여호와는 율법으로 삶을 제한하기 때문에 싫지만 바알 신은 자유를 주기 때문에 편하게 믿을 수 있다고 생각했습니다. 바알 종교는 '음란한 마음'만 있으면 누구나 마음껏 즐길 수 있는 향락 종교였습니다. 성경을 볼 필요도 없고 옳고 그른 것을 따질 필요도 없습니다. 바알 종교는 경건이니 거룩이니 회개니 하는 것들을 요구하지 않습니다. 그저 완전히 자신을 풀고 똑같은 생각을 하고 모인 무리와 함께 평소에 원하고 상상하던 쾌락을 만끽하면 됩니다. 이런 자세는 부도덕이나 타락이 아니고 바알 신이 다산의 축복을 일궈내는 종교적 헌신으로 해석되었습니다. 그래서 재미도 보고 복도 받는 식이 되었으니 누군들 원치 않았겠습니까?

바알 종교는 부도덕을 종교의식으로 보장하였습니다. 이런 의미에서 바알은 자신의 제단을 '자유의 제단'이라 부르고 그 아래에는 음행의 돗자리를 펼쳐 놓았습니다. '음란한 마음'은 날개를 펴고 광란의 춤 속에서 황홀한 '자유'를 노래하며 누구나 가림 없이 포옹할 수 있었습니다. 이제 세상은 모두 자기 품속에 들어 있는 듯하였습니다. 걱정도 근심도 사라지고 오직 모든 것을 성취한 듯한 만족감에 도취하였습니다. 이것이 '음란한 마음'의 고삐가 풀렸을 때 일어나는 일입니다. 그런데 무엇이 문제입니까?

첫째, 자신이 누구에게 철저히 속고 있다는 사실을 모릅니다.

이스라엘의 지도자들은 백성의 '음란한 마음'을 이용하여 자신들의 '음란한 마음'을 만족시켰습니다. 다산 종교는 인간의 원시적인 본능을 자극하므로 물질주의와 섹스 산업의 성공을 보장하는 최고의 인기 상품이었습니다. 백성의 '음란한 마음'은 국가적인 후원 속에서 진행되는 종교 절기로 미화되었고, 다산의 축복을 위한 바알 경배는 여호와 하나님에 대한 헌신의 제물로 위장되었습니다. 여호와의 제단은 다산 종교의 프로그램을 많이 넣을수록 인기가 높았습니다. 제사장들이 추천하고 국가가 후원하는 바알의 축복은 더 많은 십일조와 헌물을 거두게 하였고 종교 지도자들은 왕권과 이익을 분배하면서 바알 산업의 급속한 성장을 자축하였습니다. 그래서 본 항목에서 제사장직과 왕권을 함께 소집하여 귀를 기울이라고 외친 것은 매우 타당한 일이었습니다.

이스라엘 백성은 자기들이 제사장들과 왕족들의 배를 채우고 있다는 사실을 깊이 깨닫지 못하였습니다. 물론 그들은 지도층의 부패를 어느 정도 알고 있었겠지만, 그 정도가 얼마나 심각한 것인지는 깨닫지 못하였습니다. 그 원인은 '음란한 마음'을 가졌기에 구태여 옳고 그른 것을 가려내려거나 여호와 앞에서 바르게 살려는 마음이 없는 것이었습니다. 그들은 지도자들의 속임수에 빠져 있었지만, 자기들의 욕심에 가려서 올바른 판단과 결단을 내릴 수 없었습니다.

나의 '음란한 마음'은 나의 최대 약점입니다. 어둠의 세력은 언제나 나의 약점을 노리고 이를 이용하여 넘어지게 합니다. 그물과 올무는 '음란한 마음'을 가진 자들에게 펼쳐 놓는 악성 코드들입니다. '음란한 마음'은 반드시 문자적으로 음행을 원하는 마음만은 아닙니다. 여호와 하나님 대신에 바알 신을 따라가고 하나님을 기쁘게 해 드리기보다는 자아의 육욕을 만족시키려는 행위가 모두 '음란한 마음'입니다. 신자들도 음란한 마음을 품고 교회에 다닐 수 있습니다. 사역자들도 세속적 성공주의와 경쟁주의 가치관에 젖어 교회를 음란한 마음으로 운영할 수 있습니다.

이스라엘의 제사장들은 복장으로 보면 여호와 하나님을 섬기는 자들이었습니다. 그러나 그들의 속마음을 보면 제사장 복으로 백성의 눈을 속이고 자신의 영예와 호화로운 생활을 위해서 신자들을 이용하는 사기꾼들이었습니다. 이들은 부패한 왕권을 견제하며 하나님의 말씀으로 지도하지 않고 그들과 손을 잡았습니다. 백성은 그들의 수입의 근원이었습니다. 그래서 백성이 무지할수록 좋았습니다. 제사장의 권위를 내세워 백성이 자기들의 지시를 따르도록 훈련하면 부려먹기가 쉬웠습니다. 그들은 높은 제단 곁에서 백성의 복지를 위하는 양 축복해 주고 여호와 하나님께 영광을 돌렸다고 생색을 내었습니다. 그러나 사실은 백성이 가진 '음란한 마음'을 부추기는 유치한 속임수였고 헌신과 봉사라는 구실로 더 많은 헌물을 요구하였습니다. 백성의 음란한 마음을 지적하고 바로잡아 주는 일은 그들의 관심사가 아니었습니다. 이것이 나라와 교회가 망하는 확실한 지름길입니다.

교회에서 복음의 가치관과 올바른 가르침이 제쳐지고 바알 사상이 들어오면 맘몬 신이 교회를 지배하는 능력이 됩니다. 그 결과 신자들의 삶 속에서 복음의 빛이 퇴색되고 구원의 감격은 사라지며 주님의 영광은 보이지 않습니다. 교회 속에 이미 바알 신이 굳게 자리 잡고 있으면서 많은 사람의 '음란한 마음'의 욕구를 거짓과 부패와 교만과 음행으로 채워주기 때문입니다. 고대 가나안은 사라졌지만 그 땅의 바알 신은 아직도 살아 있습니다. 고대 이스라엘 백성을 망하게 했던 바알 신의 거짓과 세속적 가치관은 지금도 수많은 교인과 목회자들을 이끌고 죽음의 행진을 하는 중입니다. 우리는 현재 어떤 교회에서 어떤 가르침을 받으며 어떤 삶을 살고 있습니까? 만(萬)에 하나라도 자신이 누구에게 철저히 속고 있지 않은지를 점검해 보아야 합니다.

둘째, 몸이 더럽혀집니다(3절).

"에브라임아 이제 네가 음행하였고 이스라엘이 더러워졌
  느니라"(3절).

이스라엘은 일찍이 애굽에서 하나님의 구원을 체험하였습니다. 그들은 바로 왕의 무서운 종살이로부터 해방되어 하나님과 언약을 맺고 새로운 출발을 시작하였습니다. 그들은 하나님께서 마련하신 양의 피로써 죽음을 면하고 하나님의 용서와 보호 속에서 애굽을 나와 가나안으로 향하였습니다. 그들은 시내 산에서 하나님의 율법을 받았고 앞으로 하나님의 뜻에 따라 살기로 언약을 맺었습니다. 하나님께서는 그들의 남편이 되어 이스라엘을 아끼고 사랑할 것을 맹세하셨습니다. 예레미야 선지자는 하나님께서 초기 광야 시절을 "신혼 때의 사랑"(렘 2:2)으로 기억하신다고 증언하였습니다.

호세아 선지자도 이스라엘을 하나님의 아내로 묘사합니다. 슬프게도 호세아의 아내인 고멜이 음행으로 자신을 더럽혔듯이 이스라엘도 바알 신과의 음행으로 자신을 더럽혔습니다. 이처럼 선지자들은 이스라엘 백성이 다른 신을 좇는 것을 하나님과의 언약을 어기는 부정(不貞)으로 보았습니다. 이것은 단순한 도덕적 부패 이전에 하나님과의 언약을 깨뜨린 영적인 죄였습니다. 율법에 의

하면 간음은 사형이었습니다. 하나님께서 이스라엘의 부정을 선포하신 것은 사형선고를 내린 것과 다름이 없었습니다. 몸이 더러워진 이스라엘은 하나님의 아내가 될 자격을 잃었습니다. 이것은 그들이 언약에 기록된 모든 축복으로부터 제외됨을 의미합니다.

셋째, 여호와를 알지 못합니다.

"그들의 행위가 그들로 자기 하나님에게 돌아가지 못하게
하나니 이는 음란한 마음이 그 속에 있어 여호와를 알지
못하는 까닭이라"(4절).

'음란한 마음'이 있으면 음행을 하게 되고, 음행을 하게 되면 하나님께로 돌아갈 마음이 생기지 않습니다. 하나님을 아는 일은 하나님과 깊고 밀착된 교제가 없으면 불가능합니다. 물론 이스라엘 백성을 보고 그들은 여호와가 누구인지 모른다고 말하면 아무도 믿지 않을 것입니다. 여호와는 아브라함의 하나님이셨고 아브라함은 이스라엘 백성의 조상이었습니다. 여호와는 그들의 조상 대대로 하나님이셨고 호세아 시대에도 여전히 국가 종교의 유일신이었습니다. 그러나 그들에게는 음란한 마음이 있었으므로 우상 신에게 미혹되었습니다. 그래서 하나님의 인도를 받지 않고 우상 나무에 묻고 막대기로부터 교훈을 받았습니다(4:12). 음란한 마음이 미혹을 받으면 의도적인 탈선을 하고 하나님을 멀리합니다.

이런 의미에서 이스라엘 백성은 여호와 하나님을 알면서도 '하나님을 아는 지식'(4:1)이 없었습니다. 그들은 하나님을 가까이하지 않았고, 하나님의 교훈을 받지 않았으며, 하나님을 진심으로 사랑하여 섬기지도 않았습니다. 이것이 하나님을 모르는 것입니다.

하나님의 말씀에 대한 순종과 사랑이 없으면 하나님을 아는 것이 아닙니다. 하나님의 뜻과 하나님 나라의 가치관이 내 몸에 배지 않으면 음란한 마음을 통제할 수 없습니다. 왜 날마다 성경을 읽고 복음의 진리에 자신을 비추며 하나님의 음성을 들어야 합니까? 하나님을 알고 자신을 바로잡기 위한 것입니다. '음란한 마음'은 신자라고 해서 없는 것이 아닙니다. 하나님보다는 세상을 사랑하고 싶고, 하나님 나라에 기여하기보다는 우선 내가 잘 먹고 편하게 살기를 원합니다. 성경 말씀보다는 세상 이야기가 더 재미있고 하늘나라에 보물을 쌓아두기보다는 현세에서 이것저것 쌓아두고 싶습니다. 사람들의 눈에 뜨이지 않는다면 기회가 올 때 죄를 짓고 싶은 마음이 간절합니다. 바알의 축제에 단 한 번이라도 가서 어떤 것인지 맛이라도 보고 싶은 충동이 문득문득 일어납니다. 불편하고 불만스러운 현재의 삶을 생각하면 하나님을 잠시 내려놓고 바알의 자유를 누리고 싶습니다.

'음란한 마음'은 누구에게나 있습니다. 하나님과의 언약을 깨고 내가 원하는 것을 택하려는 것이 음란한 마음입니다. 음란한 마음은 풀어주면 정신을 마비시킵니다. 바알을 향한 몸짓은 속박의 사슬을 내 목에 걸어주고 하나님을 아는 길에 차단기를 내려

놓습니다. 죄에 빠져 있으면 하나님이 퍽 불편한 존재가 됩니다. 이스라엘 백성처럼 여호와의 제단으로 나아가지만 양심의 자유가 없고 구원의 기쁨이 사라집니다. 교회를 다니고 이런저런 봉사도 하지만 진정한 안식이 없고 말씀이 즐겁지 않습니다. 하나님께 기도하기도 싫고, 한다고 해도 마음이 실리지 않는 극히 형식적인 기도뿐입니다. 그래서 하나님을 알 수 없습니다.

음란한 마음은 우리의 신앙 생활 곳곳에 침투하여 영혼을 좀먹고 하나님을 모르는 지경에 이르게 합니다. 그런데 영혼의 좀은 건물이나 옷의 경우처럼 서서히 갉아먹습니다. 처음에는 아무 것도 아닌 것으로 보였고 아무런 해가 되지 않을 것으로 여겼지만 나도 모르는 사이에 좀이 먹어 못 쓰게 됩니다. 그런 일이 생기기 전에 음란한 마음에 해당하는 것들을 살피고 정리해야 하겠습니다. 내가 하나님을 잘 알 수 없다면 나의 마음의 어두운 부분들이 있는지 수시로 점검하며 이스라엘 백성의 과오를 막아야 합니다.

넷째, 여호와를 찾지 못합니다.

"그들이 양 떼와 소 떼를 끌고 여호와를 찾으러 갈지라도
만나지 못할 것은 이미 그들에게서 떠나셨음이라"(6절).

성경은 여러 곳에서 주의 백성이 여호와를 찾으면 만날 것이라고 약속하였습니다(약 4:8; 시 34:18; 51:17; 145:18; 히 11:6; 잠 8:17;

사 66:2). 주께로 가까이 나아가면 주님도 가까이 오신다고 하시지 않았습니까? 예수님도 제자들에게 찾으면 찾아질 것이라고 하셨습니다(마 7:7). 그럼 이스라엘 백성이 양 떼와 소 떼를 끌고 여호와를 찾으러 제단으로 갔는데 왜 못 만났을까요?

우리는 평안하면 하나님 없이도 잘 지냅니다. 사는 데 별문제가 없으면 하나님은 계시나 마나입니다. 하나님과 가까운 교제가 없어도 전혀 아쉽지 않습니다. 하나님의 음성이 특별히 듣고 싶지도 않고, 성경을 읽거나 간절하게 기도하고 싶은 마음도 일어나지 않습니다. 특별히 어려운 문제도 없고 괴로운 일도 일어나지 않으면 하나님에 대해서 신경을 끄고 삽니다. 교회를 다니고 봉사를 하여도 습관적인 것이지 하나님을 마음으로 깊이 사랑해서 하는 일이 아닙니다.

그런데 일이 틀어지고 갑자기 사는 일에 위기가 오면 어떻게 달라집니까? 당장 양의 목을 잡아끌고 송아지의 코 끈을 당깁니다. 그럴 때 우리가 원하는 것이 무엇입니까? 평안할 때 뵙지 못했던 하나님이 갑자기 보고 싶은 것일까요? 목마른 사슴처럼 내 영혼이 주를 찾기에 갈급한 것일까요? 그럴 때 우리가 찾는 것은 하나님이 아니고 나의 당면한 문제 해결입니다. 우리의 목적은 하나님 자신을 만나는 것이 아니고 나의 급한 문제를 해결하는 것입니다. 그래서 문제가 해결되면 잠시 하나님께 감사하고 물러서면 끝입니다. 급한 문제만 해결되면 하나님은 잊어도 상관없습니다. 양 떼와 소 떼를 드렸으니까 인사가 된 것으로 간주하고 다시 옛날로 돌아갑니다. 울고불고하면서 간절하게 부탁해서 들어주면 다시 연락도 없습니다. 애초에 하나님과의 교제를 원해서 찾아간 것이 아니기 때문입니다.

미국 억만장자들의 딸들끼리 모여서 구성한 싱글 클럽이 있습니다. 이들이 TV에 나와서 인터뷰하는 것을 들은 적이 있습니다. 자기들은 부모의 유산을 물려받았는데 돈이 너무 많아서 인생살이가 힘들어졌다고 합니다. 잘 생긴 남자들이 어찌나 구애하는지 모른답니다. 그런데 일단 결혼을 하면 돈을 빼내고 특권을 이용하는데 급급할 뿐이랍니다. 결혼 전에는 온통 헌신적인 사랑을 하던 사람이 결혼 후에는 아내를 무시하고 기고만장하여 돈 쓰기에 정신이 없다고 했습니다. 그래서 모두 이혼으로 끝나고 이제는 독신 생활을 하는 데 마음이 편하답니다. 이들은 함께 정기적으로 모여서 운동, 취미 생활, 여행, 쇼핑 등을 즐기면서 남자들은 만나지 않는다고 했습니다. 과거에 관계를 맺었던 남자들도 여러 번 다시 찾아오고 또 새로운 남자들이 온갖 아양을 떨면서 환심을 사려고 한답니다. 그러나 그들이 원하는 것은 사랑이 아니고 돈이라는 것을 너무도 많이 속아보아서 독신 생활을 택하게 되었다고 고백하였습니다. 그들은 돈밖에 모르는 남자들로부터 철수하였습니다. 하나님께서도 이런 식으로 찾아오는 이스라엘 백성으로부터 철수하셨습니다.

이스라엘 백성은 많은 제물을 가지고 하나님을 찾아갔습니다. 그들은 "네가 음행하였고 이스라엘이 더러워졌느니라"(3절)는 하나님의 선포를 들었기 때문입니다. 이것은 간음한 아내에게 형벌이 내릴 것이라는 시사입니다. 그들은 여호와께 정조를 지키지 않았고 바알 신과의 사이에서 사생아를 낳았습니다(7절). 이 모든 죄악을 하나님께서 다 알고 계시므로 이스라엘은 자기 죄를 숨길 수 없었습니다. 이스라엘 백성은 남편의 진노를 받아 율법에서 정한 극형을 당하게 되자 얼른 양 떼와 소 떼를 몰고 제단으로 급히 올라갔습니다.

그러나 이들의 제사는 처음부터 잘못된 것이었습니다. 하나님께서는 원래 예루살렘을 자기 백성의 경배처로 정하셨습니다(신 12:1-14). 그러나 북이스라엘은 이를 무시하고 여기저기에 성소를 세우고 가나안 종교와 혼합된 산당 제사를 올렸습니다. 그들은 하나님의 뜻은 안중에 없으면서 제물만 많이 가져가면 하나님이 좋아하셔서 자기들의 소원을 들어주시고 진노를 돌이키실 것으로 생각하였습니다. 이것은 바알 신학이었습니다. 이사야 선지자는 이렇게 말합니다.

> "여호와께서 말씀하시되 너희의 무수한 제물이 내게 무엇이 유익하뇨 나는 숫양의 번제와 살진 짐승의 기름에 배불렀고 나는 수송아지나 어린 양이나 숫 염소의 피를 기뻐하지 하니하노라"(사 1:11).

하나님께서는 성회로 모여서 악을 행하는 자들의 제물을 '헛된 제물'이라고 하시고 다시는 가져오지 말라고 명하셨습니다(사 1:13). 백성이 많은 제물을 가지고 제단으로 가지만 여호와를 만나지 못하는 까닭이 무엇입니까? 한 마디로 사생아를 안고 왔기 때문입니다. 그들은 뻔뻔스럽고 교만한 얼굴로 나왔습니다(5절). 그들에게는 앞으로 세속의 임을 따르지 않겠다든지 바알의 산당 출입을 일절 하지 않겠다는 각오나 회개가 없었습니다. 그저 제물만 바치면 다 되는 줄로 알았습니다.

주일날 교회에 와서 찬송하고 헌금하고 순서에 따라 기도할 때 고개만 숙이면 하나님을 만나는 것이 아닙니다. 교회에 참석하는 것 자체가 예배가 아닙니다. 그릇된 동기와 죄를 품고 나오면 하나님과 깊은 교제를 나눌 수 없습니다(시 51:16-17; 50:10, 12, 15). 하나님께서는 자기 자녀들의 복지를 위해 잘 보살펴 주기를 원하십니다. 그러나 하나님을 진심으로 존경하고 사랑하지 않고 올리는 예배나 소청은 하나님께서 받지 않으십니다. 여호와 하나님은 그저 많이만 모이면 좋다고 하시는 분이 아닙니다. 많이 내고 많이 받아 가라고 하시지도 않습니다. 사생아를 낳고 있으면서 하나님 사랑한다고 찬송하면 위선입니다.

바알 신학에 젖어 있으면서 예수님을 잘 믿으려고 한다는 말은 거짓입니다. 해가 지나고 나이를 먹어도 세속적인 사고와 습관에 계속 머물러 있으면 사생아를 버린 것이 아닙니다. 사생아를 낳지 않으려면 바알과 자리를 함께하지 말아야 하고 '음란한 마음'을 버려야 합니다. 음란한 마음은 다른 말로 표현하면 '탐심'입니다. 탐심은 우상 숭배라고 했습니다(골 3:5).

"그의 탐심의 죄악으로 말미암아 내가 노하여 그를 쳤으며 또 내 얼굴을 가리고 노하였으나 그가 아직도 패역하여 자기 마음의 길로 걸어가도다" (사 57:17).

'탐심'은 곧 '자기 마음의 길'입니다. '내 마음의 길'은 예수님의 길과 정반대입니다. 그래서 주께서 말씀하시기를 "삼가 모든 탐심을 물리치라 사람의 생명이 그 소유의 넉넉한 데 있지 아니하니라"(눅 12:15)고 하셨습니다. 하나님 이외의 것들에 대한 소유욕이 내 마음의 길이며 음란한 마음입니다. 하나님을 더 알고 더 섬기며 그분의 소유가 더 되려고 하기보다는 세상에 있는 지나가는 것들을 더 많이 소유하려고 하는 것이 우상 숭배입니다. 우리는 예수님을 나의 구주로 믿을 때 세상에 속한 정욕과 야망과 물욕과 악한 생각들과 그릇된 철학과 가치관을 내던졌습니다. 그런데도 다시 나의 우상들을 연모하고 따라가는 것은 십자가의 구속을 무색하게 하는 죄입니다. 그래서 주님은 탐심을 물리치라고 하셨고 사도 요한도 "너희 자신을 지켜 우상에게서 멀리하라"(요일 5:21)고 했습니다.

교인들처럼 모순된 존재가 없다고 해도 과언이 아닙니다. 십자가에 모든 정욕과 탐심을 다 못 박았다고 하면서 얼마 가지 않아 십자가에 못 박은 자신의 우상들을 다시 하나씩 둘씩 되찾아 옵니다. 그리고 더욱 놀라운 것은 주님 앞으로 나갈 때 바알의 사생아를 안고 가는 것입니다. 온갖 탐욕을 지닌 채 제물을 바칩니다. 사실은 주님을 찾는 이유가 자기 탐심의 욕구를 채워 달라는 것입니다. 그리고 사생아는 버릴 수 없으니 있는 그대로 두시고 용서해 달라고 애원합니다. 평소에는 본 척 만척하다가 다급해지면 하나님을 찾고 너무도 간절하게 부르짖습니다. 그런데 하나님께서는 우리의 죄악을 다 알고 계시고 또 우리 마음속의 뻔한 동기와 진심의 여부를 훤히 드려다 보십니다(시 33:13-15; 렘 17:10;

20:12).

하나님께서는 '음란한 마음'으로 사생아를 품고 주께로 나아오는 자들을 심판하십니다. 간음죄의 형벌은 사형입니다. 그런데 이보다 더 무서운 형벌이 있습니다. 그것은 하나님의 철수입니다. 하나님께서 자신의 임재를 거두시는 것이 주의 백성에게 임할 수 있는 가장 큰 불행입니다. 그런데 더욱 불행한 것은 백성이 이 사실을 모르는 것입니다. 삼손의 비극이 무엇이었습니까? 들릴라의 무릎을 베고 자던 삼손에게 어떤 일이 일어났습니까? 주님께서는 그로부터 철수하셨습니다. 그런데 삼손이 이 사실을 몰랐습니다.

"삼손이 잠을 깨며 이르기를 내가 전과 같이 나가서 몸을 떨치리라 하였으나 여호와께서 이미 자기를 떠나신 줄을 깨닫지 못하였더라"(삿 16:20).

주님이 떠나신 제단 앞에 아무리 많은 양 떼와 소 떼를 끌고 간들 무슨 소용이 있겠습니까? 주님이 이미 떠나셨는데 어떻게 주님을 찾을 수 있습니까? 모든 일에 때가 있습니다. 주님이 함께하시는 때가 있고 주님이 함께하시지 않는 때가 있습니다. 주님의 동행은 조건부입니다. 주님은 끝까지 고집하며 우상을 품고 나오는 자녀들로부터 철수하십니다.

하나님은 생명의 근원이십니다. 우리가 살아서 영생을 누리는 것은 생명이신 하나님의 임재가 우리를 보살피기 때문입니다. 하나님께서 철수하시지만 않으면 비록 우리가 사방으로 욱여쌈을 당하여도 살아남을 수 있습니다(고후 4:7-9). 그러나 하나님의 철수는 우리 스스로 자신을 방어해야 하는 신세가 되게 합니다.

그런데 정확한 의미에서 하나님께서 자기 백성으로부터 철수하셨다기보다는 백성이 먼저 하나님으로부터 자신들을 철수시켰습니다. 그들은 하나님을 사랑하지 않고 바알을 사랑하였습니다. 그들이 낳은 사생아는 자신들을 하나님으로부터 철수시켰다는 뚜렷한 증거입니다. 하나님께서는 일찍이 모세에게 이르시기를 백성이 가나안에 들어가서 여호와로부터 자신들을 철수시키고 언약을 어길 때는 하나님께서도 자신의 임재를 철수시킬 것이라고 경고하셨습니다.

> "내가 그들에게 진노하여 그들을 버리고 내 얼굴을 숨겨
> 그들에게 보이지 않게 할 것인즉 그들이 삼킴을 당하여
> 허다한 재앙과 환난이 그들에게 임할 그 때에 그들이 말
> 하기를 이 재앙이 우리에게 내림은 우리 하나님이 우리
> 가운데서 계시지 않은 까닭이 아니냐 할 것이라 또 그들
> 이 돌이켜 다른 신들을 따르는 모든 악행으로 말미암아
> 내가 그 때에 반드시 내 얼굴을 숨기리라" (신 31:17-18).

얼마나 두려운 말씀입니까? 모세 때에 주셨던 경고가 호세아 시대에까지 그대로 적용되었습니다. 하나님의 말씀은 절대로 땅에 떨어지지 않습니다. 하나님의 철수는 지금도 일어나고 있습니다. 우리는 "내가 세상 끝날까지 너희와 항상 함께 있으리라"(마 28:20)는 주님의 약속을 믿고 큰 위로로 삼습니다. 주님은 승천하

섰기에 더는 육신으로 교회에 임재하시지 않습니다. 그 대신 성령으로 우리와 함께하십니다. 물론 주님께서는 성령을 우리로부터 영원히 거두시지 않습니다. 그러나 축복과 보호의 임재는 조건부입니다. 우리가 회개하지 않고 계속해서 사생아를 낳으면서 부끄러움을 모르고 주님 앞으로 나가면 주님의 임재를 체험하지 못합니다.

다섯째, 유업을 잃습니다(7절).

"그들이 여호와께 정조를 지키지 아니하고 사생아를 낳았
으니 그러므로 새 달이 그들과 그 기업(유업)을 함께 삼키
리로다"(7절).

이스라엘 백성은 제물을 잔뜩 끌고 제단으로 나갔지만, 하나님께서는 이미 철수하신 후였습니다. 그래서 그들은 사생아를 낳은 죄를 용서받지 못했고 여호와의 축복도 받지 못했습니다. 하나님의 철수는 곧 재난을 의미하였습니다. 백성에게 보호자가 없어졌기 때문입니다. 하나님께서 사용하시는 두려운 심판의 한 방법은 우리를 죄 가운데 그냥 방치하는 것입니다. 바울은 이것을 마음의 정욕, 부끄러운 욕심, 혹은 상실한 마음대로 내버려 두시는 것이라고 표현했습니다(롬 1:24, 26, 28). 호세아가 말하는 '음란한 마음'이 원하는 것을 다 하도록 상관하지 않는 것입니다.

세상이 타락했어도 완전히 무법천지가 되어 인류가 망하지 않고 아직도 존속되는 까닭은 인간들이 똑똑해서가 아니고 하나님

께서 죄를 통제하시기 때문입니다. 하나님의 백성도 넘어지지만 아주 엎드러지지 않는 것은 주님의 견제의 손길이 붙들어 주기 때문입니다(시 37:24). 그러나 하나님께서 철수하시고 우리를 죄에 넘겨 주시면 누구도 구해낼 자가 없습니다.

이스라엘 백성은 '새 달'을 지켰습니다. 그들은 월초에 종교 축제를 열었습니다. 그러나 기쁨의 축제일이 심판이 내리는 재앙의 날이 될 것이었습니다. 그들이 모여서 난잡한 가나안 축제로 음란한 마음에 불을 지필 때 하나님께서 징벌하실 것이기 때문입니다. 그들이 받을 심판은 구체적으로 유업으로 받은 땅을 상실하는 것입니다. 그들은 토지를 박탈당하고 유업의 땅에서 끌려나갈 것입니다. 이 예고는 앗수르가 이스라엘을 정복함으로써 성취되었습니다. 가나안 땅의 상실은 하나님께서 주신 축복이 저주로 역전되었음을 의미합니다(신 28:33).

기회의 상실과 심판

호세아는 이스라엘 백성이 우상을 숭배하면서 저지르는 죄악들을 지겨울 정도로 반복해서 낱낱이 기술합니다. 그는 한두 번 정도 언급해도 될 죄악들을 거듭해서 열거합니다. 그 까닭이 무엇일까요? 하나님께서 언약 백성을 두고 철수하시지 않으면 안 되는 배경을 설명하기 위한 것입니다. 죄는 누구나 짓지만, 정도와 중량에 차이가 있습니다. 또한, 하나님께서 죄를 심판하시는 강도에도 차이가 있습니다. 예를 들면 주님의 뜻을 알고도 행하지 않은 자는 많이 맞고, 알지 못하고 맞을 일을 행한 자는 적게 맞습니다. 징벌에는 자신이 받은 기회와 특권과 반응의 정도가 모두 반영됩니다(눅 12:42-48). 하나님의 진노에 레벨이 있다는 것은 죄에 대한 하나님의 반응이 다르다는 것을 의미합니다.

하나님께서는 때로는 죄를 용서하시고 "가서 다시는 죄를 범하지 말라"(요 8:11)고 경고만 하십니다. 혹은 용서를 하시지만 벌을 내리시기도 합니다(삼하 12:13-14, 18). 그리고 죄가 쌓이고 회개의 기미가 전혀 보이지 않으면 하나님께서 선을 그으시고 회개할 기회를 거두어 가십니다. 그 후에는 무서운 심판이 내립니다. 이스라엘 백성이 바로 이 시점에 이르렀을 때 하나님의 철수를 경험하게 되었습니다.

그럼 어떻게 해야 할까요? 회개하면 될까요? 하나님께서 철수를 선언하시고 징계가 진행 중일 때에는 비록 회개한다고 해도 징계 자체가 철회되지는 않습니다. 회복은 하나님께서 결정하신 징계를 통해서 와야 하기 때문입니다. 특히 국가 단위로 하나님께서 징계하실 때는 개인이 회개한다고 해서 하나님의 징계 조치가 달라지지 않습니다. 이스라엘은 앗수르의 침공을 받아야 했고 의로운 백성도 함께 붙잡혀 가야 했습니다. 남부 유다의 경우에도 마찬가지였습니다. 바벨론으로 잡혀간 백성들 가운데는 에스겔이나 다니엘과 같은 의로운 선지자들도 포함되었습니다. 아마 소수이기는 해도 호세아의 메시지를 듣고 일찍이 회개한 자들은 하나님의 임재를 체험했을 테지만 국가로서의 이스라엘은 때가 늦었기 때문에 하나님의 임재를 회복 받을 수 없었습니다.

회개를 미루는 것은 위험합니다. 나중에는 회개하려고 해도 기회가 없을지 모릅니다. 이스라엘 국가는 호세아의 거듭된 지적과 경고에 귀를 막았습니다. 귀머거리들에게 계속 말하는 것은 무의미한 일입니다. 하나님께서는 이스라엘이 회개할 수 있는 영역을 넘어섰다고 판단하셨을 때 자신의 임재를 철수시켰습니다. 이스라엘은 죄의 노예가 되었고 하나님을 알아보지 못하였으며 교만한 자세로 죄를 뿌리면서 바알을 섬겼습니다(5절). 하나님께서는 이때 그들에게 다시 돌아서라는 회개의 호소를 하시지 않았습니다. 물론 자비하신 주께서 자기 백성을 부르실 때가 올 것입니다(호 14:1-9). 그러나 그때까지는 많은 고난과 눈물의 세월이 흘러야 합니다.

역사적으로 보면 이스라엘은 호세아 시대에 회복되지 못하였습니다. 예언된 대로 앗수르가 드디어 이스라엘을 침공하였고 이스라엘은 대부분 잡혀가서 민족적 정체성을 잃고 우상의 나라에서 갖은 수모와 고통을 당하였습니다. 그들의 회복은 먼 미래로 연장되었고 하나님의 임재가 거두어진 비극의 현실을 뼈저리게 날마다 느껴야 했습니다. 물론 새 언약 시대에 와서 예수님의 복음이 북이스라엘의 후손들인 사마리아인들에게 전해졌지만, 국가로서의 이스라엘이 회복되는 시기는 2천 년이 지난 지금도 온전히 이루어지지 않았습니다.

죄의 후유증은 오래갑니다. 하나님께서 자신을 숨기실 정도가 되면 징계의 채찍이 길어지고 회복의 소망이 아득해집니다. 죄가 차면 심판이 대기 중입니다. 하나님께서는 회개하지 않고 우상을 따르는 자녀들로부터 축복의 촛대를 옮기십니다(계 2:5). 주님께서 촛대를 옮기시면 내 영혼이 빛을 잃고 내 교회가 어둠에 빠져 하나님의 임재를 느끼지 못합니다. 그리고 긴 세월 동안 후회와 자탄의 넋두리를 반복하게 됩니다. 내가 낳은 사생아는 한두 번으로 족합니다. 바알의 제단을 지금 헐어 버리십시오. 바알은 결단코 내게 생명과 자유를 주지 않습니다.

> "너희가 음란과 정욕과 술취함과 방탕과 향락과 무법한 우상 숭배를 하여 이방인의 뜻을 따라 행한 것은 지나간 때로 족하도다"(벧후 4:3).